大いなる謎　関ヶ原合戦

家康暗殺計画から小早川裏切りの真相まで

近衛龍春

PHP文庫

○本表紙図柄＝ロゼッタ・ストーン（大英博物館蔵）
○本表紙デザイン＋紋章＝上田晃郷

はじめに

「日本国二つに分りて、ここを詮度と夥《おびただ》しく戦い、数ヶ度の働きこの節なり」

太田牛一《ぎゅういち》が記した一節である。

慶長五年（一六〇〇）九月十五日、日本全土がほぼ東西に分かれて、争われたのが関ヶ原の合戦である。ある家は、存続のために家を二分し、また別の家は不本意ながら敵側に与《くみ》せざるを得なかった。さらに裏切り、謀《はかりごと》、騙しなど……領地拡大や天下掌握のためにはなんでも行なった。しかも謎に満ちている部分が多々ある。

豊臣秀吉の死をもって、今まで押さえ込まれていた憤懣《ふんまん》が一気に爆発したので、様々なことが争いの火種となった。政治、経済、外交、宗教、人間関係……。

日本を二分しての戦いは、中世と近世とを分ける戦いであり、政権の後継者争いでありながら、「公」なのか「私」であるかすら定かではない。

その不可思議な合戦の首謀者は五大老筆頭の徳川家康。そして、もう一人は五奉行実力筆頭の石田三成である。今では、叩き上げの副社長と、エリート秘書室長の争いであるなどと言われている。苦労を積み重ねてきた家康は情を知るので人心を集めて勝利し、三成は学問にばかり勤《いそ》しんできたがゆえに反感を買い、諸将から厭われて敗北した。果たしてそうであろうか。

関ヶ原の本戦に集めた兵数は諸説あるが、三成のいる西軍が多かったといわれている。家康の身代は二百五十五万余石で五大老の中でも飛び抜けており、二位に数えられる毛利輝元の百二十万五千石の倍以上もある。対して三成は十九万四千石と十三分の一程度でしかない。その三成が合戦の前半では押し、家康に親指の爪を噛ませるほどに焦らせた。情がなく、人心が集まらぬならば、なぜ、そこまで歴戦の家康を苦しませることができたのか。

そもそも関ヶ原合戦は九月十五日のみならず、これを中心とし、小競り合いは翌年まで各地で行なわれたので、疑問は多数に及ぶ。

本書は歴史的意義や統治形態、国制構造などという堅苦しい問題にはあまり触れず、できるだけ素朴な疑問を解くという形を取ることにした。また、力不足であることは否めぬが、古文書の類いは判りやすく砕いたつもりなので、古文や漢文の得意な方は直訳と違うと言われる方もおられると思うが、察して戴きたい。

また、ほぼ日本全国の武将が、なんらかの形で関わったので、謎は謎を呼び、とても、全てを記すことなどはできないので、こちらも承知して戴きたい。

さらに、同じ人名に関して、旧字と新字が混在していると思われるかもしれないが、古文書・古記録等に従ったので、このことも承知して戴きたい。

大いなる謎 関ヶ原合戦

目次

はじめに

第一章　天下乱るる！
豊臣家崩壊をめぐる謎

真相一◆豊臣政権はなぜ崩壊に向かったのか　20
真相二◆朝鮮渡海を阻止した家康の深謀遠慮とは　24
真相三◆関ヶ原合戦の契機の一つとなった蔚山籠城とは　29

第二章　緻密にして老獪！
家康の陰謀をめぐる謎

真相一◆征夷大将軍を望んだ家康の恐るべきもくろみとは　36
真相二◆敵味方の区別をできるようにした家康の策略とは　39
真相三◆失敗に終わった家康暗殺計画の全貌とは　42
真相四◆家康が大老家の内紛の糸をひいていたというのは本当か　50

真相五◆三成が家康のところに逃げ込んだいきさつとは　56

第三章　家康に挑戦状！
勇将・直江兼続をめぐる謎

真相一◆三成と直江兼続の間に密約は存在したのか　64
真相二◆家康が上杉家に行なった阿漕な挑発の方法とは　68
真相三◆兼続が家康に送りつけた「直江状」の内容とは　71
真相四◆「直江状」発行後の三成と兼続のやりとりとは　80

第四章　上杉許さん！
会津征伐をめぐる謎

真相一◆家康はなぜ会津征伐に向かうのに時間をかけたのか　90
真相二◆西軍の諸将が挙兵を決意した時期と経緯とは　95
真相三◆家康の天下取りに大いに貢献した鳥居元忠の奮戦とは　100
真相四◆家康の牽制役だった佐竹義宣はなぜ動かなかったのか　104

真相五◆御家存続のため真田家が行なった苦渋の選択とは　111

第五章　運命の分かれ道！　小山評定をめぐる謎

真相一◆会津征伐軍に参加した武将と将兵の数とは　118
真相二◆会津征伐に参陣した武将たちが想定していたこととは　121
真相三◆家康の運命を決めた小山評定の全貌とは　124
真相四◆西上の先鋒が井伊直政になった理由とは　136
真相五◆家康が西上を渋りに渋ったわけとは　138

第六章　非情なり！　東西に分かれた武将たちをめぐる謎

真相一◆前田利長はなぜ関ヶ原合戦に参加しなかったのか　144
真相二◆東西両軍が行なった人質政策の顛末とは　147
真相三◆西軍の兵力を分散させた家康の計略とは　152

真相四◆東軍に勝利をもたらした京極高次の大津城籠城とは 155
真相五◆真田、九鬼……、東西に分かれた武将たちのその後とは 160

第七章 秀忠遅参! 徳川軍西上をめぐる謎

真相一◆家康が軍を二つに分けた理由とは 166
真相二◆主力はやはり秀忠軍だったのか 168
真相三◆上杉景勝はなぜ家康の背後を突かなかったのか 172
真相四◆本線直前にとった伊達政宗の不可解な行動とは 182

第八章 虚々実々! 武将たちの策略をめぐる謎

真相一◆安国寺恵瓊と吉川広家はなぜ対立していたのか 188
真相二◆吉川広家が毛利家を守るために行なった裏工作とは 192
真相三◆家康はなぜ清洲で時間稼ぎをしたのか 201

真相四◆秀忠が本戦に遅れた本当の理由とは　207

第九章　あせる諸将！　西軍の混乱をめぐる謎

真相一◆なぜ三河、尾張が決戦場にならなかったのか　216
真相二◆織田秀信が守る岐阜城はなぜ簡単に開城したのか　221
真相三◆本戦前に三成と島津惟新が言い争った内容とは　226
真相四◆なぜ三成は夜襲の申し出を断ったのか　229
真相五◆大垣城水攻めの噂はどれほど信憑性があったのか　234

第十章　火花散る！　本戦前の局地戦をめぐる謎

真相一◆長岡幽斎と田辺城を救った意外なものとは　240
真相二◆加賀で争った前田・丹羽両家の意外なその後とは　245
真相三◆伊勢武士が武勇をあげた安濃津攻城戦とは　250

真相四◆なぜ九鬼家は父と子が別れて争うことになったのか 254
真相五◆謀将・黒田如水が行なった豊後平定作戦の全貌とは 259

第十一章 激突！――関ヶ原本戦をめぐる謎【前編】

真相一◆伝えられる東西両軍の布陣と兵数はどこまで正確か 264
真相二◆井伊直政の抜け駆けは確信犯だったのか 272
真相三◆出陣したくてもできなかった毛利秀元の事情とは 277
真相四◆前半に戦いを優位に進めた西軍の原動力とは 283

第十二章 激突！――関ヶ原本戦をめぐる謎【後編】

真相一◆小早川秀秋が戦う前から東軍だったというのは本当か 290
真相二◆裏切りを予想していた大谷吉継の奮戦ぶりとは 296
真相三◆瓦解した西軍の諸将はどのように潰走したか 300

真相四◆島津軍が戦わなかった本当の理由とは 305
真相五◆島津軍はいかにして敵中突破をはかったか 310

第十三章 余波は続く!
本戦後の局地戦をめぐる謎

真相一◆上杉軍VS最上、伊達連合軍の抗争はどうなったのか 316
真相二◆伊予の海賊・村上親子がだまされた恐るべき策略とは 320
真相三◆三成の居城・佐和山城はどのようにして落城したのか 323
真相四◆因縁の対決・加藤軍VS小西軍の戦いの顚末とは 328
真相五◆忠興が父を追い出した敵に行なった恐るべき復讐劇とは 332
真相六◆明暗を分けた因幡・鳥取合戦の結末とは 335

第十四章 ああ無常!――【年内編】
戦後処理をめぐる謎

真相一◆大坂城にいた毛利輝元が動かなかった真の理由とは 342

真相二◆九州平定を狙っていた如水が戦いを辞めた理由とは 347
真相三◆吉川広家も落胆した戦後の毛利家の処分内容とは 353

第十五章 ああ無常!――【年越し編】
戦後処理をめぐる謎

真相一◆伊達政宗の「百万石のお墨付き」はなぜ消えたのか 364
真相二◆上杉家が減封で済んだ真の理由とは 367
真相三◆佐竹家はなぜ戦後二年たってから移封となったのか 372
真相四◆敵中突破した島津家はなぜ本領を安堵されたのか 381

おわりに
関係年表
参考文献

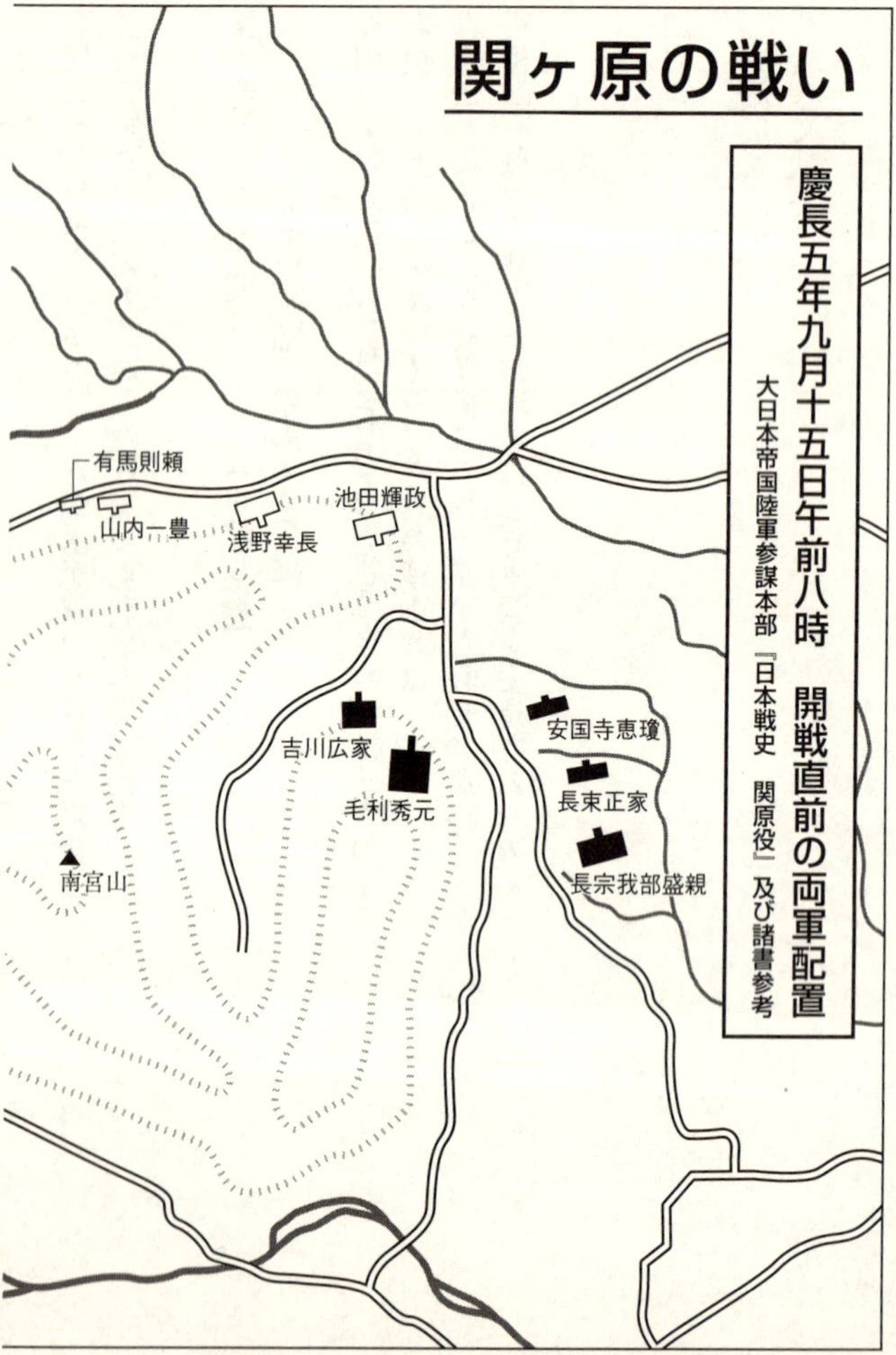
関ヶ原の戦い
慶長五年九月十五日午前八時　開戦直前の両軍配置
大日本帝国陸軍参謀本部『日本戦史　関原役』及び諸書参考
有馬則頼
山内一豊
浅野幸長
池田輝政
吉川広家
毛利秀元
安国寺恵瓊
長束正家
長宗我部盛親
南宮山

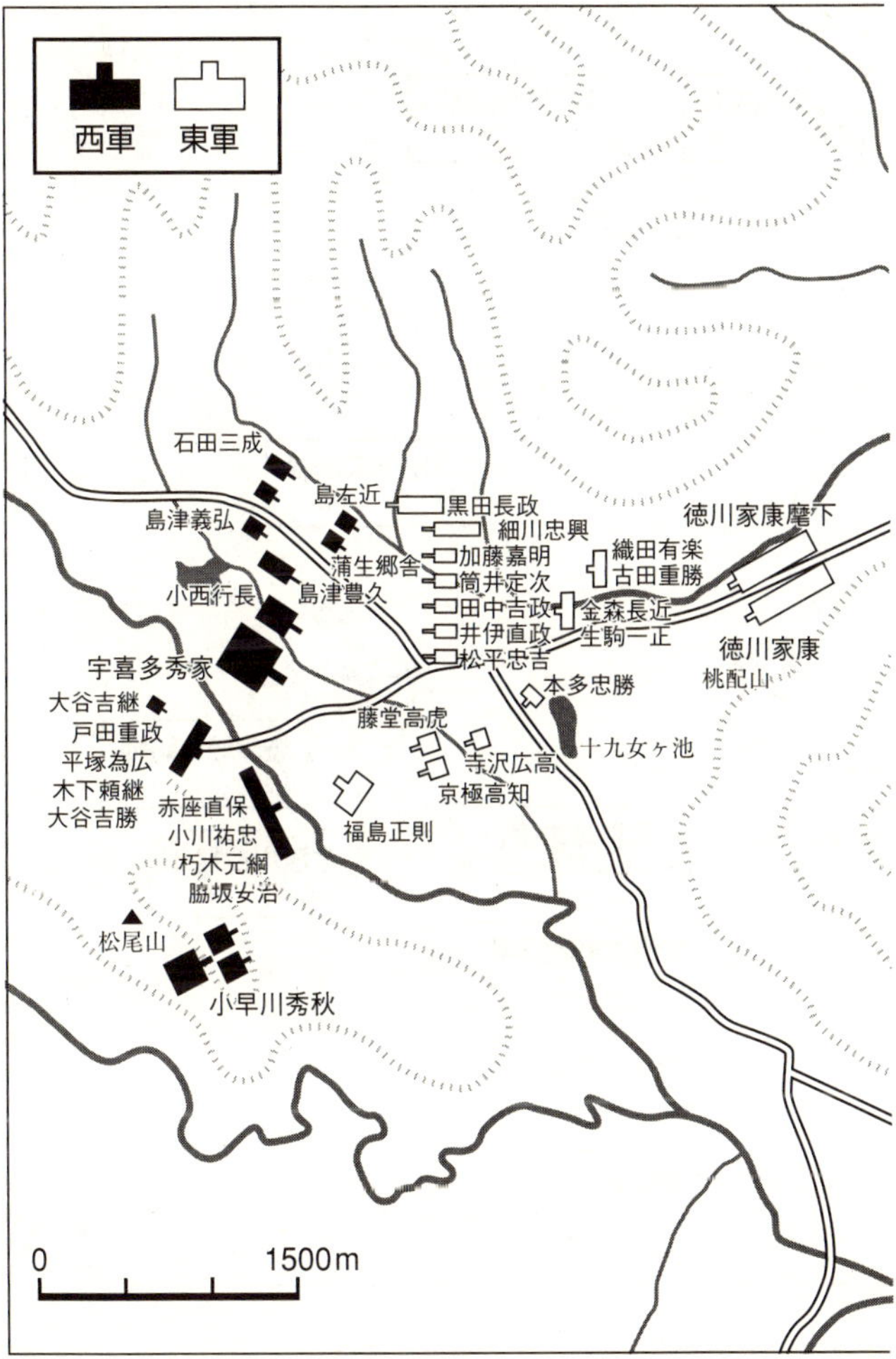

西軍
東軍
石田三成
島左近
黒田長政
細川忠興
徳川家康麾下
島津義弘
蒲生郷舎
加藤嘉明
織田有楽
古田重勝
筒井定次
小西行長
島津豊久
田中吉政
金森長近
井伊直政
生駒一正
宇喜多秀家
松平忠吉
徳川家康
桃配山
本多忠勝
大谷吉継
戸田重政
平塚為広
木下頼継
大谷吉勝
藤堂高虎
十九女ヶ池
寺沢広高
京極高知
赤座直保
小川祐忠
朽木元綱
脇坂安治
福島正則
松尾山
小早川秀秋
0
1500m

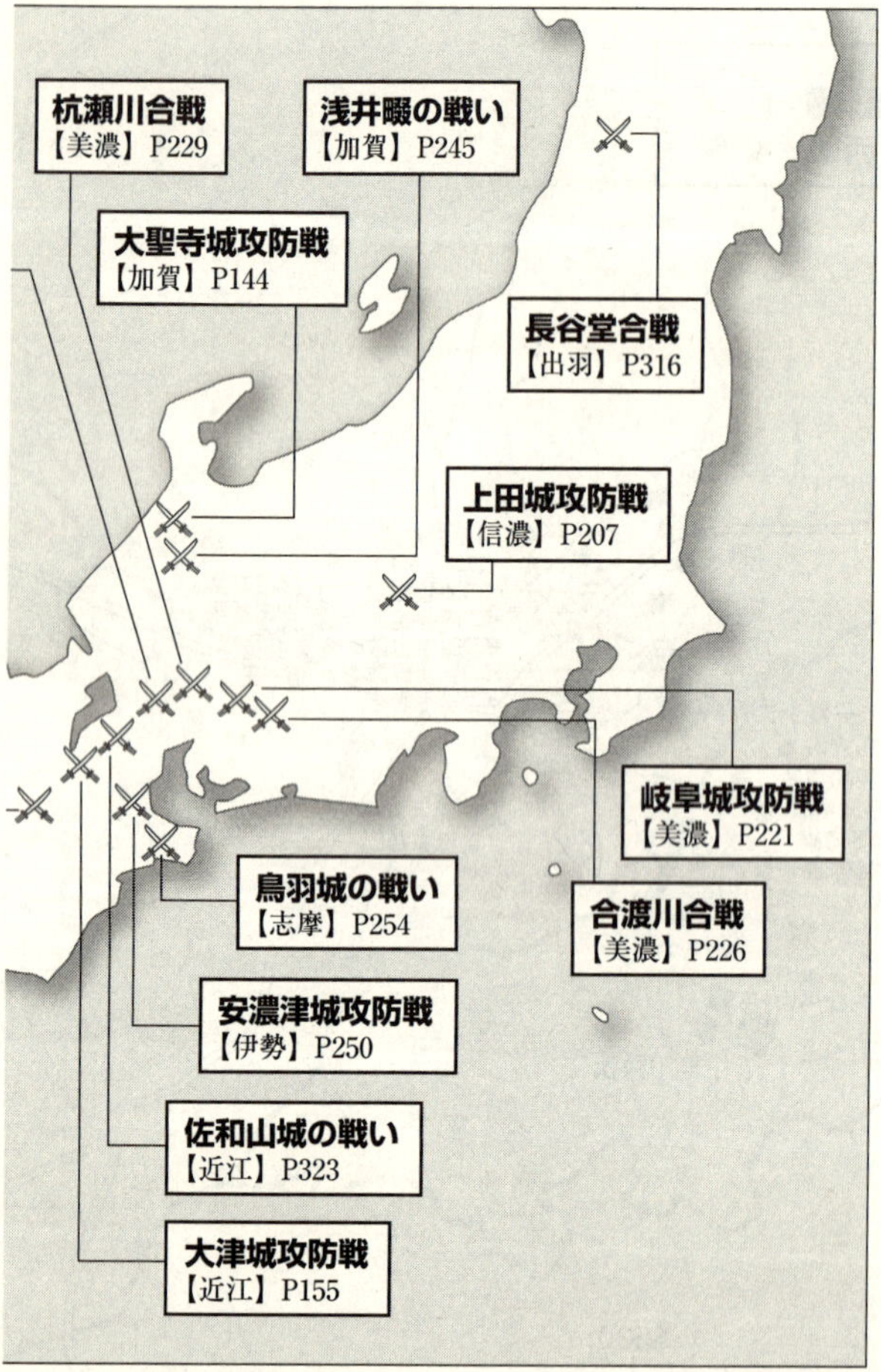
杭瀬川合戦
【美濃】P229
浅井畷の戦い
【加賀】P245
大聖寺城攻防戦
【加賀】P144
長谷堂合戦
【出羽】P316
上田城攻防戦
【信濃】P207
岐阜城攻防戦
【美濃】P221
鳥羽城の戦い
【志摩】P254
合渡川合戦
【美濃】P226
安濃津城攻防戦
【伊勢】P250
佐和山城の戦い
【近江】P323
大津城攻防戦
【近江】P155

関ヶ原合戦 全国図

関ヶ原本戦
【美濃】P264～
田辺城籠城戦
【丹後】P240
鳥取城攻防戦
【因幡】P335
福知山城の戦い
【丹波】P332
石垣原合戦
【豊後】P259
伏見城攻防戦
【山城】P100
三津浜合戦
【伊予】P320
宇土城攻防戦
【肥後】P328

著者撮影――二三一、二六七、二七一、二七五、二九九、三〇三、三〇七、三一五頁の写真

第一章 天下乱るる！豊臣家崩壊をめぐる謎

真相一　豊臣政権はなぜ崩壊に向かったのか

豊臣秀吉は百二十余年続いた乱世を短い年数で統一した。まさに英雄である。しかし、短期間での天下掌握は、様々なところに歪みと矛盾を生み出していた。

第一は後継者問題である。豊臣秀吉の実子は長浜時代にいたとされる側室の南殿が産んだ男女が一人ずつ。男子の名は石松丸で初代の秀勝とされているが、夭折してしまった。これに関係するのか、その後の南殿と娘の所在は不明である。

次に、側室の淀殿が天正十七年（一五八九）五月、鶴松を産むが、二年後に夭折する。さらに淀殿は文禄二年（一五九三）八月、拾《ひろい》のちの秀頼を産む。秀吉五十七歳の時である。この赤子が生まれたことにより、秀吉は自分が手に入れたものを全て譲りたくなる妄執にかられ、単なる豊臣一族内の問題が、政権を揺るがす事件へと発展した。それが文禄四年（一五九五）七月十五日の関白秀次切腹である。

秀吉は、秀頼が誕生するまでに、六人の養子を迎えている。一人目は織田信長の五男・御次《おつぎ》秀勝。しかし、天正十三年（一五八五）十二月、二十歳に満たぬ若さで病没する。二人目は三好家の養子になっていた秀次だが、前記のとおり。三人目は姉・智の次男で秀次の実弟・小吉秀勝だが、文禄元年（一五九二）九月、朝鮮で戦死。四人目の宇喜多《うきた》秀家は、あくまでも宇喜多家を配下にするための名目で、成人の暁には同家を相続させている。五人目は徳川家康の次男・秀康であるが、鶴松が生まれた翌年、結城家の養子に出している。そして六人目は北政所の兄・木下家定の五男・秀俊。やはり鶴松誕生後の文禄元年、小早川家の養子となり、秀秋と改名する。さらに養子といえるか定かではないが、信長に倣い後陽成《ごようぜい》天皇の弟宮・八条宮智仁《としひと》親王を猶子とし、天皇の外戚・治天の君となる計画を立てたが、断ち切れとなった。何れにしても、厄介払いできる者には他家を継がせ、豊臣姓を名乗る者は秀頼一人にして、競争相手は消した。これにより後継者を擁立できたが、豊臣一族が弱体化したのも事実であった。

豊臣秀吉像（大阪市立美術館蔵）

第二は政権内部の対立である。まずは天下人の秀吉と次席の家康。秀吉は主君・織田信長の家臣であり、家康は名目上同盟者であった。秀吉にとって、この負い目は終生、肚裡《とり》に刻み込まれていた。この溝を深くしたのが、天正十二年（一五八四）に行なわれた小牧・長久手の戦いである。大局は秀吉有利に終わったが、局地戦で家康が勝利し、秀吉方の池田恒興《つねおき》、森長可《ながよし》を討ち取られている。

秀吉は家康を麾下に加えるために、妹の旭姫を離婚させた上で、正室のいない家康に嫁がせ、さらに実母の大政所を人質として送り、漸く政権内に取り込むことができた。独裁者の秀吉にとって家康は目の上の瘤であり、常に機嫌を窺っていなければならない存在であった。また、命令を拒まれれば、立場もあるので捨て置くこともできず、大乱に発展しかねない。戦上手の家康を討ち取らずとも敗北させるには、相当の犠牲を覚悟しなければならない。そうすれば、大陸出兵どころか、世は再び乱世に逆戻り。秀吉は腫れものに触れるように扱っていた。

第三は、子飼いである武将の反目。秀吉の正室・北政所派といわれる加藤清正、福島正則、加藤嘉明ら武闘派の武将と、側室の淀殿派といわれる石田三成、増田長盛《ましたながもり》、長束正家《なつかまさいえ》ら吏僚派の武将らの溝は深く、朝鮮出兵がさらに亀裂を深くした。

第四は大名への介入とその確執。豊臣政権が全国を統治する上で行なったのが、検地と刀狩りである。特に、奉行たちは取次制度を用いて検地や、その報告の仕方、加えて近世の築城方法などを伝授した。これにより、常陸の佐竹義宣や、越後の上杉景勝、薩摩の島津義久などは正確な石高を把握することができて喜んだ。

対して、会津の蒲生《がもう》秀行は蔵入地の不正申告が露見して減俸の上、移封となり、大和の柳生宗厳《むねよし》などは隠田《おんでん》が発覚して改易、下野の宇都宮国綱などは養子問題なども絡み、やはり改易処分を受けている。

第五、豊臣秀吉は各大名家の力を衰えさせるために、重臣の引き抜きを行なった。徳川家からは二大巨頭の一人・石川数正を直臣にしている。これにより徳川家は、軍隊編成や法度などを武田信玄の甲州式に変更せざるを得なかった。

さらに肥前の龍造寺家から鍋島直茂、豊後の大友家からは立花親成《ちかしげ》（のちの宗茂）、毛利家からは小早川隆景を引き抜いて直臣にした。

また、上杉家の直江兼続《かねつぐ》、佐竹家の東《ひがし》義久、陸奥・伊達家の片倉景綱、徳川家の本多忠勝、島津家からは伊集院忠棟など、何れも筆頭あるいはそれに準ずる家老に声をかけ、直臣にしようとした。これは武将たちに不信感を募らせた。

第六は急速な兵農分離。検地によって、石高を確定し、軍役いわゆる動員兵数を決定した。これにより、中世では当たり前のように中間搾取をしていた豪族は帰農するか、領主の麾下に組み込まれる他なく、目に見えぬ反乱分子が湧きだした。

さらに、安土桃山時代は中世のバブルなどと言われているが、その実、内需が拡大したわけではなく、重税によって得た年貢で、無駄な築城などの公共事業や、益のない大陸出兵で消費した。太閤検地は諸説あるが、一反の面積を小さく見積もったので、同じ課税であっても、農民は多くの年貢を支払う仕組みであった。

これにより、武士のみならず、農民も不満を持ち、様々なところで、矛盾と歪み、そして軋轢などが生じ、軍役以上の兵を集めたことに繋がった。

真相二 朝鮮渡海を阻止した家康の深謀遠慮とは

天正二十年（一五九二）四月十二日、小西行長らの一番組が朝鮮の釜山浦《プサンポ》（港）に上陸したのを皮切りに日本軍は快進撃をした。

小西行長らは平安道《ピョンアンド》、加藤清正らは咸鏡《ハムギョン》道を、黒田長政らは黄海《ファンへ》道を、毛利吉成らは江原《カンウォン》道を、福島正則は忠清《チュンチョ》道を、小早川隆景は全羅《チョルラ》道を、毛利輝元らは慶《キョン》尚《サン》道を、宇喜多秀家らは京畿《キョンギ》道を進軍し、開戦一ヵ月余で漢城（現・ソウル）を占領し、さらに平壌をも制圧した。まさに破竹の勢いである。

八月になると、加藤清正は豆満江《トウマンガン》を越えて女真《じょしん》の地（当時の史料ではオランカイ・中国東北部）にまで攻め込んだほどである。

日本軍が猛進撃できた理由としては大きく四つ。まずは戦国末期に差し掛かり、数十年にも及ぶ戦乱の中で、集団による統一的な闘いに慣れていたこと。二つ目は奇襲さながらの先制攻撃であったこと。三つ目は鉄砲の大量使用。そして、四つ目は世襲官僚制をとる李朝政府内は腐敗し、朝鮮人民の不満による厭戦であった。

一方、唐入りを命じた豊臣秀吉は、四月二十一日、肥前の名護屋に到着した。秀吉を始め、徳川家康・前田利家・上杉景勝・伊達政宗ら……の諸将も着き、駐屯軍は十万ほどになり、一躍、名護屋は大都市になった。

五月十六日、漢城占領の報告を受けた秀吉は、自ら渡海するための準備を諸大名に命じた。また、同日、聚楽第で留守居をする関白の秀次に向かい、二十五条からなる書を送り、翌文禄二年（一五九三）の正月か二月には渡海すると報せている。ところが、渡海は何度も延期され、遂には無期限の延期となった。

理由の一つ目は九州で反旗が翻ったからだ。六月、島津家の家臣・梅北国兼《くにかね》が渡海を拒否して帰国し、兵を集めて佐敷《さしき》城（熊本県葦北《あしきた》郡芦北《あしきた》町）に籠城した。しかし、反乱の首謀者は島津義弘の弟・歳久であった。秀吉は直ちに浅野長吉（のちの長政）・幸長《よしなが》親子を征伐軍として出陣させ、さらに長岡（細川）幽斎を派遣した。また、義弘の兄・義久も兵を派遣したので、歳久は寄手《よせて》に命じて首を刎《は》ねさせ、とりあえずは沈静した。

二つ目は上陸してからの日本軍は進撃しているものの、海戦では藤堂高虎、脇坂安治、九鬼《くき》嘉隆、加藤嘉明らの水軍は、李舜臣《イスンシン》率いる朝鮮水軍に敗れ、制海権は奪われているために危険だということ。

三つ目は秀吉の母・大政所が危篤となり、七月二十二日、秀吉は名護屋を家康・利家に任せて帰京に発った。しかし、この日、大政所は病により急死した。

四つ目は側室の淀殿が再び妊娠したこと。

五つ目は後陽成天皇からの宸翰《しんかん》が出されたこと。意訳は次のとおり。

「嶮路、波濤をしのがれ高麗国への下向は仕方ないことかもしれないが、発足は思いとどまるように。勝《かち》を千里の外に決して、このたびのことは諸卒を遣わしても、事足りるのではないだろうか。まさに朝家（天皇家）のため、また天下のため、かえすがえすも思いとどまってくれるならば、（帝は）とりわけ嬉しいと思し召されている。なお詳しいことは勅使が申すであろう」

右の宸翰に日付は記されていないが、相国寺の僧たちが記した『鹿苑日録《ろくおんにちろく》』の六月十三日の項には「太閤、自ら唐入り云々、しかれば予も召し連れらるべしのよし。聖帝、直に直言なり」とあるので、このあたりの日付であろう。

先に秀吉が秀次に宛てた書の中で、後陽成天皇を明の都（北京）に移し、秀次を明の関白にし、公家衆には今までの十倍の知行を与え、日本の関白には羽柴秀保か宇喜多秀家を据え、日本の皇位には若宮（良仁親王）か八条宮（智仁親王）をつかせ、朝鮮には織田秀信か宇喜多秀家を置くと大きなことを伝えている。

天皇御自身も、不安を抱かれていたことであろう。それよりも、実は秀吉自身が渡海などはしたくなく、奉行や公家衆に命じて、宸翰を出させるよう手を廻したのではなかろうか。その理由は家康が渡海に対して否定的であるからだ。

家康は五大老筆頭の地位にあり、石高は二百五十五万石（諸説ある）。二位の毛利輝元の百二十万五千石と比べても倍以上。動員できる兵は一千石で二十五人の割合からすれば、六万三千七百五十人。まさに一大勢力である。しかも、家康はただ大名家の嫡男として、平々凡々と過ごしてきたわけではない。人質生活で辛酸を舐め、信長の同盟者として酷使され、武田信玄との戦に耐え抜き、長久手の局地戦では秀吉方に勝利もしている戦上手。秀吉としても、一目も二目も置く存在である。

そんな家康であっても、さすがに天下が治まった豊臣政権の中では、秀吉に対して「大陸出兵には反対だ」と面と向かって言えるわけはない。また、天正十八年（一五九〇）徳川家が入城した時の江戸城（東京都千代田区）は、太田道灌が築いた時から、そう変わらないとされている。『落穂集』によれば、屋根は枌板《そぎいた》を並べた粗末なもので、台所は茅葺きで古く、玄関は船板を用い、板敷きの部屋はなく土間であったという。さすがに応急の処置は施しているものの、堀も狭く、難攻不落といわれる小田原城や大坂城のような強靭さはない平城《ひらじろ》である。城攻めが得意な秀吉にとって、江戸城を陥落させることは難しくはなかろう。

ただ、家康ほどの者が反旗を翻せば、各地で秀吉に不満を持つ者が再び蜂起せぬとも限らない。そうすれば、世は再び麻のごとく乱れ、大陸出兵どころではない。秀吉にとって目の上の瘤であり、気遣いせねばならぬ相手であった。よって秀吉と家康は、互いに直接、大陸出兵のことを口にできぬ間柄にあったように思われる。

家康のもとに秀吉の遣いが訪れ、大陸出兵のことが伝えられた。取次いだのは謀将と謳《うた》われる本多正信で、家康のもとに罷《まか》り出た。しかし、家康は深く思案していて一言も口をきかない。そこで正信は「殿は朝鮮に渡海あるべきや」と尋ねたが、やはり黙っている。仕方なく正信は三度質問した。

すると家康は、「何事ぞ、やかましいではないか。人が聞くぞ。箱根を誰に守らすべきか」と答えた。これを聞いた正信は「さては早くから御思慮は定まっておりましたか」と言い退室したと『常山紀談《じようざんきだん》』に逸話が掲載されている。

秀吉を残して渡海すれば江戸を攻められるので、そんなことはできないという考えが込められている。正信も同意見であったことであろう。あくまでも逸話であるが、史実に近いと思われる。その後の歴史を鑑みて、保守的な家康が、自ら大陸出兵をして領地の拡大をしたいと思案したとは考え難いからである。

秀吉とすれば、一緒に渡海して自分だけ引き上げるぐらいのことは考えていたのではなかろうか。あるいは、そのために自らの渡海を宣言したのかもしれない。

これを読んだ家康は阻止することにした。とはいえ、さすがに一人では心許ない。そこで前田利家を引き込んだ。先の『鹿苑日録』の六月二十七日の項には家康と利家が二人で異見したとある。また、『黒田家譜』や『細川家記』などの諸書にも二人が止まるよう諫言したことが記されている。

諸事情が絡み、秀吉は渡海計画を中止した。本気で出陣する気があれば、神速で有名な秀吉のこと、とっくに海を渡っているであろう。

家康も自分からは機嫌取りで、「某《それがし》がまいりましょう」などとは口が裂けても言いはしない。そんなことを口にしようものならば、秀吉は間髪入れずに朝鮮へ送り込んでいたに違いない。家康は日本から動かぬことに必死であった。

また、秀吉が家臣たちを渡海させて、異国で激闘を繰り返して疲弊していることを、家康は名護屋の陣でほくそ笑んでいたことであろう。

真相三　関ヶ原合戦の契機の一つとなった蔚山籠城とは

急襲に近い形で朝鮮に宣戦布告したので、日本軍は連戦連勝であった。しかし、非戦闘員の惨殺に加え、耳鼻を削いで送らせたり、日本語の強要、月代《さかやき》を剃らせるなどをしたことで、民族の抵抗を受けることになった。そして各地で義兵いわゆる民間の私的武装集団が蜂起し、日本軍はゲリラ戦に苦しめられることになった。

また、李舜臣の水軍に補給路を断たれ、日本軍は武器弾薬と兵糧不足に悩まされることになった。また、国内の戦であれば、敗軍の将が腹を切ることで家臣たちの命は助かるところであるが、異国との戦は消耗戦なので死傷者が夥《おびただ》しい。その率は先陣を争う小西行長や加藤清正勢では四割にも及び、明軍の参陣などもあって、日本軍は撤退を余儀無くされた。そして、講和交渉が行なわれた。

三年余にも及ぶ交渉を行なったが、講和はならず、慶長二年（一五九七）を迎えると、日本軍の諸将は次々に渡海した。その総勢は十四万余にも及ぶ。しかし、戦況は思わしくなかった。まずは、軍の統率がとれておらず、一番組の小西行長と二番組の加藤清正が不仲であった。最初から出兵に反対であった行長は、明との戦いが本格的になる前に講和することを考えていたのに対し、清正は「大唐において二十ヵ国を拝領せしむこと」と意気込んでいた。進撃する清正を行長は押さえるような態度をとり、さらに講和交渉では秀吉をも騙していた。行長と与《くみ》していたのは奉行の石田三成で、三成は出兵には益がないと考えていた。これに、戦功報告の歪《わい》曲《きょく》などがあり、主戦派の武将からは不満の声があがった。

蔚山《ウルサン》の籠城戦では、なんとか明・朝鮮連合軍を退却させたものの、籠城兵は疲労困憊し、援軍も長い移動で疲弊していたので、追撃できる力は残っていなかった。

蔚山籠城戦を契機に、朝鮮在陣の武将らは戦線縮小や撤退を口にするようになり、慶長三年（一五九八）一月九日、毛利秀元は蔚山・順天《スンチヨン》両城を放棄する申し出を奉行にした。

すると、秀吉は一月二十一日、「蔚山・順天両城を捨て、手先を引き上げると諸将が申しているとのこと。秀元は同心していないことは尤もだ。他の者は臆病なことを申して是非もない」と書状の冒頭部分で秀元に伝えている。秀頼の誕生を得て、日本で安穏と過ごす秀吉には、最前線の辛苦は判らないようであった。

現場の状況は逼迫しており、一月二十六日、宇喜多秀家・毛利秀元・蜂須賀《はちすか》家政ら在陣諸将十三人により、浅野長吉を除く石田三成ら四奉行宛に、蔚山城を撤退し、他の諸将も別の城に移動することなどを書で伝えた。

元来、軍の指揮命令系統とすれば、前線の者が後方の奉行に尋ね、あるいは進言して秀吉の下知《げち》を仰ぐというのが正しい行動であろうが、現地の総意のまま、秀吉の承認を得ずして戦線の縮小、もしくは撤退をし、守りの城を築城している。

本来ならば、軍法違反で刑罰に処せられても仕方ない行為であるが、主戦派の加藤清正でさえ同意していることを考えれば、かなり事態は逼迫していた。しかし、日本にいる秀吉には、現地の辛苦は伝わっていないようである。

三月十三日、秀吉は小早川秀包《ひでかね》・立花親成・高橋元種・筑紫広門《つくしひろかど》らに対し、「大明・朝鮮ら一揆同然の者どもが、蔚山を攻め損ねて敗走した時、追い討ちをかけて悉《ことごと》く討ち果たすべきところ取り逃がしたにも拘らず、御諚を得ずして蔚山城から引き払うことを申し遣わしてきたことは違法の処罰に値する」と激怒の書を遣わした。

憤る秀吉の炎に油を注いだのは、朝鮮から帰国した福原長堯《ながたか》・垣見一直・熊谷直盛ら新たな戦目付《いくさめつけ》であった。長堯は、事実を歪曲、捏造などしたりはしないが、見てきたまま秀吉の命令どおりに諸将が動いていないことを伝えた。

長堯の報告を受け、秀吉は憤恚《ふんい》した。そして蜂須賀家政、黒田長政、藤堂高虎、加藤清正、さらに戦目付の早川長政、竹中重隆、毛利高政らを謹慎処分とした。

家政などは領地の阿波を没収すべきであるが、時間をかけて処罰するとまで言われ、黒田長政は臆病者と罵られ、同じように処分は時間をかけて考えるとまで言われている。さらに、二人は領地の一部を没収されて秀吉の蔵入地となり、先の戦目付の早川長政、重隆、高政らも知行内の一部が没収され、その分は長堯らが逆に加増されている。加えて先の書状に署名しなかった加藤嘉明は秀吉の直轄領から三万七千百万石が加増され、十万石の大名に名を列ねることになった。

この頃、秀吉の体調は日に日に悪化しており、文禄の役の頃のように渡海を口にするどころか、名護屋の本営にも行くことができなかった。そして、有馬の温泉に湯治しに行こうとしていたが、先のような状況で五月八日、取り止めている。

朝鮮の情勢は劣勢で、諸将は笛吹けど踊らず、いや踊れず、一粒種の秀頼は幼少。先行きの不安に、健康不良も重なって苛立っていたのであろう。状況分析に長け、事前準備の徹底で数々の戦に勝利してきた秀吉は、人たらしと言われ、人の心を読む天才と謳われてはいたが、もはやそのような頭の冴えはなくなっていた。

最前線にいる武将たちとすれば、神とも崇める秀吉に怒りの鉾先を向けるわけにはいかない。また、戦国の英雄・秀吉に間違った判断をさせているのは、側にいる三成ら奉行らである。三成らが真実を歪曲し、あるいは捏造して秀吉に伝えたと、武将たちは憤恚の鏃《やじり》を向けるようになった。よって蔚山籠城戦は、豊臣政権内の亀裂を深め、それが関ヶ原合戦の契機の一つになったと言っても過言ではない。

泥沼の朝鮮出兵が続く中、豊臣秀吉は慶長三年八月十八日、丑刻（午前二時頃）、伏見城にて身罷《みまか》った。享年六十二歳。

家康とすれば、秀吉が豊臣政権の屋台骨を揺るがす大陸出兵を行なってくれた。さらに、秀頼を誕生させてくれたお陰で秀次を自刃させてくれた。そして、秀吉が死去した瞬間に天下という文字が見えてきたであろう。

八月二十五日、家康と前田利家は、秀吉の喪を秘匿したまま徳永壽昌《ながまさ》と宮城豊盛を渡海させ、在朝の諸将に和睦して帰国するよう伝えた。そして、毛利秀元、浅野長吉、石田三成を博多に派遣し、諸将の帰国準備にあたらせた。

十二月上旬、諸将は博多に上陸して、初めて秀吉の死を知り愕然としたという。これより、豊臣政権の分裂は加速度を増していく。

第二章

緻密にして老獪！
家康の陰謀をめぐる謎

真相一　征夷大将軍を望んだ家康の恐るべきもくろみとは

五大老筆頭の徳川家康は、関東に六ヵ国を有し、石高は二百五十五万余石。その力は図抜けており、秀吉さえも内心畏怖していた。ゆえに、東海道筋には子飼いの武将を配置し、東隣の常陸には五十四万余石の佐竹義宣、背後の会津には九十二万余石の蒲生氏郷《がもううじさと》、氏郷亡きあとは百二十万余石の上杉景勝を置いて牽制した。

秀吉が死去したとはいえ、家康はあくまでも豊臣政権の一員である。当然、家康はこれで満足していない。政権内に止まって実力を存分に発揮したとしても、それは、鎌倉幕府における執権や連署、内管領《ない》といった役であり、天下人ではない。

家康の側近に板坂卜斎《ぼくさい》という侍医がおり、『慶長年中卜斎記』を書き残している。書の中で卜斎は、「家康は学問を好み（中略）根本《ねほん》、詩作、連歌を嫌い、論語、中庸、史記、漢書、六韜《りくとう》、三略、貞観政要《じようがん》、和本は延喜式、東鑑（吾妻鑑）なり。（中略）源頼朝を常々御咄《おはなし》に仰せられ」と記していることからも、家康は頼朝のような武家政権を築き、自身は征夷大将軍になることを望んでいた。

実は豊臣秀吉も頼朝を意識していた。天正十八年（一五九〇）の小田原征伐をしたおり、鎌倉の鶴ヶ岡八幡宮に立ち寄り、秀吉は頼朝像を前にして口を開いた。

徳川家康像（大阪城天守閣蔵）

「日本広しといえども、微賤の身から立ち上がって天下を一統し、四海を掌握した者は、頼朝と秀吉しかおるまい。されど、吾辺《ごへん》は多田（源）満仲の後胤で王氏の出じゃ。（中略）そこへいくと、儂は氏も系図もなき匹夫より出て、かように世上を靡かせたゆえ、儂の方が優りたるは明白。まあ、何れにしても吾辺と儂は天下の友達だ。と笑いながら頼朝像の肩を叩いた」と『関八州古戦録』に記されている。

　秀吉は天正十三年（一五八五）時、征夷大将軍を望んでいたが、この時、まだ足利義昭が任官しており、また、義昭の猶子になることも拒まれたので、関白になる道を選んだ。形はどうであれ、天下を差配できる名目を得られればよかったのだ。

　家康が望む征夷大将軍とは、蝦夷征討のために派遣された職で、延暦十三年（七九四）、大伴弟麻呂《おとまろ》が任命されたのが最初である。その後に任じられた坂上田村麻呂が有名で、律令制の正式な官職ではない臨時職である。

　また幕府とは、元来、出征中の将軍

の幕営を指し、その後、武官の府庁を言うことになった。日本では平安中期以降、近衛府がこの名で呼ばれ、近衛大将は幕下《ばっか》と称された。鎌倉幕府の呼称はこのような流れで成立した。

家康が征夷大将軍になるには武力に勝れ、大半の諸侯を従えねばならない。一部の研究者は源氏長者《げんじちょうじゃ》でなければなれないと言うが、平氏を名乗っていた織田信長は本能寺の変が起こる前の天正十年（一五八二）五月四日、朝廷から、関白・太政大臣・征夷大将軍の何れでも好きな官職を選んでくれと勧められている。俗にいう三職推任問題である。このことにより、源氏長者説は当てはまらない。

ただ、実際問題、源頼朝も足利尊氏も源氏長者となり、将軍職を得て幕府を開いているので、家康は先人に倣おうとしたのであろう。さもなくば、秀吉が創った武家関白による公儀に対抗できないからである。

秀吉は武力を背景に豊臣という姓を作り、強引に六番目の摂家に名を列ねた。そして、甥の秀次にも関白職を継がせている。何れ秀吉の血を引く秀頼も関白に任じられる可能性は多分にあった。当然、関白は征夷大将軍よりも官位は上である。家康とすれば、なんとしても、秀頼が関白になる前に将軍職につき、幕府を開き、豊臣家に介されぬ政権を創らねばならなかった。

とすれば、豊臣政権を離脱するか、あるいは破壊して新たな体制を築く他ない。

手っ取り早いのは、合戦によるところ。西国に居を置く大名たちは、朝鮮出兵によって疲弊している。さらに、新たな土地は掌ほども増えなかったので、いくら活躍しても恩賞は得られない。ただ、憤懣だけが諸将の中に蟠《わだかま》っていた。

そのため、合戦の切っ掛けを探し、無ければ創り出すしかなかった。

真相二　敵味方の区別をできるようにした家康の策略とは

家康がまず最初に行なったのは、諸将と顔を合わせて、敵味方の分別であった。朝鮮に在していた武将たちが帰国の途につき始めた頃の十一月二十五日には増田長《まし》盛《た》、翌二十六日には長宗我部《ちょうそかべ》元親、十二月三日には新庄直頼、六日には島津龍伯（義久）、九日には長岡幽斎、十七日には有馬則頼の邸を尋ねた。他にも記録に残らないだけで、別の諸将にも会っていると思われる。

同時期、家康は極秘裏に六男の忠輝と伊達政宗の長女・五郎八《いろは》姫、松平康元の四女・満天姫を家康の養女として福島正則の養嗣子・正之に、小笠原秀政の娘・氏姫を家康の養女とし、蜂須賀《はちすか》家政の息子・至鎮《よししげ》と婚約を交わした。

だが、これは関白秀次が切腹したあとの文禄四年（一五九五）八月二日、五大老が初めて署名して誓った「御掟」の第一条で、「諸大名縁邊《えんぺん》の儀、御意得るを以て、その上で申し定めるべきのこと」とし、秀吉は死に臨んでも固く守るよう誓紙を書かせたにも拘らず、家康は公然と破ったことになる。

大坂にいる大老や五奉行らはこれを聞き、慶長四年（一五九九）一月十九日、中村一氏《かずうじ》、生駒親正、堀尾吉晴らと豊光寺の西笑承兌《さいしょうしょうたい》を遣わし、二十一日詰問した。

「大名間の縁組は禁じられていること御存じのはず。にも拘らず、かようなことを致すのは異心があるからでござろう。もし、明確なご回答ができぬならば、こののちは十人衆（五大老・五奉行）の位から除き申す」

「縁組が違法であることとは、うっかり忘れておった。老来、もの忘れが酷くて適わぬ。とは申せ、物忘れを取り上げて、儂に逆心ありとはいかなる魂胆か。貴殿らは儂を秀頼様から遠ざけようとしているようだが、それこそ太閤殿下の遺命に背くこと。このこと、貴殿らはいかに思案なされるか」

老練な家康が切り返すと使者たちは、おずおずと退散したという。

その後、使者はまず伊達政宗を尋ねた。すると、政宗は次のように返答をした。

「堺の今井宗薫《そうくん》が仲人役。詳しきことは宗薫に聞くように」

福島正則も非を認めず、次のように言い逃れた。

「縁組のことは内府（家康）殿の申し出ではなく、当家から持ちかけたこと。儂は太閤殿下の親戚筋なれば、内府殿と縁続きになれば、秀頼様の御為《おん》にもなろう」

次に蜂須賀至鎮。

「縁組が違法であることは存じておるが、なにせ某《それがし》は弱輩者。仲立ちが誰であれ、内府殿との縁組であれば、なんで断ることができましょうか」

十四歳の若い至鎮だけが、非を認めたことになる。しかし、至鎮だけに罰を与えるわけにもいかず、縁組の件は有耶無耶になった。

だが、伏見の家康と大坂の四大老・五奉行の間は険悪となった。そして、家康は伏見の徳川屋敷の周囲を竹柵で結び、新たな外郭を築き、また楼櫓を急造した。

これを心配した反三成派の加藤清正、浅野幸長《よしなが》、福島正則、黒田如水、同長政、蜂須賀家政、長岡忠興《ただおき》、池田照政（のちの輝政）、森忠政、加藤嘉明、藤堂高虎、京極高次などが屋敷の周囲に兵を布陣させ、四大老・五奉行らの来襲に備えた。この時は三成の親友である大谷吉継も清正らに加わり、大津城に退くことを勧めた。

一触即発の中、中村一氏ら三中老が間に立って仲を取り持ち、和睦した。そして、二月五日、家康は四大老・五奉行に、九人は家康に誓紙を差し出した。

一、大名縁組のことは、大老・奉行の意見を承知する。

一、太閤様の遺命、十人衆の誓紙には背かず、違反する者があれば意見する。

一、このたび、双方に昵懇《じっこん》する者につき、遺恨に含まないこと。

などの三ヵ条である。ただし、九人が家康に出した誓紙の署名のこと、五奉行のうち最初から僧籍にある徳善院（前田玄以《げんい》）を除き、四人は名の下に「入道」と記されている。家康を五大老から除こうとしたことへの謝罪で四人は剃髪したのだ。家康が仕掛けた軽い喧嘩は、家康が勝利するような形で終了した。しかし、この一件で、より家康派と、反家康派の色分けが鮮明になってきたのも事実であった。

また、家康は、秀吉の正室・北政所（お禰《ね》）にも接近し、これを利用した。

真相三　失敗に終わった家康暗殺計画の全貌とは

豊臣政権を維持したい四大老・五奉行とすれば、徳川家康を亡き者にするのが一番手っ取り早い。いっそ亡き者にしてしまおうと思案した者が、何人もいたであろう。何度か暗殺の噂が流れた。

一度目は大坂の片桐屋敷。慶長四年（一五九九）一月十日、秀吉の遺言により、前田利家は後見役として秀頼を奉じて大坂城に移動した。家康を始め、諸将も警護を兼ねて供奉した。そして、大老は諸侯が交代で当直することを協議の上で決定した。家康は大坂に屋敷を築いていないので、片桐且元《かつもと》の弟・貞隆の屋敷に宿泊した。すると、石田三成が襲撃するという報せが齎《もたら》された。あたかも遺命を破った縁組問題が明らかになった頃であり、噂にしても信憑性はある。一月十二日、家康は急いで乗舟し、重臣の井伊直政に迎えられて伏見の屋敷に戻った。しかし、『武家閑談』などの軍記物のみで書状などにはない。おそらくは、家康のでっちあげであろう。

二度目は伏見の有馬邸。九人衆が縁組問題で遣いを発した一月十九日、有馬則頼が伏見の自宅で宴を開き、諸将を持て成した。家康もこれに参加している。だが、宴の最中、井伊直政が耳打ちすると、家康は顔色を変えて席を立った。そして、帰宅すると、藤堂高虎が大坂から訪れていた。高虎は三成らが陰謀を企てているという噂を掴んだという。これにより徳川屋敷が厳重に警備されるようになった。『関ヶ原覚書』や『戸田左衛門覚書』に記されている。だが、暗殺を企てるとすれば、詰問の使者を送りはしないであろう。三成や利家などが家康に詰腹を切らせる相談はしていたらしい。負い目を感じる家康が、暗殺に話を摩り替えたのかもしれない。

三度目は大坂の前田屋敷。縁組問題で家康と九人衆は一応和睦したが、そう簡単に溝は埋まらない。特に利家と家康の反目は、政権を維持する上で益することはない。憂慮したのは利家自身であった。前年より体調を崩した利家は、この時、寿命を悟っていたのか、急ぎ親戚となっている長岡忠興に仲介を依頼した。

忠興の長男・忠隆の正室は利家の七女・千世。忠興はこれを承諾した。というのも、忠興は以前、関白秀次から黄金二百枚を借りている最中に秀次謀叛が起こり、早急に返済しなければ事件に連座する窮地に追い込まれた。この時、忠興の重臣である松井康之は本多正信と昵懇だったので、徳川家に頼み、一時黄金を借りて難を免れた経緯があった。忠興は伏見と大坂の間を奔走した。

忠興努力の甲斐があり、二月二十九日、忠興、浅野幸長、加藤清正らの護衛のもと、利家は病を押して伏見の徳川屋敷を尋ねた。

出発に先立ち、嫡子の利長が同行しようとすると、利家は叱咤したという。

「儂が内府に斬られに行くのは、太閤に斬られるも同じこと。されど、こたび内府が儂を斬らぬということは『百にして一つなり』(斬られる確率が高い)。万が一、斬られたならば、その時こそ兵を揃え、そのまま弔い合戦をして勝利を得んとは思わぬのか」と言った利家は腰の刀を抜き放った。「内府に対面して、事あらば、この刀をもって一刀に当たるを幸いに打ち放すべし」と決意を示したという。

決死の覚悟で出向いた利家に対し、家康は途中まで出迎えるなど、鄭重に持て成した。会談は始終和やかに進んだので、幾分、蟠りも溶け、利家は家康に向島《むかいじま》に屋敷を移すことを勧めた。忠興の勧めなどもあり、家康は三月二十六日、実行している。三成らが家康を除く策謀をしていることを知っていたからだ。

無事に会見が終了し、三月八日（十一日とも）には、家康が大坂の前田屋敷を訪れ、病中の利家を見舞った。この時、三成や小西行長が襲撃するという噂が立ち、家康は用心のために高虎の勧めを受けて、藤堂家の輿を遣ったという。

死期に近い利家には、もはや家康と対抗する気力は残っておらず、前田家の行く末を、家康に縋《すが》るばかり。『利家夜話』には次のようなことが記されている。

「これが今生の御暇《いとま》乞いでござる。儂は果てるので、利長のこと頼み申します」

まるで末期の秀吉を思わせる哀れな老人である。但し、興味深いことも続く。

「このたび内府の御出につき、道や番所に兵を仰せつけ、櫓には弓衆四十ト下を備えた。その朝、利家は利長、利政兄弟、村井長頼、奥村永福《ながとみ》の五人で何やら談合いたし、その間、入口には長頼の息子・長明一人があり、一切の出入りがなきよう利家が仰せつけた」とある。家康の暗殺計画が話し合われたのかもしれない。

また、『利家公夜話首書《しゆしよ》』には、利家の雄々しさが記されている。

この日、利家が利長に向かい、「内府の御入来につき、心得たるや」と問うと、利長は「今朝より馳走の義を申し付けておきました」と答えた。そして、家康が前田屋敷を出たのち、利家は病床の布団の下から抜き身の刀を出して利長に見せた。

「その方に心得たるやと問うたことに対し、器量があって返答したのであれば、たちまち家康を殺したであろうが……。その方は天下を手にすべき者ではない。（中略）その方のことは、よくよく家康に頼んでおいたゆえ、儂が亡くなっても当家に別条はなかろう。天下はやがて家康のものになろう」と言ったという。

好機であったが、利家亡きあとの前田家が家康と敵対しなかったことを鑑みれば、利長は領地を守って家名を繋ぐという保守的な思案をしていたと考えられる。

何れにしても、暗殺計画の可能性がありながら、敵地に踏み込んだ家康の勝利である。この件で前田家は家康に屈した。百歩譲っても対決しないことを鮮明にしたので、家康としては満足の会見であった。

死期を察していた利家は、それからおよそ一月後の閏三月三日、大坂の屋敷で死去した。享年六十二歳。家康と対抗させようとした秀吉の思惑は外れてしまった。

四度目は大坂城でのこと。時は半年ほど経った九月七日、家康は二日後に行なわれる重陽の節句に出席するため、伏見を発って大坂の旧石田屋敷に宿泊した。すると、増田長盛が来訪し、加賀に帰国している前田利長が背後で糸を引き、浅野長吉、大野治長、土方雄久《ひじかたかつひさ》が暗殺を計画していると告げてきた。長吉の息子・幸長は利家の五女（この時は病死している）と結婚していた。また、雄久は利長の母・芳春院（おまつ）の甥で、治長は雄久と昵懇であった。

これを聞いた家康は側近を集めて協議した。まずは伏見から兵を呼び寄せ、九月九日、登城して秀頼に会って節句を祝った。十日には次男の結城秀康が駆け付け、十二日には三成の兄・正澄《まさずみ》の屋敷に入り、奸賊の動きを見ることにした。そして、未亡人となった北政所に接触。当初、北政所は本丸に住んでいたが、この年の一月十日、側室の淀殿と秀頼が伏見から移住したので、西ノ丸に退いていた。

北政所は家康の勧めもあって、九月二十六日、西ノ丸を出て京都に移った。翌々日、家康は空いた西ノ丸に入り、本格的に政務を執るようになった。

そして、十月二日、家康は暗殺の企てに名を列ねた三人、大野治長を下総の結城家に、土方雄久を常陸の佐竹家に預け、浅野長吉を武蔵の府中で蟄居させた。それだけではなく、前田利長に謀叛の嫌疑をかけ、加賀征伐を号令した。そして、前田領と隣接する小松の丹羽《にわ》長重に討伐の先鋒を命じた。

これを聞いた利長にすれば、青天の霹靂であろう。家康の勧めによって八月二十八日、帰国したばかりなのに、謀叛と言われては適わない。利長はすぐさま宿老の横山長知《ながちか》を大坂に向かわせ、申し開きをしたが、家康は聞かない。そして、ついに、母の芳春院を人質として江戸に送ることで征伐は取り止めになった。実際に芳春院が江戸に下向するのは、翌年の五月二十日のことであった。

五大老の前田家も徳川家に屈した。家康とすれば肚裡《とり》でほくそ笑んでいることであろう。と、この流れだけを見れば、暗殺は家康の謀略かと思わされる。

だが、『関屋政春古兵談』には「これは増田・長束《なつか》の談合にて家康公と利長公の仲を割かんとの謀《はかりごと》なり」と記されている。家康の勧めに応じて帰国した利長に対し、増田・長束の二人は、家康に屈して豊臣家を見捨てたと判断した。既に三成は蟄居の身にあったので、残る奉行は徳善院と浅野長吉。長吉は家康寄りで、徳善院は一歩引いた存在。利長に冤罪を背負わせて怒りを煽り、対決姿勢を取らせ、秀吉が考えた二頭三補佐の五大老体制に戻そうとしたとも考えられる。利家の名残りもあり、前田家を支援する大名は多々いる。前田家側の史料では、利長が激怒し、家康と一戦交えようと叫び、高山右近に金沢城の修築をさせたとしている。三成と利長の仲は良好ではないが、対家康という目的のために結びつけることができたならば、家康の横暴を食い止められる。増田・長束がそう思案したとしても不思議ではない。

実際の暗殺計画は疑問であるが、その出所は家康方だけではないということが考えられる、大坂城内の事件であった。

五度目は会津の上杉討伐が決まり、江戸に向けて出立した時のこと。家康は慶長五年（一六〇〇）六月十八日の晩、近江の石部《いしべ》（滋賀県甲賀郡石部町）に到着した。すると隣接する水口《みなくち》城（同県甲賀市）主の長束正家が出迎え、鉄砲二百挺を贈り、「明朝には是非とも我が城に立ち寄りくだされ。ささやかではございますが朝餉などご用意させて戴きます」と慇懃に勧めた。

家康は有り難く招きに応じる旨を伝えた。しかし、夜半になり、三成が家臣に命じて奇襲をかけ、正家もこれに加担しているという噂が流れた。

用心深い家康は、即座に石部を発して水口城下を走り抜けた。そして、使者を向かわせ、違約を謝罪した。これを知った正家は、すぐさま僅かな供廻りを率いて家康を追い、土山《つちやま》（前同）で追い付き、「某が内府殿を襲うなど、天地が転んでもあり得ぬこと。このこと神明に誓います」と夜陰の中で必死に暗殺を否定した。事の露見で慌てたのか、もしくは偽りか。それとも急に恐怖を覚えて三成を背信したか、あるいは欺くためか。はたまた二股膏薬なのか諸説ある。

　このことは後述するが、この時、正家はまだ三成と家康討伐の同盟を結んではいないと思われるので、疑われたことを恐れたような気がしてならない。

「貴殿の律儀さは充分に承知している。詫びといっては何だが、これを」

　この時、家康には正家の真意は図り兼ねたが、一応、謝意をこめて来国光《らいくにみつ》の脇差を与えた。すると、正家は恭《うやうや》しく受け取り先導役を遣わしたという。

　敵地なので、家康も真剣だったことであろう。嘗て家康は本能寺の変が勃発したおり、堺から伊賀を抜けて帰国したことがある。その時以来、甲賀の信楽《しがらき》の豪族・多羅《たら》尾《お》光太《みつもと》とは昵懇の間柄。おそらく、この辺りから報せを摑んだのかもしれない。ただ、地は甲賀。正家以外に暗殺計画があったとしても不思議ではなかった。

以上、五度の暗殺計画を取り上げたが、他にも可能性は否定できない。真実もあれば、家康の虚構もあろう。しかし、どちらも巧みに利用したのは事実であった。

真相四　家康が大老家の内紛の糸をひいていたというのは本当か

秀吉が死去して関ヶ原合戦が行なわれるまでの約二年の間に、大老家の中で内紛が起こっている。当然、戦を前提にして起こった事件であることはまず間違いない。果たしてその真意はいかに。年代の古い順に追ってみる。

まず最初に起きたのは前田家である。慶長四年（一五九九）閏三月三日、利家が死去した。すると翌四日、同家で五千石を与えられている徳山則秀が出奔し、徳川家に仕えている。嘗て則秀は柴田勝家の家老を勤め、賤ヶ岳《しずたけ》の戦いで秀吉に降伏し、その後、丹羽長秀を経由して利家に仕えるようになった。

実は家康が利家の病気見舞いをする前に則秀は利長らと密談し、これを家康に密告したことにより、徳川家に召し抱えられるようになったという。この話を聞き、覇気のない利長をして律儀者と家康は口にするようになった。

則秀は徳川家に娘を人質に差し出したところ、これが露見して病の利家が則秀に問い質した。すると、則秀は隣室に控えていた神谷守孝に罪を擦《なす》り付けた。しかし、利家は信じず、糺明をしようとする最中に寿命がつきた。背信が明らかになる前に出奔したのであろう。利家の遺言状の中に、利家亡きあとは謀叛を企てるから注意しろと指摘されている。利家の目は正しかったようである。

当然、家康の手が伸びたことは疑いがない。

徳山則秀出奔から六日経った閏三月十日、一万石を与えられている片山延高が大坂で殺害されている。利家の遺言状の人物評では、利長よりも上の者に声をかけられれば、そちらに仕える者で、前田家が危機に瀕すれば背信する恐れがある。奴の言葉には惑わされぬようにとある。

延高殺害の理由は家康が利家の病気見舞いにきた時、利家は延高に家康暗殺を命じたが、これを渋り、「暗殺を企てれば、秀頼のためにもよくなく、家康に懇《ねんご》ろに頼めば、前田家は安泰だ」と説得すると、利家は計画を思いとどまったという。

だが、このような大事を知った以上、合戦が起これば背信するとも限らない。利家の遺言の人物評価もあり、先の則秀の件などもあり、利長は石川源太、松田四郎左衛門に命じて斬らせた。暗殺計画を知らされたがゆえに命を失った不運な男とも受け取れるが、主の下知《げち》を拒んだがゆえに命を縮めたとも取れなくない。何れにしても、家康の影が見え隠れしているような気がしてならない。

次に内紛が起こったのは宇喜多《うきた》家である。慶長四年秋、宇喜多家譜代の重臣が、中村次郎兵衛らを成敗しようとして失敗すると、大坂の玉造《たまつくり》屋敷（大阪府大阪市中央区）に籠り、家中が割れるという騒ぎが勃発した。

秀家の正室は秀吉の養女としていた前田利家の四女豪姫である。

豪姫付の家臣でもあったことから、若い秀家は官僚能力の高い中村次郎兵衛を多用した。これが平時であれば問題はないが、宇喜多家は豊臣政権において、飽くことない戦と城普請に狩り出され、領内は乱れた。

経済的な荒廃、農業経営の不振、強制的な検地による不満、さらにキリスト教と法華教の対立が絡み合い、家中は奇しくも官僚派と武闘派の二派に分裂した。

官僚派は長船《おさふね》清行、浮田太郎右衛門、中村次郎兵衛、寺田道作《みちなり》ら。武闘派は浮田詮家《あきいえ》（のちの坂崎直盛）、戸川逵安《みちやす》、岡家俊、花房正成、山田兵左衛門らである。

秀吉が死去し、朝鮮の役が終わると、武闘派による官僚筆頭の長船清行への弾劾の声が激しくなった。すると、心労が祟ったのか清行は急死した。そうなると、次の鉾先は前田家から来た中村次郎兵衛に向けられた。次郎兵衛は、財政難ではいつの世でも行なわれるように、家士の秩禄《ちつろく》を減らして難を乗り越えようとしていた。そこで怒った山田兵左衛門が次郎兵衛の用人・寺田道作を殺害した。

これを機に戸川逵安、浮田詮家、岡家俊、花房正成、楢村監物《ならむらけんもつ》、中吉與兵衛《なかよしよへい》らは、備前島（同府同市都島《みやこじま》区）を訪れて秀家に訴え、中村次郎兵衛の成敗を迫った。

だが、秀家はこれを拒み、妻の家臣が危険と、夜陰にまぎれて女輿に乗せ、加賀に送り届けた。そして、戸川逵安らを斬るよう家臣に命じた。

これを聞いた浮田詮家は、仲間と一緒に玉造の屋敷に立て籠った。『吉備温故秘録』によれば二百五十四人に雑兵が加わっていると記されている。

浮田詮家らは涙を飲んで髻《もとどり》を切り、主君との血戦を覚悟した。まさに一触即発の状態。しかし、秀家は自力で解決できず、家康と大谷吉継の調停で事を収めた。

戸川秀安・逵安親子、花房正成、中吉與兵衛は家康が預かった。その後、戸川親子は常陸に蟄居、花房、中吉は増田長盛が預かり、大和に蟄居した。他の者は備前に戻され、執政は明石全登《てるずみ》が取ることとなった。

このの ち戸川親子、浮田詮家らは家康の配下となり、国許にいた楢村監物、角南《すなみ》隼人らは出奔して徳川軍と行動を共にすることになる。

秀家のもとから去った戸川、岡、浮田、花房は万石以上の領地を得る重臣であった。騒動により、宇喜多家の屋台骨は歪んだ。結果論ではあるが、宇喜多重臣の引き抜きをした家康が、背後から糸を引いていたと充分に考えられる。

さらに、慶長五年（一六〇〇）二月、明石全登だけでは国を切り盛りできず、宇喜多秀家は領国に戻らざるを得なかった。この段階で大坂に残る大老は家康と毛利輝元のみになった。

次に内紛が起こったのは会津の上杉家であった。上杉景勝は、慶長四年八月三日、伏見を発ち、二十二日、会津の若松城（福島県会津若松市）に帰城した。

上杉家は住み慣れた越後から、新地の会津に移封になったのは前年の三月二十四日のこと。移封に先駆けて、秀吉は景勝に質問したという逸話が残されている。

「はて、中納言殿の石高はいかほどであったかの」

「七、八十万石ほどでございましょうか」

正直に言えば減封されるかもしれないと、景勝は低い石高を答えた。

「中納言殿ほどの者が八十万石とは少ない。されば、会津百二十万石を与えよう」

秀吉の方が一枚上手であったとのこと。しかし、太閤検地で諸大名を雁字搦《がんじがら》めにしており、上位に位置する上杉家の石高を秀吉が知らぬはずがない。また、申告の失態で取り潰されている大名もある。景勝が偽りを口にするとは思えない。逸話の域を出ないが、移封の下知は現実のものとなり、正式な命令書が出された。

慶長五年二月、景勝は若松城の防備が脆弱なので、城西に神指《こうざし》城を築城しだし、領内の街道を整備し、川に橋を架け、武具を揃え、浪人を雇った。

これを知り、上杉家の抜けた越後に入封した堀秀治の重臣・堀直政が謀叛の疑いがあると家康に訴えた。移封に際し、会津の蒲生家が年貢の半分を持って移動したので、上杉家も同じことをした。しかし、堀家は年貢を持たずに移動し、上杉家に米を返還しろと要求をしたが、上杉家の家老・直江兼続《かねつぐ》は「貴家が旧領から持ってこないのが悪い。貴家の過失だ」と突っぱねた。結局、堀家は上杉家から米を借りることになったという確執があった。この腹いせであろう。また、移封に際し、農民を連れていってはならぬという掟がある。上杉家は戦国最強の名を恣《ほしいまま》にした軍隊であるが、その殆どが農兵であるので、大部分が越後に残った。秀治は、景勝下知のもとで上杉旧臣の一揆を恐れていたのだ。

また、上杉家から藤田信吉が慶長五年正月の挨拶をしに家康のもとを訪れた。すると、堀家の訴えを受けた家康は、景勝に上洛を勧めろと信吉に言い渡した。この時、信吉は家康に引き抜きを受けた。

藤田信吉は関東管領・上杉家の重臣で武蔵の秩父、大里郡に居を置く藤田重利の次男として生まれた。しかし、すぐに小田原の北条家の乗っ取りに合い、父兄を殺害され、身の危険を感じた信吉は出奔して武田勝頼に仕え、武田滅亡後は越後に逃れ、上杉謙信の跡を継いだ景勝に仕えた。だが、石高などで不満を持っていた。これを家康は摑んでいたのであろう。

若松城に戻った信吉は家康の口上を伝えたが、景勝は上洛する意思は見せない。そして、三月十三日、景勝は不識庵謙信の二十三回忌を行なった。既に三成と密謀を企てていた景勝は、この席で家康との対決姿勢を示したという。

この隙に、信吉は仲間の栗田刑部《ぎょうぶ》を誘い出奔した。栗田刑部は途中で岩井信能《のぶよし》らに討たれたが、信吉は逃げきり、江戸城に駆け込むと秀忠に子細を告げた。

これを受けた秀忠は早馬を走らせ、家康に委細を伝えた。報せを聞いて喜んだ家康は上杉討伐へと準備を進めていくのだ。

唯一、残ったのは毛利家であるが、さすがに戦の前に内紛を起こさせるようなことはできなかった。しかし、吉川広家の懐柔には成功している。これが決戦当日には大いに役立つことになるが、それは改めて後述する。

何れにしても、家康の内部攪乱に四大老が翻弄されたのは事実であった。

真相五　三成が家康のところに逃げ込んだいきさつとは

慶長四年（一五九九）閏三月三日、前田利家が大坂で死去すると、長年、憎しみ続けていた石田三成を討とうと、加藤清正、福島正則、黒田長政ら七将が決起した。これを知った三成は昵懇である佐竹義宣の勧めを受け、佐竹家の女輿に乗って大坂を脱出し、伏見の家康屋敷に逃げ込んだ。大老筆頭という立場上、懐に入った窮鳥を猟師は討てまいと三成は己の才に満足する。家康の方も三成に蜂起してもらわねば天下は取れぬので、七将から守り、居城の佐和山に送り届ける。小説やドラマなどの名場面である。しかし、果たして真実であろうか。

まず、七将であるが、酒井忠勝が口述し、林羅山らが明暦二年（一六五六）に編纂した『關原始末記』では、池田照政、福島正則、長岡忠興、浅野幸長、黒田長政、加藤清正、加藤嘉明となる。

家康の侍医・板坂卜齋が記した『慶長年中卜齋記』（成立年不詳だが、享保八年〈一七二三〉に編集したと思われる記日がある）では加藤清正、黒田長政、長岡忠興、脇坂安治、加藤嘉明、福島正則、浅野幸長となる。

ところが、慶長四年閏三月五日、家康の返書の宛名に七人の武将の名が記されている。読み下し文は次のとおり。

「重ねて御折り紙入れられ、御念の通り、祝着の至りに候。仰せのごとく、こなたへ罷《まか》り越され候。なお、替えの儀候わば、是に従い申し入るべく候。其の地御番《ごばん》の儀、両人の申され候のごとく、成さるるのよし、尤《もっと》もに候。萬事よきよう肝要に存じ候。委細は井伊兵部少輔（直政）かたより申すべく候。恐々謹言。

家康御判

閏三月五日

丹後少将（長岡忠興）殿

蜂須賀《はちすか》阿波守（家政）殿

清洲侍従（福島正則）殿
藤堂佐渡守（高虎）殿
黒田甲斐守（長政）殿
加藤主計《かずえ》頭（清正）殿
浅野左京大夫（幸長）殿」

とすれば、この七人が俗に言う七将と言うべきであろう。文意は次のとおり。
「二度までも懸念される書状を戴き、有り難く存ずる。仰せのごとく（石田三成）は伏見に来ている。なお、替えの処置があれば、これに従って申し伝えよう。大坂御番の件は両人の申されるようにするのがよい。万事そちらで、よいように計らうように。子細は井伊直政が申し伝える」

おそらく、家康に三成を討たせてほしいと申し出たことに対する返書であろう。両人が誰かは判らない。推測を働かせれば、同じ日、浅野幸長には別の書を出しているので、そのうちの一人か。また、根回しの活躍度からすれば黒田長政と藤堂高虎。三成への憎しみ度からいえば、加藤清正、福島正則といったところか。この書に名はないが、先の史料に記される池田照政、脇坂安治、加藤嘉明なども憎んでいたとは思われる。『義演准后日記《ぎえんじゆごうにっき》』の閏三月十日の条には「大名十人衆とやらん、申し合わせて訴訟す云々」とある。照政らを含めた者たちがちょうど十人になる。

右の書も含め、七将による三成襲撃を、幾つかの史料で追ってみる。

前権中納言の山科言経《ときつね》が記した『言経卿記』の閏三月七日の記述。

「石田治部《じぶ》少輔入道、去四日に大坂より伏見へ行かれる也云々、今日も騒動。伏見雑説について京都騒動」

京都神龍院の住職・梵舜《ぼんしゅん》が記した『舜旧記』の閏三月九日の記述。

「石田治部少輔与、七人の大名衆伏見申し合わせ之あり、しかれば（排）内府家康より仲介無事云々。治部、江州佐和山城へ隠居」

京都の医師・江村《えむら》専齋の思い出話を孫の伊藤宗恕坦庵が正徳三年（一七一三）に記した『老人雑話』の記述。

「太閤御他界の明年に伏見にて已《すで》に事起こり、はや石田が館へ押し寄り討ち亡さんとて、今晩か明晩かと云程に有しを、東照宮（家康）和議を入てのたまうは、先左あらん（急ぐ）ことに非ず。治部を佐和山に遣はし置て少しも国政に参与させじとて、途中を護して佐和山に遣はす」

軍学者の宮川尚古が正徳三年に記した『關原軍記大成』の記述。

「三成は伏見の城内に入りて、我が屋敷に立て籠る」

享保三年（一七一八）に編纂された『慶長見聞書』の記述。

「治部少輔を女の乗物に乗せ、佐竹（義宣）と同道して浮田（宇喜多秀家）が居られる備前島へ参り談合あり。内府へこの事を申し入れ、何とぞ無事に仕られるよしにて伏見へ赴く。秀家より家老を添えて佐竹同道あり。伏見にて治部少輔屋敷は御本丸の次、一段高き所なり。（中略）七将、伏見まで追いかけて来たけれど、城へ入べき様なければ向島に控え、この由を家康公へ申し入れらるる」

前記した板坂卜齋の『慶長年中卜齋記』の記述。

「治部少輔、西丸の向かいの曲輪《くるわ》の屋敷へ参着」

と、ここまでは伏見に行った、あるいは、伏見城の西ノ丸、もしくは西ノ丸の向かいにある石田曲輪に入ったとある。

兵学者の大道寺《だいどうじ》友山が、元禄末年から宝永年間（一七〇四〜一七一一）に記した『岩淵夜話』の記述。

「佐竹右京大夫、伏見において此の事を聞き、三成と昵懇なれば夜中に大坂へ下り、直に三成が宅へ行き、今度の儀は理を非に曲げて、家康公を願い入れずしては、らちも明ましと異見につき、宇喜多秀家へ留守の儀を頼み置いて夜に紛れ、女乗物にて伏見へ登り、今度の危うき難を御救い下されるべきの旨、奉り候。（中略）身の置き所なきままに家康を頼み来候を、日頃、不快なればとて押し出し候のことは罷りならず。今度の儀は家康に対し堪忍頼み入り候」

と、家康の屋敷に逃げ込んだようにもとれるが、大道寺友山は享保十二年（一七二七）に『落穂集』で改訂をしている。

「大坂を出て道中なんの子細もなく、その日の晩景に至り伏見の屋敷に着致し、義宣には直に向島の屋敷へ参られ」

と向島の徳川屋敷には佐竹義宣が行ったと訂正している。

時代を経て明治時代に参謀本部が編纂した『日本戰史・關原役』の記述。

「大納言利家、已に逝けり。三成必ず出ん要撃すべきなりと、或る人走りて三成に告げく、佐竹義宣、三成と旧あり、之を聞き、馳せて大坂に至り、四日、三成を擁し伏見に還り家康に投す。七将追い来りて之を家康に請う」

大正十一年（一九二二）に徳富蘇峰が記した『近世日本國民史・關原役』の記述。

「三成の親友佐竹義宣また之を聞き、三成の邸に赴き、彼を女乗物に乘せ、先ず之を宇喜多秀家の邸へ送り、更らに護衛して之を伏見に抵《いた》らしめ、家康に託した。今や窮鳥は愈《いよい》よ獵夫の懐に入って来た。抑《そもそ》も家康に身を托したのは、義宣の思い付であった乎《か》、将《は》た石田當人の自發からであった乎。そは何れにしても、石田の此の擧は、彼としては最善の策であった。彼は死中に活を求めたのだ」

と有名な史料からの記述を掲載してみた。これから見ると、徳富蘇峰が史料の読み間違いをしたか、あるいは、勝手な想像をして後世に伝えたことによって、八十余年、三成が家康の屋敷に助けを求めたことになっている。

史実とすれば、伏見城の中には治部少丸あるいは治部少輔曲輪があり、三成は伏見城内にある己の屋敷に逃れて立て籠り、七（十）将が追い掛けてきて城外に至り、対峙することになった。これを近くにいる大老筆頭の家康が見逃してはおけず、調停に乗り出した。そして、三成から「天下の仕置にかまい申され間敷」と一筆を取り、奉行職を解くことによって事態の解決をしたというもの。

その後、家康は、次男の結城秀康に三成を送らせ、石田家臣を勢多まで呼び寄せて受け渡し、佐和山に隠居させた。そして、家康は閏三月十三日、伏見城の西ノ丸に入城し、留守居であった徳善院、長束正家を追い出している。

こうして見ると、七（十）将の襲撃も家康が裏から手を廻したのではと思われて仕方ない。先の暗殺計画などもあり、大坂城に入城するにあたり、前段階の既成事実を作るために伏見城に入る必要があった。そのため、黒田長政や藤堂高虎を焚き付けたとすれば、単なる推測ではないような気がしてならない。

第三章

家康に挑戦状！
勇将・直江兼続をめぐる謎

真相一　三成と直江兼続の間に密約は存在したのか

昔から五奉行の実力者・石田三成と上杉家の家老・直江兼続《かねつぐ》の密約説は語られてきた。存在したならば中途半端な形で終わったことになり、なければ、偶然が重なったかのような形となる。果たして真実はいかに。

三成と兼続は共に永禄三年（一五六〇）生まれで、関ヶ原合戦が行なわれた時は四十一歳であった。三成は豊臣秀吉に見出されて政権の中枢をなし、兼続は上杉謙信に見込まれて景勝を支えた。中央と地方という差はあるものの、両人は似た境遇にあった。また、兼続は秀吉から直臣に誘われたこともあり、「会津百二十万石のうち、三十万石は兼続に与えたものだ」さらに「天下の儀を任せられるのは、小早川隆景と直江兼続のみ」とまで言わしめた。

上杉家は、謙信亡きあとの後継者争いで二つに割れ、国は疲弊し、さらに越中からは柴田勝家、信濃からは森長可《ながよし》らに攻められ、風前の灯火と化していた。本能寺の変によって危機から脱したものの、越後国内すら満足に支配できていなかった。

そこへ、秀吉から、墜水《おちみず》の会と呼ばれる会見で麾下に加わることを求められた。渋々承諾した景勝・兼続主従であるが、秀吉に屈したことで西の脅威は消え、国内支配に加え、周辺の失地をいくらか回復できた。豊臣政権では五大老に選出されたこともあり、東国の名家を全国に知らしめることができた。会津移封は迷惑だったが、上杉家にとって豊臣政権は決して悪くはなかった。その政権を徳川家康が大きく揺るがしている。謙信以来の武を継承している上杉家としては指を咥《くわ》えて見ているわけにはいかない。石田家と上杉家は密議を交わさねばならなかった。

さて、その時期であるが、景勝が伏見を発したのが慶長四年（一五九九）八月三日、会津の若松城に帰城したのが同月二十二日。途中、景勝が佐和山城に立ち寄り、密謀を行なったとしても不思議ではない。しかし、それよりも、三成と懇意である兼続の方が信憑性がある。『会津陣物語』や『近世軍記』によれば、「直江兼続は年来の思いから九月一日に大坂を立ち、三日に佐和山に立ち寄った」とある。

日付などは俄《にわか》に信じ難いものはあるが、充分に考えられることである。他にも会津への出立は病にて遅れるとい

直江兼続像（米沢市上杉博物館蔵）

う説もあるので、景勝とは別行動を取った。あるいは、何かあった時、全ては兼続のせいにするという保険をかけたのかもしれない。

二人の間で何が話し合われたのか。

前田利長が帰国のために大坂を出立するのが八月二十八日。大坂城内で家康の暗殺計画の噂が出たのが九月七日。家康が大坂城の西ノ丸に入ったのが九月二十八日。暗殺計画に加担したと言われる大野治長、土方雄久《ひじかたかつひさ》、浅野長吉の三人を流罪にしたのが十月二日。加賀征伐を宣言したのは、さらに後。とすれば、この段階で家康を挟撃するという計画は飛躍し過ぎている。また、景勝が帰国したからといって、必ずしも家康が言い掛かりをつけるとは限らぬし、討伐軍をあげる保証はない。

では、話の本意はいかに。政情の不安などを懸念し、なんとか家康に対抗する策などではなかろうか。四大老と三奉行（三成は蟄居で浅野長吉は家康派）が連係してこれにあたる。しかしながら、もし、言い掛かりをつけてきたら受けて立つ。その時は共に手を携えて挟撃しようではないか、という程度ではなかろうか。

ただ、聡明な三成と兼続。家康もこの年五十八歳と高齢であり、天下を望むのであれば急いでいる。早い段階での戦を渇望しているぐらいのことは読んでいよう。そこで、万が一の時のために、両家の絆を強くする必要があった。

石田三成の研究で有名な白川亨氏が、著書の中で興味深いことを発表されている。上杉家の家臣となった岡左内定俊、その息子の半兵衛重政（左内許臣《もとのぶ》とも）に三成の次女（養女とも）が嫁いでいるということ。これは津軽藩の『杉山系図』によるものである。三成の次男・杉山源吾（重成・俊成とも）は関ヶ原合戦後、姉の辰子が豊臣家の養女として津軽信枚《のぶかず》の側室となっていることから津軽に逃れ、家臣になったとも客分として扶持を得たとも伝えられる。

岡左内で有名な定俊は蒲生《がもう》家臣であったが、蒲生家が会津から宇都宮に移封になった時、会津に残り上杉家に仕えた侍大将で、白石合戦では戦乱の中、伊達政宗の太刀を叩き折ったという逸話が残されている。関ヶ原合戦ののち、再び蒲生家が会津に戻ったので旧主に仕えることになる。息子の重政も父に従っている。

三成は兼続との姻戚を希望していたようだが、兼続の息子はまだ幼く、それに病弱であった。そしてこの時、景勝には子がいない。

大名間の私婚は禁じられているので、これを指弾してきた三成が自ら破るわけにはいかない。三成は十九万四千石の領主なので、上杉家の新参者の家臣に娘を輿入れさせるのは可笑しい。とすれば、普通に考えれば人質であろう。

戦後、上杉家は米沢に移封になり、余計な人数はできるだけ少なくしなければならない。しかも、三成との密謀があったとされれば、さらに、お家は危うくなる。

そこで、三成の次女は会津に残り、岡重政に嫁いだのではないかと思われる。

因《ちなみ》に『石田系図』には岡重政の文字はないので、実の娘ではなく養女の方が妥当であろう。そして、三成が人質を差し出したとすれば、兼続が佐和山に立ち寄った時が時期的に合っていると考えられる。

何れにしても上杉家は移封してまだ間もなく、城を始め、国の整備が整っていない。戦をするにしても準備としては数年の歳月をほしいところであろう。しかし、家康は二人の会談からおよそ四ヵ月後には加賀征伐を宣言している。

朧げな密謀は、兼続の帰国後に急展開していく。

真相二　家康が上杉家に行なった阿漕な挑発の方法とは

前項で記したとおり、上杉家は移封したばかりで領内の整備に追われていた。腹立たしいからとはいえ、すぐに家康に挑むような余裕はなかった。事実、景勝は兼続に対し、「今、戦になれば、今までのような闘いができるか不安だ」と告げたという。これは正直な気持ちであろう。農兵が主体であった上杉家は、その大部分を越後に置いてきている。会津で、果たして何人の兵が集まるか、未知数であった。

そこで、多数の浪人を新たに雇っている。先の岡左内定俊を始め、前田慶次郎利《とし》太《ます》、車丹波守斯忠《つなただ》、山上道及《やまがみどうきゅう》、上泉《かみいずみ》泰綱などなど……。戦場で有名な錚々たる武士が、慶次郎のあとを追うように上杉家に仕官している。

神指《こうざし》城の普請を堀秀治が訴え、上杉家から藤田信吉が出奔したことは前章で記した。さらに、出羽の角館《かくのだて》城（秋田県仙北郡角館町）主の戸沢安盛も報せた。安盛は徳川家臣・鳥居元忠の娘婿である。

信吉から子細を聞き、驚いた秀忠はすぐに早馬を大坂に疾駆させた。というのも、二日前に景勝に対して次のような返書をしたばかりだ。

「飛脚をもって急報を戴きましたこと嬉しく思っております。承わりました意見のごとく、以来、申したことが通らず、残念です。しかれば、貴殿の御普請以下仰せつけられることは尤もなことです。上方はいよいよ静謐なので、ご安心ください。なお、変わったことがありましたら、お伝え致します」

この時までは、とりあえず、表向き上杉家と徳川家は友好関係にはあった。

報せを受けた家康は、待ってましたと毛利輝元、宇喜多《うきた》秀家、増田長盛《ました》と大谷吉継らに会津攻めを主張するが、時期尚早と反対された。そして、まずは事の真相を景勝へ問い質すことに決定した。

慶長五年（一六〇〇）四月一日、相国寺塔頭《たっちゅう》・豊光寺の長老・西笑承兌《さいしょうしょうたい》が認《したた》めた書を持ち、徳川家臣の伊奈昭綱と増田長盛の家臣・河村長門が使者として会津に向かった。

二人は四月十三日、若松城に到着し、直江兼続への詰問状を渡した。

まず、前文で、景勝が上洛しないので、家康が不審に思っていること。神指城を築き、新たに橋を架けたことは不審を抱かれるので気をつけるようにとし、八ヵ条が続く。大意は次のとおり。

一、景勝に別心がないならば、神社の起請文をもって、申し開きすること。

一、景勝の律儀さは太閤様以来、家康も知っているので、右の品を揃えること。

一、堀監物《けんもつ》直政の訴えに、陳謝しないならば、（戦を）心掛けること。

一、前田利長の異心は、家康の裁量で、治まったので、利長に倣うように。

一、京都で増田長盛と大谷吉継が、家康と相談しているので、言い分があれば、榊原康政に申すように。

一、景勝は一刻も早く上洛するように。

一、会津では武具を集め、道を作り、橋を架けていることが上方で噂されている。家康が景勝を待っているのは、高麗へ使者を遣わし、各々（明と朝鮮）が降参しなければ、再征する相談をするので、早々に上洛するように。

一、承兌と兼続は親しいので忠告をしている。上杉の興廃は境目にあるので、使者の口上をよく聞くように。

以上は『上杉家御年譜』に従ったもので、この他に『關原軍記大成』や『会津陣物語』なども西笑承兌の詰問状は掲載されているが、微妙に内容が違っている。

何れにしても、徳川の監視下で書かされたことが窺える。また、真実らしからぬことも記されている。五条で増田長盛と相談したのは頷けるが、五奉行でもない大谷吉継と相談する必要があるのか。おそらく三成と親友なので名を出したのであろう。そして、相国寺や豊光寺に迷惑が及ばぬよう、また、兼続との友情を損ねぬよう、西笑承兌が苦慮して言葉を選んだことも察することができた。

何れにしても、家康の言い掛かりであることは間違いなく、挑発であった。

真相三　兼続が家康に送りつけた「直江状」の内容とは

先の書を受け、直江兼続は西笑承兌に返書をした。いわゆる「直江状」である。長文であるが意訳は次のとおり。

「今月朔日《ついたち》の尊書が昨日十三日に到着。具《つぶさ》に拝見、多幸多幸。

一、当国のことについて、其元《そこもと》（大坂）の地でいろいろな噂があると申されたことで、内府様がご不審に思われているとのこと。やむを得ないことでもあります。京、伏見の間においてさえ、いろいろ沙汰されているのですから、遠国の景勝は若輩者なので、雑説（噂）は似合っております。まったく苦に致しませんので、お気になされず、お聞き召されませ。
一、景勝が上洛を引き延ばしていると、何かと申し触れていることは、不審に思います。先年、国替え直後に上洛を果たし、（九月に下向したにも拘らず）今年の正月に上洛を申し付けられては、いつ国の政《まつりごと》を行なえばいいのでしょう。とりわけ当国は雪国にて、十月より三月までは何事も不自由です。このこと、当国を知る者にお尋ねください。しかれば、正直なところ、景勝の上洛を引き延ばしている雑説は、何者かが景勝の逆心と、偽りを申しているに過ぎません。推し量りください。
一、景勝に別心がなければ、誓詞をもって表わすべきことと申されますが、内府様は去年以来、数通書いている起請文を反故《ほご》にしようということでしょうか。重ねて書く必要はないと思います。
一、太閤様より、景勝が律儀な仁と思し召しになされたこと、今もって変わりありません。世上の朝夕に態度を変える輩とは違います。
一、景勝の心中には、別心など毛頭ありませんが、まずは讒言する者を糺明するべきです。その上で、逆心ありと思し召されるのならば、是非もありません。公平になさるのであれば、讒者を引き合わせ、是非お尋ねさせてください。これをせぬならば、内府様に表裏があると思われても仕方ないでしょう。
一、前田肥前守利長殿のこと、思し召しのとおりに仰せつけられたよし。（内府様には）ご威光に深みがあるようで、さすがです。
一、増田長盛、大谷吉継が出頭し、委細承知しているとは珍しきこと。また、城普請のことを申し越したとのこと。榊原康政は表向き、景勝の取次ぎであるはず。景勝の逆心が歴然であるならば、一度会津にまいられてご意見なされてこそ侍の筋目と申すもの。内府様のためにもなることで、さようの分別こそあって然るべきではないでしょうか。讒人《ざんにん》の堀直政は種々を吹聴することによって仕える才覚の者にて、申したことで謗《そし》られることはありません。忠臣か佞臣《ねいしん》か分別なされること、重ねて頼み入ります。
一、雑説の第一として上洛を引き延ばしたとお聞きになられたことは、使者に申したとおりです。
一、第二に、武具を集めていることについて、上方の武士は、今焼きの茶器、炭取り瓢《ひさご》以下、人たらし道具を所有しておられるが、田舎武士は鑓《やり》、鉄砲、弓箭《きゆうせん》の道具を支度しおります。これはその国々の風俗と思し召しになられ、ご不審を抱かれませせぬよう。たとえ、世上に珍しき物と勧められても、景勝は不肖の分限なので嗜みません。天下には不似合いの沙汰と存じます。

一、第三に、道や舟橋を作ったと申されますが、国内の往還が不便なので、これを解消するためのことです。越後でも舟橋や道を作りましたが、端々まで行き届いておりません。そのことは家老の堀直政も存じているはずで、同じことをしているではありませんか。内府様は当家が会津に移ったばかりだというのに、新たな政を止めろとでも言うのでしょうか。

元来の本国（越後）にいる堀秀治を踏みつぶすのに、何の手間がかかりましょう。道を作るまでもありません。景勝の領地は会津であることは申すに及ばず、上野、下野、岩城、相馬、政宗領仙台、最上、由利、仙北などの国境に道を作ることは同前です。それらの衆が何も不服を申さないのに、堀直政のみが上杉家の道作りに恐れをなして申し鳴くのは、よくよく弓箭を知らぬ分別の者と存じます。

景勝が天下に逆心を企てるのならば、諸国への境目に堀を掘り、道を塞ぎ、防戦の支度をすべきであるはず。十方へ道を作って逆心したならば、自然の要害に人数を差し向けるにしても、一方を防ぐのも困難なのに、どうして十方を防衛できましょうか。たとえ他国に出陣するにしても、一方へこそ景勝相応の兵を出すべきで、諸口に出すなどできません。だいたい、そのようなうつけ者がいましょうか。

景勝の領地に道を作ること、申し付けることがあるならば江戸から使者をよこし、白河口の様子をご見聞なさるがよろしいでしょう。その外、奥筋へも使者向けられ上下《しょうか》お尋ねになられるのが尤もです。それでもご不審があるならば、いつでも使者を遣わしてください。合点がいくまで所々境目《しょしょ》までお見せしましょう。一、互いに親しい間柄でも、以後虚言を言うようなことは、自他共に今後ともないようにしましょう。高麗が降参しなければ、来年、再来年にも兵を派遣するとは、これまさに虚言と言うもの。笑止。笑止。

一、この三月は謙信の追善法要にあたるので、景勝はこれを済ませて夏中には見舞いに上洛する予定です。武具以下を揃えたのは、国を空けた時のことを思案して在国中に用意したまでのことです。そこへ、増田長盛、大谷吉継の使者がまいり申したことは、景勝の逆心が穏やかではないので、別心なくば上洛しろというのが内府様の内意であるとのこと。とても公平とは思えません。讒人の申し分をお聞きになり、急ぎ糺明なさることこそ親切の験《しるし》たるべきところ、調べもしないで逆心でなければ上洛せよと申し唱えるなど、乳飲み子のようで、どうしようもありません。

昨日まで逆心を企てていた者も、その謀《はかりごと》が失敗すると、知らぬ顔にて上洛したり、あるいは縁組したり、新しい知行を受けたりと、恥も外聞もない交わりをするのが当世風。景勝の身上には不相応です。心中に別心なくとも、逆心ありと天下に伝わり、妄《みだ》りに上洛すれば累代の弓箭が失墜いたします。讒人を引き合わせ、ご糺明なくば上洛致しません。

右の趣旨、景勝が正しいか、それとも悪いのか、お判りのことと存じます。とりわけ、景勝家中の藤田信吉と申す者が先月半ばにて当国を抜けて江戸に行き、その上、上洛して申したことは、万事は知れております。景勝が間違っているのか、内府様に表裏があるのか、世上のお沙汰次第でございます。

一、千の言葉も万の句もいりません。景勝に別心など毛頭ないのです。上洛しませんので、そのための用意をすることは、致し方ありません。この上は、内府様の分別次第で上洛も可能となりましょう。これに比べ、どなたかは太閤様の遺命に背き、数通の起請文を反故にして、幼少の秀頼様を見限り、そちらから手出しをして、天下の主になられても、悪人の名は付きまとい、末代までの恥となりましょう。

ここのところは遠慮なく、なにとぞ逆心なく、心安らかにお仕えください。但し、讒人の言うことを取り入れ、不義を行なうのであれば仕方ありません。誓詞や堅い約束もいらぬということになります。

一、そちらで、景勝に逆心があると申し、隣国でも会津が動いていると触れ廻り、あるいは城々、諸口に兵を入れ、兵糧の支度をし、あるいは国境付近から人質を取り、関所を作って人を止めるなど様々な雑説が流れているようですが、これは分別のない者の言うことなので、どうか聞き入れないでください。

一、内府様に使者をもって申し届けるところ、隣国より讒者が相談と称して種々申し、家中より藤田信吉が逃れ込んだことにより、逆心は歴然と思われているところへ、お便りなど差し上げたならば、表裏第一の者とご沙汰なされましょう。

右の条々、御糺明がないならば、これ以上、内府様に申し上げることはできません。まったくもって疎《うと》んずる意思はありませんが、態度を変えられるならば、我らも畏《かしこ》まるつもりです。

一、何事も早急に遠国で推量したことなので、仰せ聞かれるべき有様です。当世は様々煩《うるさ》いこともありますので、自然と事実も偽りのように聞こえましょう。中すまでもありませんが、（内府様が）こちらへお出でになられ、天下の黒白をつけられると聞いております。万事、仰せになることは手本に致すつもりです。お心易さのまま、愚かな文を記しました。恐惶敬白。

四月十四日　　　　　　　　　　　　　　　直江山城守（兼続花押）

豊光寺侍者御中

追って、よろしき様の条、もう一言申し述べます。なんと中納言様（徳川秀忠）

か内府様が会津に御下向なされるとか。全てはその時に仕《つかまつ》りましょう。以上」

因に同状は幾枚か書き写されており、順番が入れ替わった書や、十五条しかない書、追記が記されてない書も存在している。

それにしても、人を喰った書である。始めから多幸、多幸と揶揄している。四条までは軽く躱《かわ》しつつ、皮肉を鏤《ちりば》め、五条で家康を表裏の者と批難した。

さらに六条で、家康のご威光はさすがでございますなと、完全に馬鹿にした。九条で、上方にいる者は茶器などの人たらし道具集めに奔走し、武士の本分を忘れている。その点、上杉家は武家らしく治にいて乱を忘れぬと痛烈に批判する。さらに天下人の器ではないと侮蔑してもいた。

十一条では、朝鮮出兵を厳しく指摘し、笑わせるなと愚弄している。

十二条では、逆臣はお前であり、表裏は世間の者が皆知っていると鑓で抉《えぐ》るような言いようで、十三条では謀叛はお止めなさいと大人が諭すような口ぶりだ。

そして、十五条では、態度を変えないのならば、考えがあると喊《けしか》けるような文言になり、続く十六条では戦場で白黒つけましょう。さらに追記で、文句があるならば会津に来い。口ではなく弓矢で勝負しようと、完全に挑発していた。

豊光寺の西笑承兌宛であるが、誰が読んでも明らかな家康への挑戦状である。

但し、「直江状」は偽書の疑いが濃厚というのが通説である。というのも、原本が現存していないという。なので、違う書状が残されているのであろう。おそらく、写しを重ねているうちに間違ったと思われる。だからといって、これが偽書というのは誤りではないかと思う。

というのも、六月十日、景勝は家臣の安田能元《よしもと》、甘粕景継、岩井信能《のぶよし》、大石元綱、本庄繁長宛に「直江状」によく似た書状を送っているからだ。

伊奈昭綱と河村長門が大坂に到着したのが四月二十三、四日頃。というのも、二十五日、家康は内々に長岡忠興《ただおき》、福島正則、加藤嘉明らに先鋒を命じていた。

五月三日、家康は憤激の中、会津征伐を宣言した。

五月七日、長束《なつか》正家、増田長盛の二奉行と中村一氏《かずうじ》、生駒親正、堀尾吉晴の三中老が家康に五条の会津出陣の諫止状を出したが、受け入れられなかった。

六月二日、家康は本多康重、松平家信、小笠原広家に七月下旬に会津出征することを告げ、出陣の準備を命じた。

六月六日、諸将を大坂城西ノ丸に集め、会津征伐の部署と進路を言い渡した。

白河口・徳川家康、秀忠。関東、東海、関西の諸将はこれに属す。

仙道口・佐竹義宣。

信夫《しのぶ》口・伊達政宗。

米沢口・最上義光《よしあき》。最上川以北の諸将はこれに属す。

津川口・前田利長。堀秀治。越後に在する諸将はこれに属す。

これらが全て出陣すれば二十万にも及ぶ大軍勢となる。家康は秀吉の島津攻め、北条攻めを意識したのかもしれない。

六月十五日、豊臣秀頼は大坂城西ノ丸に至り、家康に軍費として黄金二万両、兵糧二万石を与えた。この日、家康は天野康景と佐野綱正を西ノ丸の留守居とした。六月十六日、家康は会津出陣のため、大坂を発して伏見城に入城した。

家康とすれば、上杉に喧嘩を売れば、十中八、九は買うと思っていたのかもしれない。その後は、まさに流れるようであった。

真相四 「直江状」発行後の三成と兼続のやりとりとは

直江状を発した直後の上杉家は、記録上、即座に三成と連係を強めたとは思われない。もっぱら城普請や道路、橋整備などに従事していた。

そこへ大坂に派遣していた櫛田光家、京都の小山田正光、景勝の船頭を勤めた勝右衛門が帰国した。『上杉家記』によれば、勝右衛門は五月十八日、大坂を出立し、各地を探りながら木曾路を廻って越後から会津に入り、六月九日到着し、書によって景勝に子細を報告したという。文意は次のとおり。

「一、このたび家康は会津出馬を宣言し、秀頼に御供するよう申したところ、秀頼の側近は、これを拒んだ。上方の兵は六万ほどだが、集まりが悪いとのこと。
一、家康は三成に佐和山の借用を伝えると、徳川とは手切れとなり、三成は佐和山の普請をして、城に引き籠った。
一、尾張の清洲でも借用を伝えると、福島正則は、拒んだとのこと。
一、毛利、宇喜多は北条征伐にも参じなかったので、このたびもないとのこと。
一、朝鮮の兵が蜂起し、壱岐、対馬へ乱入したので、家康が下向するらしいが、真実ではないので、油断なきよう」

かなり情報が誤っている。おそらく混乱しているのであろう。そんなこともあり、領内では物資の不足を訴える書や、景勝から家臣に油断なくと叱咤激励する書が見られる。おそらく、家臣たちも不安に思っていることであろう。

六月十日、景勝は次のような檄を飛ばした。意訳は次のとおり。

「このたび、上洛しないのは、第一に家中の無力。第二に領地の仕置のためと、秋まで上洛を引き延ばしたいと奉行衆に返答した。されど、重ねて逆心の讒言をもって、上洛しなければ当郡（会津）に向けて軍勢を差し向けるとのこと。

元来、逆心などなく筋目を通しているので、万事を抛《なげう》って上洛する覚悟を決めた。されど、讒人の糺明を一ヵ条に申し入れたところ、是非もなく、ただ相変わらず上洛しろとばかり言い、さらに日時まで区切って催促してきた。

このように押し詰められては、なんとしても上洛はせぬ。数通の起請文を反故にし、約定も誼《よしみ》も無にし、讒人の糺明もしないならば、武門の意地を示す時である。

譜代、功名をあげた浪人、上下に拘らず右のこと、仕方なしと納得した者には供（戦）の用意を申し付ける。儂の意に従えず、理不尽な滅亡はしたくないと思う者には、遠慮なく暇を出すゆえ立ち去るがよかろう。

それ以外の者は、上方勢が下り、日時を聞き届け次第、中途半端に打って出ぬようにす。諸口や、領地の隅々まで押し破られれば、地下《じげ》人等が心変わりするのは必然である。その時、家や妻子の安否が心配になって躊躇すれば、その時の不覚だけではなく、末代まで名を汚すことになろう。兼日《けんじつ》、肉を切るほどに辛抱し、疑心を持たず無二の奉公をしている者は、直々申し出ること。頼む者は遠慮することはない。各々分別をもって急ぎ、よくよく判断するものなり」

家康の会津征伐に備える中、六月二十日付で三成から兼続宛の書が届けられた。意訳は次のとおり。

「先日、御細書を預かり、返報します。内府は一昨日の十八日、伏見を出馬しました。かねがねの調略が思うままになり、天の助けと喜んでいます。我らも油断なく支度し、来月初めに佐和山を発ち、大坂にまいります。毛利輝元、宇喜多秀家、その他も無二の味方ですので、ご安心ください。会津の手段をお報せください。中納言殿へも別書遣わします。しかるべくご意見を賜るようお伝えください」

この書状も偽書の疑いがあるという。『続武者物語』や『關原軍記大成』に掲載されているものだが、またしても写し間違いか。

但し、四月十四日に兼続が直江状を発行し、先に三成から人質まで受け取っていたとすれば、その間、何の連絡もとっていない方がおかしい。書状じたいは原物でなくとも、似たような内容の書はあったはずだ。

大谷吉継が佐和山に立ち寄り、三成が家康討伐計画を告げるのは七月になってからのこと。また、毛利輝元、宇喜多秀家の提携するのもやはり七月に入ってから。家康が大坂を出立したのちに、内々で話が纏まっていたのか。もしくは、既に家康に挑戦した上杉家の戦意を鈍らせぬように励ましたとすれば、別に問題はない。情報が流言と書状しかない時代、誇大な内容はよく見られることである。

右の書を信ずるならば、冒頭部分に、先に書を貰ったとあるので、先に兼続の方から書を出していたことが窺える。大坂から会津までおよそ十日の道のりなので、佐和山とすれば、一日ぐらい早く達するはず。とすれば、景勝が領内に檄を飛ばした日かその二、三日前ということになろうか。

次に見られるのは、七月十四日付の三成から兼続宛の書状。『続武者物語』や『關原軍記大成』に掲載されているもの。意訳は次のとおり。

「六月二十九日の御状が到着しました。白河の西や他の諸口を堅く守られることは大変よいことです。先の書でも申したとおり、越後のことは上杉家の御本領ですので、景勝中納言殿に与えられることは、秀頼公の御内意を得ています。越後のことは次第に貴家のものに成りますのでご油断なされぬように。中納言殿が勘当し、越後に残った浪人、歴々の者があるとのこと。柿崎三河守、丸田左京、宇佐美民部、万貫寺、加治らに一揆を起こさせることは尤もなことです。この節なので、いささかも油断なきよう。本心では堀秀治も大坂方に志がある様子です。能登には上条民部を差し遣わしてはどうでしょう。なお、追々申し伝える所存です」

先の書同様、この書も偽書の疑いがあるというが、前に記したとおり。

六月二十九日に書かれた書といえば、先に三成が書いた書が会津に到着し、すぐに兼続が返書したことが窺える。日にち的にはぴたりと一致する。

上杉家にとって旧領の越後が本領になるとすれば、兵も勇み立とう。但し秀頼がそれを認めたという確かなる書状はないので、乱世ではよくある空手形であろう。帰農した者たちの名を列挙し、さらに上条民部を能登になどは信憑性がある。

上条民部（景廣）は上杉家を出奔した上条政繁の息子で、政繁は能登の守護であった畠山氏の直系である。景廣を能登に送って一揆を煽動すれば、前田勢の出陣を押さえられる、もしくは味方にできるかもしれないとの魂胆かもしれない。

三成から兼続に宛てた書で見つかっているのは今のところは以上である。

七月晦日《みそか》、三成から真田昌幸宛に出された書の中で、景勝に遣わした使者の案内を依頼しているので、同時期、発行しているのかもしれない。

また、八月五日、三成から昌幸宛の書の中で、やはり景勝へ遣わした飛脚について、昌幸親子に沼田領経由をもって速達させることを依頼している。

八月二十五日、景勝は長束正家、増田長盛、石田三成、徳善院、毛利輝元、宇喜多秀家に書を送っている。意訳は次のとおり。

「一、太閤様が死去なされて以来、内府は御定めに背き、誓紙を破り、政を恣《ほしいまま》にしている。ゆえに、奉行ならびに大老の諸侯は談合して、内府に刑罰を与えることを立てられた。秀頼様への忠節は大切なことです。
一、日本国の諸侍の妻子を人質として大坂に召し置かれることについて、無二の忠信を覚悟させるためには御尤もなことです。いよいよ堅固な仕置をするよう、よくよく計ることが肝要です。
一、伏見城の在番をする関東勢を誅伐すること、早速仰せつけられ、鳥居元忠をはじめとして悉く討ち果たされた。これも誠に天罰でござろう。
一、長岡越中（忠興）のこと、条々に背いたことで、丹後召し上げられ、国中を平らげると仰せつけられたことは、珍しくも大切なことです。

一、会津のことは、仰せられたように、去る七月二十一日、内府は江戸を出立して二十六、七日頃、白河南に攻め入る協議をしていると、上方の異変を聞いて動転し、悉く逃げ帰りました。内府は今月四日に小山より江戸へ逃亡したとのこと。我らはすぐさま、関東表に出陣するべきところ、最上、伊達を見合わせ、無礼な働きをしたので、厳しく申し付け、東北の問題が済み次第、心一つにして関東に出陣するつもりです。軽はずみに関東表へ罷《まか》り出て、東北で敵が蜂起すれば見苦しい姿を晒すので、慎重に行動致します。但し、内府が上洛するのならば、佐竹と相談し、万事を抛って関東へ乱入する支度は油断ありませんので、安心してください。

一、南部利直、秋田実季《さねすえ》、小野寺義直らは、秀頼様に御奉公申し上げると、こちらへ使者を向けて告げています。

一、越後の堀秀治は、江戸に人質を出し、無二の忠節を誓い内府の一味となっているので、一揆等を申し付け、少々兵を遣わして討ち果たすつもりでしたが、秀頼様へ無二の忠節を尽くし、越中へ出陣する旨をそちらから仰せつけられたとのこと。当方にも秀治は心を入れ替えると申し届けてきたので、一揆は止めさせました。溝口秀勝、村上義明《よしあきら》の両人は前から当方の味方なので別儀はありません。

一、白河は、堅固にするよう申し付けたので、心配には及びません。諸门の守りも固めねばならないので、すぐ出陣するわけにはいきません。しかし、来月中には佐竹と相談し、行動に移す所存。なお、白河南の仕置について、最上、伊達も指図次第に味方すると申していることを、心得てください」

以上は真田家に残されている書状である。上杉——石田間の使者が沼田を経由したので、その写しが残されているのであろう。

他にももっと多くの書状があったと思われるが、戦が切迫してきて忙しくなったこともあろうが、他にはない。それよりも、関ヶ原合戦後、石田三成の痕跡を消すために、上杉家としては書状の類いは焼き捨てたのかもしれない。また、三成側は佐和山城が落城したのでその時に消滅したのかもしれない。

連絡は取り合っていたが、上杉家は伊達、最上に牽制され、越後で蜂起させた一揆は堀家に制圧され、西上する家康の背後を突くことができなかった。

東西から家康を挟撃する。三成・兼続という俊英二人の密謀であるが、やはり現実は難しかった。もう少し準備の時間があれば、というのが二人の本音であろう。

第四章

上杉許さん！ 会津征伐をめぐる謎

真相一 家康はなぜ会津征伐に向かうのに時間をかけたのか

六月十六日、会津征伐のために大坂城を発った徳川家康は、三千の兵を率いて、その日のうちに伏見城に入城した。そして、翌十七日、家康は股肱《ここう》の臣である鳥居元忠と主従水入らずの酒を酌み交わした。小説やドラマの名場面である。

「その方らを、こたびの会津攻めに供させられぬのは残念じゃ。多き家臣の中にても、分けてその方どもを当城に残し置くことは故あってのこと。当城の人数は寡勢にて、そちたちには苦労をかけることになろう」

心苦しげに家康が言うと、主の気持ちを察した元忠が口を開いた。

「いえ、会津御征伐は大切なことにて、御家人一騎一人たりとも多く召し連れられませ。京・大坂が静謐なれば、当城は某《それがし》と五左衛門（松平近正）にて事済みます。万が一、殿様が御下向なされた跡に、敵の大軍が城を囲もうとも、近国に後詰《ごづめ》する味方はございませせぬゆえ、防戦など適いませせぬ。されば、御用ある人数を少しでも多く当城に残すは無駄でございます。これが今生の御暇《いとま》乞いになりましょう」

花々しく散り、上方討伐の契機を作る人柱になってくれという家康の心中を、元忠は理解していた。三歳年上の元忠は家康と共に人質生活を過ごした仲である。

老臣の言葉を聞き、家康は手を取って落涙したという。

六月十八日、鳥居元忠、内藤家長、松平家忠、同近正を留守居とし、千八百ほどの兵を残して家康は伏見城を発った。そして、昼頃、近江の大津城に入った。同城主の京極高次は家康につくことを約束し、家老の山田良利を同行させた。

大津城を出立した家康は、その日、石部《いしべ》に宿泊した。その後のことは二章で記したので省略する。水口《みなくち》を抜けた家康一行は六月十九日、伊勢の関に達した。そして二十日には四日市に着くと、桑名城（三重県桑名市）主の氏家行広《うじいえ》が饗応をしたいと申し出てきたので、素直に応じた。しかし、家康はその晩のうちに四日市から別の船を出航させ、三河の佐久島（愛知県幡豆《はず》郡一色町）に上陸した。

行広は氏家卜全《ぼくぜん》の息子で、本能寺の変後、秀吉と信長の三男・信孝が争った時、秀吉に味方した者である。家康は行広を信じていなかった。そのため、佐久島に向かわせた船には囮《おとり》として女中十四人と小姓十人ほどを乗せ、家康本人は別の船で二十一日、篠島（同県知多郡南知多町）に着岸した。三千の家臣は陸路を通って主に合流した。というのも、岡崎城（同県岡崎市）主・田中吉政は近江の出身で、秀吉の養子・秀勝や関白秀次の老臣として後見していたこともあるので懸念していた。

家康が篠島に到着したことを知った吉政は、すぐに城に来るよう勧めた。しかし、鄭重に断り、家康は刈谷《かりや》城（同県刈谷市）に向かった。

刈谷城主の水野忠重は家康にとって母方の従兄にあたる。忠重は信長、家康、秀吉と主を替えた武士であり、秀吉の死後は徳川家に復して今に至る。家康は忠重の娘を養女として加藤清正に嫁がせていた。刈谷で宿泊した家康は、水野家の兵も護衛に加え、二十二日、娘婿である池田照政の吉田城（同県豊橋市）に向かった。

今では婿として従順であるが、照政にとっての家康は正真正銘、親の仇であった。照政の父・恒興《つねおき》と兄・元助、義兄の森長可《ながよし》は、天正十二年（一五八四）、秀吉側として小牧・長久手の戦に参陣した。そして、家康の留守を狙って三河を突こうとしたが失敗、逆に家康に討たれた。照政はなんとか逃れて討死を免れた。その後、照政は池田家の家督を継いで美濃の大垣城（岐阜県大垣市）主となり、中川清秀の娘を正室にした。しかし、病死したので、秀吉の斡旋で家康の次女・督《とく》姫を娶った。

督姫は当初、北条氏直に嫁いでいたが、秀吉の小田原征伐ののち氏直と離別した。そして、文禄三年（一五九四）照政のもとに再度輿入れをしたのだ。

天正七年（一五七九）の花隈《はなくま》城（兵庫県神戸市中央区）攻めで活躍し、信長から名馬を与えられて以来、数々の武功をあげてきた照政。父、兄を失っても秀吉政権では、あまり優遇はされていなかった。そのため、仇ではあるが、実力者第一の家康に靡いていった。秀吉の死後はさらに深まり、加えて、昨年、督姫との間に男子（藤松）が誕生してからは、真の親子のようになった。

照政の饗応を受けた家康は、池田兵に守られて進み、遠江の白須賀《しらすか》（静岡県湖西《こさい》市）を宿地とした。また、照政は家康への忠誠を示すために先妻との間に生まれた嫡男の利隆を一緒に下向させた。

六月二十三日、家康は旧居の浜松城（同県浜松市）に入城した。同城は堀尾忠氏が在している。忠氏の父は三中老の堀尾吉晴。吉晴は秀吉が尾張にいる頃からの家臣である。誰もが豊臣家への忠義が篤いと思いきや、嗅覚鋭く、秀吉亡きあとは早く家康に誼《よしみ》を通じていた。代が変われば主を替え易いと隠居を申し出ていた。

さすがに三中老の職を退くことは認めないものの、家康は先のことを想定し、前年の十月一日、隠居料として吉晴に越前の府中（福井県武生《たけふ》市）で五万石を与えた。越前は大禄の者こそいないが、三成方の将が多い地でもあった。

浜松を発った家康は、中泉（静岡県磐田《いわた》市）に移動して同地に宿泊。六月二十四日には、小夜中山《さよのなかやま》（同県掛川市）で掛川城（前同）主の山内一豊の接待を受けた。

一豊は最初、信長に仕え、主の命令で元亀年間から秀吉の麾下となった。正室である千代の支度金で名馬を購入し、信長から褒められたという逸話はあまりにも有名である。家康がそれほど一豊を警戒しなかったのは、小禄であると同時に、秀吉没後には家康に接近していたからである。これも千代の忠言とも言われている。

慰労を伝えた家康は山内勢に送られ、駿河の島田（同県島田市）に泊まった。

六月二十五日、家康は三中老の中村一氏《かずうじ》が居とする駿府（同県静岡市）に立ち寄った。しかし、一氏は出迎えず、老臣・横田宗治（村詮《むらあき》）が代わりに挨拶に訪れた。

口上では病で起きられぬという。疑念の目を向けた家康は、すぐに鵜殿《うどの》重長を見舞いに差し向けた。すると、病は真実で、高熱に魘《うな》されているとのことであった。連日の暑さで生水にあたったようである。一氏は七月十七日に病死してしまう。

安堵した家康は横田宗治の接待を受けた。中村家は一氏の代わりに弟の一栄《かずひで》が従軍することを誓い、人質として一氏の長男・一角《かずふさ》（のちの一忠）を差し出した。一角を受け、家康は興津《おきつ》の清見寺《せいけんじ》（前同）に宿泊した。

六月二十六日、沼津（同県沼津市）で一栄の饗応を受けたのち、相模と国境の伊豆の三島（同県三島市）に宿泊した。

六月二十七日、家康は箱根の嶮を越えて小田原（神奈川県小田原市）に到着。二十八日には藤沢（同県藤沢市）、二十九日には鎌倉（同県鎌倉市）。七月一日、鷹狩りをした家康は神奈川（同県横浜市）に宿泊し、翌二日、江戸に帰城した。

物見遊山のようでもあるが、息を抜けぬ場所もあった。一説には上方の警報を待っていたと言われているが、諸将の状況を確認するといった方が正しいであろう。江戸についた家康は、それこそ三成の蜂起を待っていた。

真相二　西軍の諸将が挙兵を決意した時期と経緯とは

家康が会津征伐のために大坂を出立し、四日市に着いた六月二十日、石田三成は会津の直江兼続に書を送り、激励した（第三章四項）。

その後、暫し三成の行動は摑めないが、『備前軍記』によれば宇喜多《うきた》秀家は、七月二日には上坂しているとのことなので、連絡を取り合っていたに違いない。実際、秀家は同月五日と十三日に豊国神社を参拝していると『舜旧記』にあるので、上坂時期は間違いない。おそらく他の諸将への連絡も同じようにしていたはずだ。

六月の下旬、江戸に向けて大谷吉継が越前の敦賀城（福井県敦賀市）を発し、七月二日、美濃の垂井《たるい》（岐阜県不破郡垂井町）に到着した。一方、石田家は隠居する三成の代わりに嫡子の重家が出陣する予定になっているので、吉継は迎えにいかせた。すると、三成は老臣の樫原彦右衛門を使者として遣わして、佐和山城に迎え入れた。そして、家康討伐計画を打ち明けた。

同意してくれると思っていた吉継であるが、反対した。

「内府は専横だが、必ずしも秀頼様を廃しようとしていない。ましてや内府は日の出の勢いにて、誰一人敵対できる者はいない。これに対し、御辺《ごへん》は加藤主計《かずえ》頭ら諸将に恨まれて久しい。今、兵をあげれば、彼奴らは皆、内府に与《くみ》して敵となろう。太閤殿下が数十年を要して漸く戦火を治めたのに、今、静謐を覆《くつがえ》すは天道に背くもの。我が病身を押して出陣致すは、内府と上杉中納言の調停を致すため」

吉継が説得するが三成は聞かない。

「儂がこたび起こさんと致す行動は、一重に豊臣家のためにて、我が身の栄華のためではない。我が心は動かせず、既に直江山城守と盟約を交わし、腰をあげさせた今、なんでこれを翻し、上杉一家のみに禍を蒙《こうむ》らせようか」

三成の意思は固く、吉継が何度諭しても意見が変わることはなかった。仕方なく吉継は諦め、七日には別れを告げて佐和山城を出立した。その後も同行した平塚為広を三成のもとに行かせて忠告したが、三成の心を変えることはできなかった。一旦は断り、再び東進の途についた吉継だが、十一日、再度佐和山城に戻り、三成に協力することを約束した。

知将で名高い吉継はハンセン病に蝕まれており、騎乗すらできぬ状態で、輿に乗って移動していた。視力も殆ど失い、僅かに人影が判る程度であったという。

まだ、吉継に視力があった頃、大坂城の山里丸で茶会が催された。

茶室では病にかかった吉継の隣には誰も座りたがらなかったので、吉継は上座に腰を下ろすはめになった。そして、少し遅れて入室した三成が末席に座した。

茶会なので、上座から茶碗を廻される。吉継は躊躇《ためら》ったが、今井宗薫《そうくん》の立てた茶に口をつけた。その時、不覚にも鼻から膿汁を茶碗の中に垂らしてしまった。感染することを恐れた者たちは、茶碗に口をつけることなく、飲んだふりをして隣に廻した。だが、末席に座していた三成は涼しい顔のまま茶を飲み干した。吉継は、この時の借りを残り少ない命で返し、義に殉じる決意をしたようである。

また、この会談には、毛利家の外交僧から伊予で六万石を与えられるにまで至った安国寺恵瓊《えけい》も参加していたという。

翌七月十二日も、吉継は佐和山城で安国寺恵瓊らと会合した。

同日、長束《なつか》正家、増田《ました》長盛、徳善院の三奉行は安芸・広島城（広島県広島市）主の毛利輝元に上坂を要請した。それでいて長盛は、家康の家臣・永井直勝に三成と吉継が挙兵するという書を送っている。

七月十三日、三成方に与することをよしとしない吉川広家は、毛利家の重臣・宍《し》戸《ど》元次、熊谷元直、益田元祥《もとなが》らにお家の危機を伝え、徳川家臣の榊原康政、本多正信、永井直勝宛に、三成と吉継に不穏な動きがあることを報じた。

七月十四日、広家は榊原康政に、輝元が三成らの計画に関係ないことを伝えた。

同日、三成は兼続に対し、越後は上杉家のものであり、一揆画策のことを慶ぶ内容の書を送った（第三章四項）。

七月十五日、正家、長盛、徳善院ら三奉行の要請を受け入れた輝元は、広島を発つにあたり、隈本《くまもと》にいる加藤清正に対して大坂で来会することを勧めた。

同日、大坂にいた薩摩の島津惟新《いしん》（義弘・慶長四年剃髪）は上杉景勝に対して、三成方の挙兵に同意することを伝えた。だが、必ずしも気乗りしていない。

というのも前年の正月、家康は朝鮮の役での戦功を賞し、惟新に五万石の加増をした。そして、惟新の息子・忠恒には右近衛権少将に任じている。また、三月、日向の伊集院忠棟・忠真《ただざね》親子が謀叛（庄内の乱）を起こし、約一年続いた内乱を調停したのも家康である。惟新は家康に恩義を感じていた。

そこで、惟新は家康に、何かあれば伏見城を守ってくれと頼まれていたので、約束を守り、同城に入城することを城将の鳥居元忠に申し入れた。

だが、家康から他家の者は信用できぬと厳命された元忠は、惟新の申し出を断った。そして、「帰らねば、矢玉で退かせるのみ」と数十挺の筒先を向けさせた。

仕方なしに惟新は配下の兵を退却させた。

東の家康方、西の三成方の何れかに身を振り、立場を明らかにしなければならない惟新は渋々、三成方の要請を受けざるを得なくなった。

七月十六日の夜、輝元は大坂の木津にある毛利屋敷に入った。

七月十七日、輝元は三奉行に推戴され、家康が留守居として置いた佐野綱正らを追い出し、大坂城の西ノ丸に入り、子の秀就《ひでなり》を本丸に置いて、秀頼に近侍させた。同日、三成は家康の自信を揺がす弾劾状を長盛、正家、徳善院の三奉行によって発行させた。また、輝元と秀家の二大老も別書を発行した。

この頃、三成の案により大坂城下に在する諸大名の妻子を人質とする動きが始まった。質を取り、会津征伐に向かった諸将を味方に取り込む初歩的な策である。

これにより、様々な大名の妻子が人質になった。中でも前田利家の次男・利政の妻（蒲生氏郷《がもううじさと》の娘）を確保したことは三成方にとって大きいものとなった。

さらに、大津城に使者を送り、京極高次から、長男の熊麿を取ることに成功した。

長盛は続けて玉造《たまつくり》にある長岡屋敷にも使者を向けた。そして、忠興《ただおき》の正室ガラシャ夫人を大坂城に連れ去ろうとした。しかし、ここで悲劇が起こり、七月十七日、ガラシャ夫人は死去し、屋敷は炎上してしまう。

蒲生秀行、有馬豊氏、加藤嘉明らの妻子を質にしようとしていた西方であるが、ガラシャ夫人の死を知り、人質収監は中止せざるを得なかった。これ以降、屋敷の周囲に柵を築き、監視する程度にした。

また、三成は兄の正澄《まさずみ》に命じ、近江の愛知川《えちがわ》（滋賀県彦根市と同県神崎《かんざき》郡能登川町の境）に関所を築き、東進する者を遮った。これにより、鍋島勝茂、長宗我部《ちょうそかべ》盛親、脇坂安治、徳善院の息子・前田茂勝などは仕方なく西方に名を列ねた。

こうして俗に西軍と呼ばれる勢力は、七月十七日頃までにはほぼ大坂に集結した。『日本戦史』によれば次のとおり。

毛利輝元、毛利秀元、吉川広家、宇喜多秀家、島津惟新、小早川秀秋、鍋島勝茂、長宗我部盛親、増田長盛、小西行長、蜂須賀《はちすか》家政、生駒親正、小早川秀包《ひでかね》、安国寺恵瓊、伊東祐兵《すけたか》、長束正家、高橋元種、脇坂安治、秋月種長、島津豊久、多賀秀家、福原長堯《ながたか》、木下重賢《しげかた》、毛利高政、高橋長行、相良《さがら》頼房、谷衛友《もりとも》、横濱茂勝、藤掛《ふじかけ》永勝、奥山正之、赤松則房、山崎定勝、堅田廣澄、高田治忠、河尻秀長、服部正栄《まさひで》。

総勢九万三千七百余人にものぼったという。

真相三　家康の天下取りに大いに貢献した鳥居元忠の奮戦とは

慶長五年（一六〇〇）六月十六日、徳川家康は会津の上杉景勝を討伐するために大坂を出立し、夕刻、伏見城に入城した。

伏見城は豊臣秀吉の隠居城として築かれた城である。しかし、慶長元年（一五九六）の大震災で倒壊したために、場所を東北寄りの木幡《こばた》山（桃山）に移して普請し直されたものの、完成する前に秀吉は死去した。

上杉征伐に東進する上で、伏見城に関して家康の腹内には三つの思惑があった。

一つ目は、東進すれば伏見城は必ず石田三成らの大軍に攻撃されるであろう。しかし、先の大戦を考えれば、多くの兵を残したくない。

二つ目は、城は三成挙兵の契機となる囮であり、陥落してもらわねばならない。

三つ目は、反転して軍勢を整える猶予を稼ぐために、長く戦い続けること。

寡勢で少しでも長く戦い続け、そして、見事に捨石の役を果たしてくれる有能な部将。家康は今川家で人質となっている時以来の股肱の臣・鳥居元忠を選んだ。

長年、家康に仕えた元忠は、主の思考を理解し、城には五百を残せばいいと進言した。あるいは、「臣一人にて事足りる」と答えたとも伝わる。

家康としても、損失は少なくしたい。しかし、三成に心中を読まれぬためにも、また、一日でも落城を長く延ばすためにも、一千八百の兵を置いて東に向かった。

三成の方は、家康の東進を狙って挙兵し、諸国の武将に檄を飛ばすためにも、華々しい緒戦を飾らねばならない。その目標を大坂にほど近い伏見城に定めた。

玉砕の決意を固めた元忠は、家康に頼まれた島津惟新・小早川秀秋らの入城を拒み、城に居た木下勝俊を追い出して徳川勢だけで固めた。内藤家長、松平家忠、同近正、駒井直方、佐野綱正、岩間兵庫、深尾清十郎、上林政重……らであった。

対して寄手《よせて》は宇喜多秀家、毛利秀元、そして、入城を拒まれた小早川秀秋、島津惟新ら有力大名を中心とした四万の軍勢であった。

七月十九日、かくして伏見城攻めが開始された。

激しい攻撃が行なわれたが、徳川勢は団結し、城門を難く閉ざし、決して打って出ずに、寄手の攻めに耐えた。七月二十一日には寄手も外堀に迫り、夥《おびただ》しい数の鉄砲を浴びせてきた。それでも城兵は、よく防ぎ、数日を重ねた。

七月二十五日、秀家が諸将を集め、攻撃部署を定めた。南を除き、東が宇喜多、南西が毛利、北西が島津、北が小早川勢。他は二重三重に囲み総攻めを行なった。

それでも城は落ちない。城兵は矢玉に身を晒さず、殺到する敵に応戦をするだけ。恩賞を望むわけでもなく、敵の首も取らない。落城を延ばすために戦った。

七月二十九日、三成が参陣し、諸将に檄を飛ばした。そして夜襲を行ない、翌三十日には四度も総攻撃を敢行したが攻略には至らない。

この時、寄手の中に五奉行の長束正家がおり、配下に甲賀者を抱えていた。

正家は甲賀者の浮貝藤助《うかいとうすけ》に松ノ丸に忍び込ませ、同丸を守る深尾清十郎に対し、

「我らに従わねば甲賀に残した妻子一族を磔にする。但し、城内に火を放って内応すれば、妻子の命は助け、恩賞を与える」という矢文を射させた。

八月一日、深尾清十郎は仕方なく浮貝に従い、松ノ丸に火を放って城門を開い

た。途端に火は名護屋丸にも移り、これに乗じて、小早川勢は城内に雪崩こんだ。守兵はよく闘い防いだが、多勢には否《いな》めず、近正、家忠は討死した。

城将の元忠は家臣に自刃を勧められたが、「主将たる者、自害するは本意にあらず。刀の目釘が折れるまで一人なりとも敵を斬って慙死《ざんし》すべき」と拒み、残る二百余の兵を率いて本丸を出撃。獅子奮迅の働きをするが、配下は減り、本丸の石段に腰を下ろした時に、雑賀《さいか》衆の主格である鈴木重次（雑賀孫市《まごいち》）と出くわした。

「儂は当城の主将・鳥居彦右衛門尉元忠じゃ。来い」

元忠は満身創痍の体に喝を入れて薙刀《なぎなた》を振り上げた。これを見た重次は跪《ひざま》ずいた。

「某は雑賀の鈴木重次でござる。既に本丸は炎上。万事これまででござるゆえ御腹を召されよ。謹んで御首を賜り、のちの世までの名誉と致します」

申し出を受けた元忠は、笑みを浮かべて自刃し、重次は一礼をして首を収めた。城は陥落。城兵は全員死亡。生き残る者は皆無であった。

伏見城が簡単に落城しなかったのは、少しでも長く戦い続けることを目的としたこと。そして、普請途中であるが、さすがに秀吉が築いた名城であった所為《せい》である。

また、元忠をはじめとする城兵たちは、見事、家康の天下取りの契機となった。

真相四 家康の牽制役だった佐竹義宣はなぜ動かなかったのか

まず、三成が先に語り合っていた直江兼続《かねつぐ》との挟み撃ち。しかし、上杉家の背後には伊達政宗、最上義光《よしあき》があるので、安易に動けぬことぐらいは考えていたに違いない。そこで重要な役割をするのは徳川家の東隣に居を置く佐竹家である。

常陸の水戸城（茨城県水戸市）を居城とする佐竹家は、徳川家とは違い、新羅《しんら》三郎義光の血を引く正統な清和源氏である。但し途中で関東管領上杉家から養子を迎えている。そして、室町幕府より守護職に任じられ、小さいながらも乱世の激動を生き抜いた。十八代当主（諸説あり）の義重の時に上杉謙信、武田信玄と渡り合いながらも版図を広げ、小田原の北条家に対抗したことにより、秀吉に目をかけられた。そして、十九代当主・義宣の時には五十四万五千余石を有する大大名となり、常陸の旗頭を命じられた。その目的は、家康への牽制である。

秀吉に厚遇されたこともあり、義宣は早くから三成と結び、太閤検地でもその指導を受けた。縁戚の宇都宮国綱が改易になり、その連座によって被害が及びそうになった時、三成の計らいで難を逃れている。そんなこともあり、三成が七将に襲撃されたおり（第二章五項）、女輿に乗せて逃れさせてもいる。家康の命令で会津攻めのために帰国しているが、三成にとっては頼りになる存在である。

というのも、佐竹義宣は五十四万五千余石だが、義宣の次弟で蘆名《あしな》家の養子となった義広は別に江戸崎（同県稲敷《いなしき》市）で四万五千石を与えられている。さらに三弟の貞隆は岩城氏の養子となって岩城（福島県いわき市）で十二万石、そして四弟の宣隆（宣家とも）は多賀谷《たがや》氏の養子となり下妻（茨城県下妻市）六万石を得ている。さらに、牛越《うしごえ》（福島県南相馬市）で六万石を有する相馬義胤《よしたね》は佐竹氏の寄騎《よりき》、これらを合計すれば八十三万石になる。一千石で二十五人の兵を動員する計算ならば、二万七百五十人の兵を出陣させられることになる。北関東から南陸奥にかけて一大勢力である。家康とすれば敵に廻したくないであろう。

帰国した義宣は戦の準備を行ない、六月末には梅津憲忠、戸村豊前守、渋江政光などを南陸奥の赤館《あかだて》城（同県東白川郡棚倉《たなぐら》町）に先発させた。また、これより前に佐竹旧臣で上杉家に新たに召し抱えられた車斯忠《つなただ》らと連絡も取り合っていた。そして、七月十五日には十一ヵ条からなる軍法書を出している。

『佐竹家譜』によれば、七月二十一日に水戸城を出立し、二十四日には陸奥との国境に陣を移した。そして、赤館城に在する須田盛秀に宛て、「義宣が赤館に到着するまでは赤館に在陣し、あとの衆が来たならば、赤館より外（北）へ出ることを押さえ置け」と命じている。この赤館は、佐竹家の所領の最北端で、白河は目前である。義宣はこの時、家康に対して面従腹背の態度を取っており、家康が北進すれば、上杉家と挟撃するつもりでいた。

同七月二十四日、家康も下野の小山（栃木県小山市）に着陣していた。この報せは義宣も摑んでいる。作戦は順当に進むかに見えたが、上方の情勢が義宣を躊躇させた。義宣のもとに三成の使者として連歌師の兼如が訪れ、十七日に三奉行によって発行された弾劾状を届けた。但し、実際に兼如が義宣に手渡したのか、水戸城に届け、早馬によって齎《もたら》されたのかは定かではない。書の意訳は次のとおり。

「内府ちがひの条々

一、五奉行（大老）、五年寄（奉行）の間で、上巻誓紙に幾度も連判したにも拘らず、年寄のうち二人（石田三成、浅野長吉）を失脚に追い込んだこと。

一、五人の奉行衆のうち、羽柴筑前守（前田利長）を逼塞させ、誓紙を取って、既に反意なき身上を明らかにしているのに、先ほど景勝討伐のために、人質を取って追い込んだこと。

一、景勝には何の科《とが》もないのに、誓紙の約束を違《たが》え、または、太閤様の遺命を背き、このたび討伐したことは、なげかわしい次第。種々様々その理由を申し述べたが、とうとう容赦なく出馬したこと。

一、知行方のことは、自分勝手に取り扱うことは申すに及ばず。取次ぎをもしてはならぬとの誓紙を破り、忠節もない者どもに知行を与えていること。
一、伏見城では、太閤様が差し置かれた留守居の者どもを追い出し、私に兵を入城させたこと。
一、十人（五大老、五奉行）の他、誓紙を取り交わさないと上巻誓紙に書かれているにも拘らず、数多取り交わしていること。
一、北政所様の御座所（大坂城西ノ丸）に居住していること。
一、御本丸のごとく、西ノ丸に天守を築いたこと。
一、諸将の妻子を贔屓し、勝手に国許に送り返したこと。
一、大名間の婚儀は御法度なので理由を問い質したが、判っているにも拘らず重ねて縁組をしていること。
一、若い者たちを煽動し、徒党を組んで立つようなことをしていること。
一、御奉行（大老）五人が連署しなければならない書状に、家康は一人で署判していること。
一、縁者の懇願を受け、八幡神社の検地を免除したこと。
右の誓紙は少しも守られず、太閤様の御定めに背くならば、なにをもって政《まつりごと》の拠り所とするのか。このままでは一人ずつ果たされた上で、秀頼様一人取り立てていくことがあり得ようか。

慶長五年七月十七日

特別に申します。このたび景勝討伐に向かったことは、内府公が上巻誓紙ならびに太閤様の御定めに背かれ、秀頼様を見捨てられて出馬したことと、皆で申し談じました。そこで、鉾楯（戦）にて解決することにしました。内府公が背いた条々は別紙に見えるとおり。これを尤もと思し召し、太閤様の御恩賞を忘れないように、秀頼様に忠節をお示しください。謹んで申し上げます」

この書が義宣のもとに届くからには、家康が情報を摑んでいたとしても不思議ではない。このまま北進するか疑問だ。小山周辺にいる上杉征伐軍はおよそ十万。疑われて、その軍勢が水戸へ押し寄せたらひとたまりもない。

もう少し北に進み、先頭が勢至堂峠《せいしどう》（福島県須賀川市）を越え、背炙峠《せあぶり》（同県会津若松市）あたりに差し掛かれば、軍勢は細長く延びて挟撃しやすい。三成の挙兵は半月早かったのではなかろうか――。

表向き会津征伐軍の一員として兵を進める義宣ながら、赤館より北に行くわけにはいかなくなった。それは水戸からの使者でも明確になった。

同じ日、家康は小山に着陣したばかりであった。そして、右の「内府ちがひの条々」が届いたかどうかは定かではないが、鳥居元忠の急使が訪れ、三成らの挙兵の報せが届けられた。家康は翌日、有名な小山評議を開くが、その前に懸念を確かめるべく、古田織部として有名な重然《しげなり》を使者として差し向けた。

するとと留守居の家老・和田昭為は、まさか上杉家と意を通じて出陣中とは言えず、主の義宣は父・義重の舞鶴城（茨城県常陸太田市）に行って留守だと告げた。

これを聞き、重然は三成に味方し、家康と決戦になれば勝ち目がない。もし、上杉に加担するならば、小山の兵十万が水戸を攻めるであろうと強く迫った。

互いに仲のいい間柄なので、双方の状況は知り合っている。昭為も隠しきれず、すぐさま台宿《だいじゅく》（福島県東白川郡塙《はなわ》町）にいる義宣に早馬を向けた。

七月二十六日、義宣は水戸城に戻り、反意がないことを伝えた。同じ日、伏見で留守居をする大縄義辰《よしとき》に、秀頼のいる大坂城本丸に妻子を移すように命じている。

これより少し前、家康は佐竹家に預けていた宇喜多旧臣の花房職之《もとゆき》を呼び寄せた。職之は慶長四年（一五九九）の内紛に遡る文禄四年（一五九五）、宇喜多秀家と衝突し、切腹させられるところ秀吉の意向に助けられ、義宣に預けられていた。

家康は小山の陣中で諸将の動揺を鎮めるため、義宣に異心がないことを書面に認《したた》めるよう職之に命じた。すると職之は、「異心がないとは言いきれない。人はいつ変心するか判らないので、不確かなことを記するわけにはいかない」。

と家康の要求を断った。これを聞いた家康は不快気に吐き捨てた。

「花房は武功重累の武将と聞いていたが、大将の器にあらず」

関ヶ原合戦ののち、職之は備中の高松で八千余石を与えられるに止まった。後年、職之は病床で「あの時、一筆認めておれば万石の大名になれたのに、正直に答えたばかりに逸した。こは、生涯の不覚なり」と悔いこぼしたという。

佐竹家が明確に敵となり、その上で小山から引き返すとなれば追撃を受ける。元来、追撃ほど容易《たやす》く敵を討てる時はない。まして、関東で「追撃の佐竹」は有名で、何度も倍する北条家を敗走させている。家康は偽りの書を認めねばならぬほど、佐竹家を恐れていたのだ。

重然の口上だけでは信じられず、家康は二十八日、島田利政を義宣のもとに遣わし、改めて上杉征伐を命じると共に、これが達成すれば景勝の領地を与えることを伝えた。そして弟の蘆名義広か岩城貞隆または妹を人質に出すよう迫った。

「内府は秀頼様に代わって東征したはず。某もまた同じ。ゆえに、太閤殿下ご存命のみぎりより母と妻子を伏見においているのに、改めて質を差し出す謂れはない。万が一、変事があったならば、妻子を斬られても恨みには思わぬ」

と義宣は拒絶した。しかし、その後、義宣は再び赤館に陣を移すが、東西の軍に対し、どっちつかずの態度を取る。

三成から八月十日付の書が義宣へ届き、伏見落城をはじめ、東軍の諸城を攻撃したことなどを告げてきた。三成からの書は、これが最後となった。

家康も義宣を警戒しているので、義宣は上杉家が動かねば動けぬ状態であった。

真相五　御家存続のため真田家が行なった苦渋の選択とは

真田家の当主は昌幸である。信州の真田の庄（長野県小県《ちいさがた》郡真田町）で、豪族・真田幸隆の三男として生まれた。早くから武田信玄の小姓となり、永禄四年（一五六一）に行なわれた第四回目の川中島合戦では上杉政虎（謙信）に本陣を突き崩され、潰乱状態となっても、信玄の側を離れなかったという。その後、武藤喜兵衛尉を名乗り、永禄十二年（一五六九）北条氏と戦った三増《みませ》峠では、検使のかたわら、一番槍の功を立てて、信玄をして「我が両目のごとき者」と言わしめた。

天正三年（一五七五）に行なわれた設楽原《しだらがはら》の合戦で長男の信綱、次男の昌輝が討死したために真田家に戻り、武田勝頼のもとで上野にも版図を広げた。

ところが天正十年（一五八二）、織田、徳川軍の侵攻により武田家は滅亡した。その少し前、昌幸は北条家に誼を通じて生き延びる手立てを図り、織田家が進軍してくると、いち早く屈して麾下になった。本能寺の変が勃発し、織田家の家臣たちが領国に逃れると、上杉、北条、徳川家の間を躊躇なく渡り、そして、天正十五年（一五八七）には秀吉に臣下の礼を取るなど、五年間で五度も主を変えることも公然とやってのけた。そんなことから秀吉は「表裏比興《ひきょう》の者」と言った。「表裏の使い方がうまい卑怯者」とでも言おうか。秀吉流の褒め言葉であった。

昌幸は会津攻めに加わり、兵を進めていた。そして、七月二十一日、下野の犬伏《いぬぶし》(栃木県佐野市)で弾劾状「内府ちがひの条々」を受け取った。これは同月晦日《みそか》、三成が昌幸宛に出した書状で確認できる。昌幸は長男の信幸、次男の信繁(幸村)と共に、近くの民家を借りて膝を突き合わせて、今後のことを相談した。

実直な信幸は、その書を家康に見せて異心ないことを示し、徳川家につき従うことを主張した。信幸は徳川四天王の一人、本多忠勝の娘・小松姫を娶り、徳川家の人質となっていたこともあり、家康と三成の力を比べ、常識的なことを主張した。

一方、謀《はかりごと》の好きな昌幸の血を多く引いた信繁は、三成に応じることを口にした。信繁は大谷吉継の娘を正室にし、秀吉のもとで人質となっていたことがあるので、そちらを優先した。

諸書によって伝承は違うが、『滋野世記』は次のように記す。

「格別、内府の恩を蒙ったわけではありませぬが、ここまで内府に供をしてまいった以上、今さら心変わりしては不義となりましょう」

と信幸が述べると、昌幸が切り返した。

「一理ある。されど、武士とはそう簡単にはいかぬもの。元来、我が真田家は内府からも秀頼様からも恩を受けたわけではないゆえ、かような時こそ家を起こし大望を遂げるべきじゃ」

昌幸の答えは信繁と共に三成につき、信幸は徳川に従い、何れが敗れても真田の家名が残るという解答を出した。昌幸の四女は宇田頼次（頼重とも）に嫁いでいる。また、頼次の妹は三成の妻ということで、両家は浅からぬ関係であった。

結局、昌幸の決断どおり、親子は袂を分かった。そして、昌幸・信繁親子は即座に兵を返し、帰国の途についた。

真田昌幸武者絵（信玄公宝物館蔵）

天正十三年（一五八五）閏八月、徳川軍の鳥居元忠、平岩親吉《ちかよし》、大久保忠世ら七千の兵が移転した上田城（長野県上田市）に押し寄せたが、昌幸は一千五百ほどの兵にて蹴散らし、追い払っているので、徳川家に対して自信を持っていた。

帰国の途中、昌幸らは信幸の居城である倉内城（群馬県沼田市）に立ち寄り、一泊する気でいた。すると、既に袂を分けた報せが届いているのか、信幸夫人の小松姫は拒絶した。昌幸は孫を見に来たのだと告げると、小松姫は櫓《やぐら》の上から孫を見せて追い返し、「さすが本多平八郎の娘」と皆を唸らせたという。

上田城に戻った昌幸は、すぐに籠城の支度を始めさせた。

一方、子細を家康に告げた信幸は陣で戦々兢々としていたが、七月二十四日、家康から書を受け取った。

「このたび、安房守（昌幸）が帰国されたところ、日頃の儀を違えず立たれたことは奇特千万である。なお、本多佐渡守（正信）が申すので、具《つぶさ》にはできない」

また、七月二十七日にも家康は信幸に書を送っている。

「このたび、安房守が別心のところ、その方の忠節を致されること、誠に神妙である。しからば小県（真田の庄）のことは親の跡なので、異議なく遣わす。その上、何分にも身の上が取り立つようにするので、その旨をもって説得するように」

家康としては苦手意識もあり、大きな戦の前に兵力を割きたくないようである。

昌幸の方には、七月二十九日、長束正家、増田長盛、徳善院から。同じく、宇喜多秀家から、別に毛利輝元から。晦日には三成から、大谷吉継から。八月一日には、正家と長盛から、二日には正家、長盛、三成、輝元、秀家が連署で、五日には三成がと、相次いで上方の様子が書に認められて届けられた。

これだけを読めば、西軍が非常に有利であることが窺える。情報量が少ない時代なので、過大に書くのは当たり前であるが、昌幸としても、胸をときめかせているとであろう。家康が兵を割けば、これを足留めさせ、素通りすれば追撃し、兵を割かねば、手薄な城を片っ端から狙っていく。恩賞は思いのままである。

こうして見ると、三成が書かせた「内府ちがひの条々」は、真田昌幸には功を奏し、佐竹義宣には逆効果となった。果たして家康にはどう働いたのであろうか。

第五章

運命の分かれ道！ 小山評定をめぐる謎

真相一　会津征伐軍に参加した武将と将兵の数とは

七月二日、家康が帰城すると、会津征伐に参陣する諸将が続々と江戸城に入城した。『日本戰史』によれば次のとおり。

浅野幸長《よしなが》、福島正則、弟の正頼、正則の継子正之、黒田長政、蜂須賀至鎮《はちすかよししげ》、池田照政、弟の長吉、長岡忠興《ただおき》、長男の忠隆、嫡男の忠利（三男）、生駒一正、中村一忠、叔父の一榮《かずひで》、堀尾忠氏、加藤嘉明、田中吉政、嫡子の長顯《ながあき》、京極高知、筒井定次、藤堂高虎、猶子の高吉、寺澤廣高、石川康長、山内一豊、小出秀家、富田知信（のちの信高）、真田昌幸、嫡男の信幸、次男の信繁（幸村）、一柳《ひとつやなぎ》直盛、金森長近、嫡子の可重《よししげ》、古田重勝、弟の重治、九鬼《くき》守隆、徳永壽昌《ながまさ》（法印）、嫡子の昌重、稲葉道通《みちとお》、本多正武、有馬則頼、嫡子の豊氏、桑山元晴、市橋長勝、織田有楽齋《うらくさい》、嫡子の長孝、津田信成、嫡子の正秀、分部《わけべ》光嘉、天野景俊、河村助右衛門、山城秀宗、佐藤堅忠、佐久間政實《まさざね》、石河貞政、赤井忠泰、岡田助左衛門、中川忠勝、大島光義、三好為三、三好慶清《よしきよ》、長谷川重成、兼松正吉、舟越景直、池田知政、嫡子の彌左衛門、平野長元、佐々《さっさ》行政、佐々長成、落合新八、堀田重氏、森可政《よしまさ》、中村元勝、能勢頼次、清水小八郎、柘植《つげ》正俊、佐久間安政、弟の勝之、鈴木重時、溝口源太郎、堀田権八、野間久右衛門、戸川逵安《みちやす》、浮田詮家《あきいえ》（のちの坂崎直盛）、伊丹正親、村越光《みつ》、別所治直、松倉重政、神保相茂《すけしげ》、秋山光匡《みつまさ》、野尻彦太郎、仙石秀久、水野清忠、山岡景宗、岡田善同《よしあつ》、荒尾平左衛門、山名禅高、山岡道阿彌、施薬院《せやくいん》。

総勢五万五千八百余人。この中には万石以下の秀吉馬廻《うままわり》もいた。

七月七日、家康は二ノ丸に諸将を招いて饗応し、席上で会津攻めの日にちを二十一日とした。そして十五ヵ条の軍令を発して、厳しい規律を定めた。

会津攻めにおける前軍の大将には跡継ぎ候補第一の秀忠とし、結城秀康の他三万七千五百余人。後軍は家康が三万一千八百余人。

ここで素朴な疑問が持ち上がる。右に記される家康、秀忠が率いる兵数を足せば六万九千三百余人となる。

四月二十七日、島津惟新《いしん》が兄の龍伯に送った書によれば、このたびは白石で三人の兵を動員するよう命じているので、二百五十五万石を有する徳川の軍役は七万六千五百となり、七千二百人足りない。江戸城の留守居なのであろうか。

ところが、『關原始末記』には十九日に秀忠が率いた兵の名の中に、井伊直政や本多忠勝などの譜代家臣の他に、蒲生秀行、成田泰親、皆川広照など右に記されていない関東衆の他、今度は記入されている真田親子の名がある。人名の相違が多少あるものの、『会津陣物語』、『三河後風土記』も似たようなものである。

とすれば、徳川勢力を合わせて六万九千三百余人なのか。とすれば、実際に徳川家が出陣させる兵は一万三千五百となり、六万三千人は後詰《ごづめ》として江戸に置いたということになる。これでは西国の大名たちも納得しないであろう。

さらに、蒲生、成田、皆川に里見義康、佐野政綱、水谷《みずのや》勝俊、山川朝信などを合計すれば、一万数千の勢力になる。これら関東の武将は戦線が西国の武将たちに比べて極めて会津に近いにも拘らず、参陣しない方が不思議である。

以上のことから鑑みて、浅野幸長、福島正則ら五万五千八百余人の他、関東勢を加えた徳川勢力が六万九千三百余人が参陣するというのが正しいであろう。

とすれば、十二万五千百余人。

因《ちなみ》に、津川口からは前田利長が約二万、堀秀治、堀直政、溝口秀勝、村上義明《よしあきら》ら越後衆は約一万。米沢口の最上義光《よしあき》は約六千、信夫《しのぶ》口の伊達政宗は約一万四千五百余、そして、当初の評議による仙道口の佐竹義宣らは二万七百五十人が周囲から会津に向けて参陣することになれば、総計で十九万六千三百五十余人ということになる。まさに大軍勢であった。

江戸城の留守居は本丸に松平康元、青山忠成《ただなり》。西ノ丸に内藤清成《きよしげ》、石川康通《やすみち》。町奉行は板倉勝重。物頭《ものがしら》は加藤喜左衛門。代官は伊奈忠次と定めた。

七月十三日、榊原康政が会津に向けて先発し、十九日には前軍が江戸を出立した。そして、二十一日には家康が出発した。

真相二　会津征伐に参陣した武将たちが想定していたこととは

秀吉が関白に任じられて以降、行なわれた合戦において、まず、先陣《ちょうそかべ》や二陣などは、敵対する者に接する者が勤めるのが常である。例えば、四国の長宗我部攻めでは紀伊・和泉の豊臣秀長や播磨の黒田孝高《よしたか》、備中の宇喜多《うきた》秀家など。越中の佐々攻めでは加賀・能登の前田利家、越後からは上杉景勝。九州の島津攻めでは中国の毛利をはじめ、豊後の大友義統《よしむね》など。小田原の北条攻めでは東海の徳川家康。陸奥の九戸《くのへ》攻めでは伊達政宗、蒲生氏郷《がもううじさと》、上杉景勝など。朝鮮出兵では九州・中国地方の大名が先兵として渡海したと、例をあげればきりがない。

ところが、このたびの会津攻めでの先陣は尾張・清洲（愛知県清洲市）の福島正則、伊予・松山（愛媛県松山市）の加藤嘉明、丹後・宮津（京都府宮津市）および豊後・杵築《きつき》（大分県杵築市）の長岡忠興である。『綿考輯録《めんこうしゅうろく》』には「二十五日の日付にて木付（杵築）に参着仕《つかまつ》り、会津中納言（景勝）別心につき、御名代として家康公、御自分の人数召し連れて御発向、大坂よりの御先手は福島左衛門大夫、加藤左馬助、忠興君の三人に相定《あいさだま》るとの注進なり」とある。

また、その他参陣している武将も、三河・岡崎の田中吉政、同国・吉田の池田照政、遠江・浜松の堀尾忠氏、同国・掛川の山内一豊、駿河・府中の中村一忠と東海道筋の武将たち。さらに、豊前・中津（大分県中津市）の黒田長政、肥前・唐津（佐賀県唐津市）の寺澤廣高、伊予・板島（愛媛県宇和島市）の藤堂高虎、讃岐・高松（香川県高松市）の生駒一正などと会津からは遠い地の者もいる。

今までの慣例からすれば、遠地の武将は、本来、参陣しなくともいいはずだ。いいところ後詰が妥当。にも拘らず積極的とすらとれる参陣である。

これはどのような理由なのか。七月二十一日、長岡忠興が杵築で留守居をする重臣の松井康之らに宛てた書に興味深いことが記されている。意訳は次のとおり。

「厳しく申す。石田三成と毛利輝元が談合したと申すことがいろいろと噂に立っていることは、上方より内府へ追々御注進がある。このことは、兼ねてから申していたことだ。その他の残り衆は悉《ことごと》く一味に同心なので、内府は早速、上洛するようだ。しかれば即時に勝利するであろう。この書状が届き次第、松井と市松（魚住）は番子《ばんこ》まで残らず召し連れ、丹後へ移ること。万が一の時は松倉城（京都府京丹後市）をも捨て、女子を連れて宮津へと移ること頼み入る。四郎右衛門（有吉立行）とその他の者どもは、その国の様子を見合い、できるだけ杵築に居り、その上で黒田如水（長政の父）の居城に移るように。如水とは兼ねてから申し合わせておいた。

この書状は丹後より姫路辺へ遣わし、舟にて届けることを申し付けるように。
一、内府は江戸を今日二十一日、御立《おたち》とのこと。我らは昨日、宇都宮まで移動した。定めてひっくり返り、上方へ御働きたるべきと存ずる。謹んで言う」
また、八月四日、黒田如水は吉川広家に書を送っている。意訳は次のとおり。

「なおなお確かなる人をよこすようにと、御留守中申し遣わしてきたので、お窺いする次第は追々申し入れます。
一、去《さる》七月二十二日の書状を昨日、拝見しました。
一、天下の成り行きは是非に及びません。かようにあるべきと、常々、手切れになると思っていたので、驚いてはおりません。
一、甲州（長政）のこと、御気遣いなされたようで、忝《かたじけ》なく思っております。
一、豊前のことは少しも御気遣いなされることありません。加藤主計頭《かずえのかみ》（清正）と相談し、何れ仕掛けるので、一合戦にて済みましょう。
一、京からの伝えが、書状にて届きました。
一、このたび、戦になると申してはいけないとは恐れ多いこと。また、戦に慣れた衆を貴殿まで遣わしましょう。
一、口上にて申すので、子細は記しません。
一、日本が何様に変わろうとも、貴殿と我らは変わりないことは申すまでもないこと。そのこと心得てください。なお、追々、申し入れます。謹んで申します」

以上、二枚の書状により、家康が大坂を離れて会津攻めに向かえば、三成らが挙兵し、天下の大乱になることは、諸将の間では常識だったようである。長岡忠興の書では黒田如水と有事の際の話もしていることが判る。さらに、会津征伐には行かず、途中で反転して上方に向かうことを事前に予測していたことが窺える。また、如水の書では「かようにあるべき」と戦を望んでいたことが読める。

とすれば、参陣した武将の全員とは言えないまでも、少なくとも会津から遠い地の武将たちは、関ヶ原の地による戦までは読めずとも、天下の争乱を想定して出陣したことになる。そして、それは家康に付いて戦うことを選択したことになる。

右の書状どおりならば、今まで小説やドラマでの名場面となる小山での評議も違ったものになってくる。家康や諸将らは、いかな思惑で会話をしたのであろうか。

真相三　家康の運命を決めた小山評定の全貌とは

七月二十一日に江戸を発った家康は、その日、鳩ヶ谷（埼玉県鳩ヶ谷市）に宿泊し、二十二日には岩付城《いわつき》（同県さいたま市）、二十三日には古河《こが》（茨城県古河市）に入り、二十四日、下野の小山（栃木県小山市）に到着した。

この夜、伏見城代の鳥居元忠の遣いとして浜島無手衛門《むてえもん》が駆け込み、上方の急変を報せた。『朝野旧聞裒藁《ちょうやきゅうぶんほうこう》』によれば、火急のことなので、元忠の書は持参せず、本多正純《まさずみ》に口上で伝えたという。続いて、『關原軍記大成』によれば家康は、黒田長政を呼び、福島正則に三成討伐を主張させることを説得するよう命じた。

また、家康は土方雄久《ひじかたかつひさ》を召し出した。雄久は前年、大坂城内で家康暗殺の首謀者の一人と目され、佐竹家に預けられていた者である。家康は雄久を加賀に向かわせ、前田利長・利政兄弟に会津への進軍は止めにし、越前に向かって沿道で三成方についた敵を討ち、美濃、尾張方面に兵を向けてほしいということを告げさせた。

さらに、岐阜城の織田秀信が三成に加担したという報せも届けられたので、加藤成之を遣わし、説得させた。秀信は信長の嫡孫の三法師で、織田家の中では珍しく秀吉に厚遇されたので、三成方に応じたらしい。だが、説得はできなかった。

そして運命の二一五日、家康は小山に諸将を集め、有名な評議を開いた。

家康は井伊直政・本多忠勝の両人に、上方で逆徒が蜂起したことを告げさせた上で、「諸将の妻子は皆、大坂に置かれているので、後ろめたく案じられ、煩われることでござろう。されば速やかにこの陣を引き払って大坂に上られ、宇喜多、石田と一味せんこと恨みには思わず。我らが領内においては旅宿、人馬のことは、さわりないように用意しているので心置きなく上られよ」と伝えた。

これを聞き、諸将は一言も漏らさず、場は水を打ったように静まりかえっていた。すると、正則が進み出て、「我においては。かかる時に臨み、妻子に引かれ、武士の道を踏み違うことはあるべからず。内府の御為、身命を擲《なげう》って御味方つかまつるべし」と言えば、黒田長政、浅野幸長、長岡忠興、池田照政らが賛同した。一説では、会津征伐軍に景勝の義兄である上条入庵（政繁）が参陣しており、正則と同じことを口にしたとも言われている。

ほどなく家康が現れ、今一度、大坂に戻り、三成につくかを問うと、正則が再び味方することを主張し、長政は「家の存亡を徳川家と共にしたい」と発言したので、諸将は群集意識もあいまって、賛成した。

その後、山内一豊が、三成打倒の西上にあたり、家康に城を差し上げると申し出ると、これに東海道筋の諸将は倣って進言し、正則などは、秀頼から預かった備蓄米・三十万石を差し出すとまで言い放った。

先陣は福島正則、池田照政と決まり、清洲城で家康を待つことに決定した。また、殿《しんがり》軍は次男の結城秀康と三男の徳川秀忠が一日交代で行ない、二人は家康の命令があるまで下野の宇都宮に留まること。さらに、蒲生秀行、里見義康、佐野政綱ら関東の諸将はこれに従うことで評議は終了した。これが一般的な小山評定の経緯で、『徳川實紀』の「東照宮御實紀」などに記されていることである。

だが、前項のとおり、会津征伐軍の武将たちは、三成が挙兵することを公然の認識としながら兵を進ませていた。また、家康や数人の武将たちに至っては、実際に三成が蜂起したことを知りながら北進し、小山において評議を開いた。これでは自作自演の猿芝居もいいところ。移動させられた者たちこそ、いい迷惑である。

承知していたならば、江戸にいてもよかったのではないかと思われるが、おそらく、小山まで足を運んだのは、上杉家への牽制であろう。また、佐竹家も然り。だとすれば、家康は上方の情報をどの程度摑んでいたのであろうか。

まず西軍が伏見城を攻めたのが七月十九日。とすれば、早馬は五日間で小山まで到着したことになる。だが、これは些《いささ》か速過ぎるような気がする。ましてや、三成方も兵の往来をはじめ、飛脚や忍びの類いまでを阻止するべく警戒網を張っているのだから、平素のようにはいかぬはず。佐和山と会津の間が九日かかるのだから、伏見と小山の間は同じぐらいではなかろうか。速くとも一日短縮するのがいいところ。とすれば、家康が江戸で摑んだ上方の情報は七月十三日までであろう。

七月十二日、三成は佐和山城で大谷吉継、安国寺恵瓊《えけい》らと会合し、毛利輝元を西軍の大将として迎えることを決めた（第四章二項）。これにより、長束《なつか》正家、増田《ました》長盛、徳善院の三奉行は輝元に上坂を求める書を送った。意訳は次のとおり。

「大坂の御仕置について、御意を窺いたいので、早々に御上坂なされますように。

様子においては安国寺（恵瓊）が申し入れます。長老（恵瓊）がお迎えのために罷り下られますが、その間、この地のことを相談することはありません。なお、早々の上坂をお待ち奉ります」

この書の意味は二説あって、三奉行は三成らと連《つる》んでおり、七月二日には宇喜多秀家が上坂しているので、さらにこれに輝元を加えようとしたという説。

もう一つは、この時点ではまだ三奉行は三成の画策には加担しておらず、挙兵の噂を懸念して、輝元に宥《なだ》めさせるためのものというもの。

後説の色を濃くするものとして、同じ日、長盛は家康の家臣・永井直勝に書を送っている（前同）からである。意訳は次のとおり。

「一筆、申し入れます。このたび垂井《たるい》において、大谷刑部《ぎょうぶ》が病と称して両日留まりましたのは、石田治部《じぶ》少輔が出陣するという雑説があるからです。なお、詳しいことは追々申し上げます」

これだけを読めば、長盛は奉行として当然のことをしたまでととれる。但し、前章で記したとおり、七月十七日、三奉行は各武将に対して「内府ちがひの条々」という弾劾状を送り、西方の参陣を求めている。

乱世なので、状況に応じて急に変心したとしても不思議ではない。しかし、関ヶ原の合戦後、首謀者の三成は斬首、参陣した正家は自刃の上で梟首《きょうしゅ》、大津城攻めに名代を送った長盛は徳川家預かりで、大坂城にいた徳善院は所領安堵されている。状況証拠から考えれば、長盛は二股膏薬をしたお陰で命ばかりは助かった。あるいは、徳善院共々徳川方に通じていたのかもしれない。

これは非常に重要なことで、長盛が家康と手を結んでいたとすれば、小山評議の内容も違ったものになってくる。

七月十三日、大坂の木津にいる毛利家臣の宍戸《しし ど》元次、熊谷元直、益田元祥《もとなが》らは、徳川家臣の榊原康政、本多正信、永井直勝に、三成・吉継の不穏な動きを報じた。ここまで、家康は江戸で報せを受けたことであろう。その後は宿泊先で報せを聞いたはずである。

微妙なのは、七月十七日の「内府ちがひの条々」。八日で到着すれば、ぎりぎり小山評議に間に合ったことになる。しかし、これはあくまでも三奉行が、西方への参陣を集うものであるから、基本的には直には伝わらない。家康が手にするとすれば、西方から脈ありと思われている武将が忠義を見せて差し渡すか、長盛か徳善院の内応。それ以外は、上方にいる徳川家の者が使者を捕えて取り上げたかであろう。

一般的な説では、小山評議において、家康は弾劾状を知らなかったとされている。それは、次の書状による。

まず七月二十六日、家康が越後の堀秀治に宛てた書。意訳は次のとおり。

「そこもとの様子を早々と示し、満足に思う。石田治部少輔・大谷刑部少輔の逆心について、上方衆は今日二十六日、悉く西上した。我らも会津表の仕置等を堅く申し付け、即時に上洛致す。その地の仕置を堅固に仰せつけられ、前田衆もこの時は随分と励んでいるとのことなので安心するように。なお、榊原式部大輔、西尾隠岐守（吉次）に申し付けるので子細は省略する」

七月二十七日、榊原康政が出羽・土崎《つちざき》湊城（秋田県秋田市）主の秋田実季《さねすえ》に小山評定のことを報せている。意訳は次のとおり。

「遠路、使者と書状を戴き、忝なく思っています。御紙面の趣きは、すぐに内府に申し聞かせたところ、御入念のことと喜んでおります。しかれば上方において、石田治部、大谷刑部が別心し、大坂より御袋《おふくろ》様（淀殿）ならびに三人の奉行衆、北国の前田肥前守（利長）など、早々と内府は上洛することが尤もだと申し来ています。右の別心した両人は成敗致します。このたび、この方へ御下向する上方衆は同道にて上洛なされました。路次中、城々へも番勢《ばんぜい》を入れ、仕置を丈夫に致して罷り上がられています。こちらの仕置は武蔵守（秀忠）がお渡りなさるので、御安心くださ い。拙者も今度はこの方に残り置けと申されました。替わる時は申します」

と、翌二十八日までは、乱の首謀者は三成と吉継の二人としている。

七月二十九日、家康は黒田長政に変を報せている。意訳は次のとおり。

「先に御上洛して以後、また大坂奉行衆が別心したと申してきたので、重ねて相談したいところだが、既に御上洛の途についているのでそれも適わない。子細は羽三左（池田照政）に中し渡しておいたので、よく相談されたい。なお、なにかあれば山本新五郎左衛門（重成）・犬塚平右衛門に申すように」

同日、田中吉政、最上義光にも似たような内容の書を送っている。

右の書は今まで別心した者を三成と吉継の二人としていたが、ここで奉行衆に変えているので、研究者の方々は二十九日に弾劾状が発行されたことを知ったのではないかと論じている。果たしてそうであろうか。

二十九日といえば、伏見城攻めが開始されたことが齎《もたら》されているはずだ。なので、同日の書は伏見城攻撃を受けて発行したと思うべきではなかろうか。

その効果はといえば、評議の席で「内府ちがひの条々」のことが漏れれば西方に加担する武将も出るかもしれないので、家康はこれを必死に隠した。というのも、弾劾状は三奉行による連署であるが、これに添えるような形で大老の毛利輝元、宇喜多秀家が署名する書も発行しているからである。

家康は慶長四年（一五九九）閏三月二十一日、輝元と起請文を交わしている。その時、家康は輝元に対し、「貴殿には表裏、別心なく兄弟のごとく申すべく」とし、逆に輝元は「父兄のごとく思う」としている。家康は輝元を弟とし、十一歳年下の輝元は家康を父と見ているとは同じ五大老でもかなりの開きがある。

また、輝元は一月ほど前の六月二十八日、家臣の福原広俊・堅田元慶《もとよし》に対し、「長柄の者三十人だけは右の衆より徴して、これを会津征伐に差しくだされたい」と少数ながらも会津征伐に家臣を派遣するつもりでいた。

その輝元が石田方に加担した。豊臣政権で十人衆と呼ばれた者の半数が敵に廻った。他にどれほどの者が加担しているのか不安を覚えたことであろう。

家康は速い上洛を決めた。諸将は二十六日より西上の途についているので、三日後になって漸く真相に触れたと考えても不思議ではない。もともと奉行たちとは意見の合わぬ福島正則らなので、一度、行動を起こしたあとならば、より怒りの炎に油を注ぐことになるはずだ。天下を狙う狸は、そのぐらいの腹芸ができて当然だ。

もう一つ、「内府ちがひの条々」が出された七月十七日、三成らが東軍に属した者たちの妻子を人質に取ろうとして争乱となり、長岡忠興の正室ガラシャ夫人を死なせている。これを聞けば東軍諸将の憤りは増すばかりであろう。

最後に、『慶長年中卜斎記』には「二十四日、内府違いの十三ヶ条の書物、上方より越候」とある。以上のことから、小山評議は弾劾状の事実を隠しながら家康が打った猿芝居。最初から反転するための会議ではあったが、内心は冷や汗ものだったに違いない。それでも、黒田長政が福島正則を丸め込んだことによって、予定どおりうまく事を進めることができた。あとは兵を引き返すだけである。

因に先の弾劾状が大坂の山内家に届けられると、正室・千代は封を切らず、別文を添えて会津攻めに向かう一豊に届けさせた。書を受け取った一豊は別文を読み、良妻の勧めに応じて封を切っていない弾劾状を差し出したのが、この頃で、家康が西方の情報を知り得た。これにより山内家は、関ヶ原の本戦では後備のような働きしかしなかったが、掛川六万石から土佐二十四万石に加増されたとも言われている。しかし、加増は掛川城を差し出した一言による恩賞であろう。

なお、美濃・岩村城（岐阜県恵那市）主の田丸忠昌は、三成ごときが家康に刃向かうのは蟷螂《とうろう》の斧だが、三成が秀頼を擁しているので、東軍には味方できぬと言い、評議ののち、小山を去った。そして、関ヶ原の本戦に参陣するものの敗走し、所領没収の上、越後に追放。のちに蒲生氏行に寄食することになる。

無事に評議を終えた家康は、すぐにでも江戸に帰城したいところであろう。しかし、評議が行なわれた二十五日、陸奥では伊達政宗が上杉方の白石城（宮城県白石市）を攻略した。また、家康が常陸の佐竹義宣を警戒していたことは前章で触れたので省略するが、後方の処理をしなければ小山を離れるわけにはいかなかった。

評議では、家康が東海道を、秀忠が中山道を西上すること、そして、上杉、佐竹への備えを決めた。『朝野旧聞裒藁』と『日本戰史』によれば次のとおり。

上杉景勝への備えには、宇都宮城（栃木県宇都宮市）には主将として結城秀康を置き、小笠原秀政、里見義康、蒲生秀行、鳥居忠政、内藤政長、松平忠政らに守らせた。そして、大将として秀忠も在し、榊原康政らも補佐とした。

また、佐野城（同県佐野市）に城主の佐野信吉。大田原《おおたわら》城（同県大田原市）に城主の大田原晴清・伊賀同心の服部正就《まさなり》。黒羽《くろばね》城（同県那須郡黒羽町）に岡部長盛・伊賀同心の服部保英・城主の大関資増《すけます》。伊王野《いおの》城（同県同郡那須町）に城主の伊王野資信《すけのぶ》。蘆《あし》野《の》城（前同）に城主の蘆野政泰。烏山《からすやま》城（同県同郡烏山町）に城主の成田泰親。鍋《なべ》掛《かけ》要害（同県黒磯市）に水谷勝俊・皆川広照。

佐竹義宣への備えには、結城城（茨城県結城市）に秀康の養父・晴朝《はるとも》。布川《ふかわ》城（同県北相馬郡利根町）に城主の松平信一。牛久《うしく》城（同県牛久市）に城主の由良《ゆら》国繁。小《お》見川《みがわ》城（千葉県香取郡小見川町）に伏見城に籠っている松平家忠の嫡子・忠利。

真田昌幸への備えには、廐橋《うまやばし》城（群馬県前橋市）に城主の平岩親吉《ちかよし》。三ノ倉《さんのくら》城（同県群馬郡倉渕《くらぶち》村）に伏見城に籠っている松平近正の嫡子・一生《かずおき》。高崎城（同県高崎市）に諏訪頼水。大胡《おおご》城（同県前橋市）に稲垣長英。

その他の諸城は留守居の家臣たちが守った。

評議で山内一豊が進言したことにより、東海道筋の諸将は城を差し出すことになった。そこで家康は家臣を派遣して受け取らせた。主な城は次のとおり。

駿河の沼津城（静岡県沼津市）は内藤信成。興国寺城（前同）と府中城（同県静岡市）は菅沼定仍《さだより》。遠江の掛川城は松平康重。横須賀城（同県掛川市）は三宅康貞。浜松城（同県浜松市）は保科正光。三河の吉田城（愛知県豊橋市）は松平家乗《いえのり》。岡崎城（同県岡崎市）と西尾城（同県西尾市）は松平忠頼。刈谷《かりや》城（同県刈谷市）は水野家成の家臣。尾張の清洲城（前記）は石川康通と松平家清。犬山城（同県犬山市）は北条氏勝であった。


七月二十六日から会津征伐軍は反転をはじめた。

その間にも上方からの様子は続々と届けられていたのであろう。『慶長年中卜斎記』の七月二十六日には「御機嫌能（よし）」とあるが、二十七日には「御機嫌おもはしからぬ」とある。おそらくは三成が家康の予想を上廻る兵を集めたからではなかろうか。思案よりも、有利ではなくなったのかもしれない。

七月二十八日、佐竹義宣の弟・蘆名《あしな》義広が会津口に出陣したという報せを受けたので、家康は喜んだ。

七月二十八日、家康は黒田長政に先の書を遣わしたが、急に不安になった。『黒田家譜』によれば、東海道を西上する長政に対し、家康は奥平貞治を使者として派遣し、相模の厚木（神奈川県厚木市）まで進んでいた長政を小山まで呼び戻し、深夜に及ぶまで協議した。家康は福島正則の変心を懸念していた。すると長政はもし、三成に欺かれて変心しようとも、我らは理を尽くして諫めると答え、家康を安心させた。これを喜び、家康は兜と軍配、駿馬二頭を贈ったという。

七月三十日、家康は藤堂高虎に書を送り、正則、照政、吉政らと協議して道を整備しながら西上することを指示した。

同日、秀忠は伊達政宗に白石城陥落を賞している。

その後、小山に止まり、上杉、佐竹への指示を出した家康は八月四日、同地を発ち、翌五日、江戸に帰城した。

真相四　西上の先鋒が井伊直政になった理由とは

小山評定ののち、福島正則らの諸将は西上の途についていった。正則をはじめ、池田照政や黒田長政など徳川家と縁戚になった大名もいるが、家康とすればとても信用しきれるものではない。そこで徳川家の中から先鋒を派遣する必要があった。

それは八月四日、家康が池田照政、同長吉、九鬼守隆に宛てた書状で明らかである。意訳は次のとおり。

「厳しく申す。このたびの先勢、井伊兵部少輔（直政）を差し遣わした行等《てだて》のことについて、我々の出馬以前は、何様も彼の指図次第に相談することが本望である。なお、なにかあれば兵部少輔に申すように」

他にも浅野幸長、福島正則、長岡忠興、加藤嘉明らにも送られている。

ところが、直政が急病にかかり、本多忠勝に変更しなければならなくなった。これは八月八日、本多正純が黒田長政に書き送っている。意訳は次のとおり。

「御使者ならびに御一書の趣き、懇《ねんご》ろに申し聞きました。何れも承知しましたので御使者をお返しします。しかれば、内府出馬のことは少しも油断ないので、御心易きことと思われますよう。先々の歯痒き申しようには、御相談するのが尤もに存じます。井伊兵部は煩気（病）なので、本多中務を清洲まで進み置かせます。よくよく御相談なさるべきです」

ただ、『慶長年中卜斎記』には「雑兵押し合い四百に不足の人数と申し、よき者どもは美濃守（本多忠政）、秀忠公の御供に参じ」とある。この時、忠勝は上総の大多《おおた》喜《き》（千葉県夷隅《いすみ》郡大多喜町）で十万石を与えられているので、少なくとも二千五百の兵を動員できるはずであるが、その多くは嫡子の忠政が率い、秀忠の麾下に属していた。おそらく急いで四百弱の兵を呼び集めたのであろう。

ほどなく直政の体は回復し、せっかく忠勝を呼び寄せたので、二人とも西上することになった。直政は徳川家の先鋒として三千六百の兵を率い、忠勝は戦目付《いくさめつけ》として四百弱の兵を率いて西上した。

真相五　家康が西上を渋りに渋ったわけとは

八月一日、石田三成らによって伏見城が落城した。城兵は逃亡した一部の甲賀者を除き、ほぼ討死した。『慶長年中卜斎記』によれば、報せが届いたのは十日。誰とはなく、皆、西の方を見て、はらはらと涙を流したとある。しかし、家康は九月一日まで出陣しようとはしなかった。その間、書状を発行し続けた。

家康が江戸に帰城した八月五日から出立する九月一日までおよそ百枚近くの書を出し、その内の半数を西上する諸将に宛て、二十数通を上杉景勝に対する武将に送っている。残りは全国の諸将及び家臣たちである。これで家康の思案が窺える。

充分な備えを残し、江戸に戻って来たはいいが、会津の上杉景勝の動向は気掛りで仕方ない。謙信以来の武力を備えた軍団は脅威である。上杉家の北側には岩出山（宮城県玉造《たまつくり》郡岩出山町）の伊達政宗と山形（山形県山形市）の最上義光が牽制しているが、これも今一つ信用できない。

作戦だとも言われているが、八月十八日、家康が上杉攻めをせずに帰国したことを憂え、最上義光は上杉家の家老・直江兼続《かねつぐ》に対し、臣下礼を取り、嫡子の義康を人質に差し出すので、攻めないでくださいと卑屈とも思える書状を送っている。

また、徳川家と婚儀を結んでいる伊達家であるが、秀吉に散々楯突いた政宗である。書状どおり、最上家が上杉家に屈し、これに伊達家が休戦協定でも結べば上杉家を止める者はいない。越後の堀秀治・溝口秀勝・村上義明らは兼続が煽動した一揆の討伐に追われて、会津に兵を向ける余裕はない。また、三成の蜂起で前田利長も南に目を向けねばならず会津には進まない。

上杉が立てば、必ず佐竹義宣も呼応する。佐竹勢は何度も小田原の北条軍を敗走させた北関東きっての精鋭である。これが上杉家と一緒に徳川領に雪崩こんでくる。両家で少なく見ても五万にはなろう。そうなれば、とても西上どころではない。しかもこの頃の江戸城はそれほど堅固に築かれてはいない。

八月十二日、家康は政宗に対して「上方を打ち捨てて会津表で働く覚悟であったが、正則・吉政・照政らが上方の仕置を申し付けてくれないと困ると再三申してくるので、仕方なく江戸に帰陣した」と釈明している。危惧する家康は二十二日には、有名な「百万石のお墨付き」と呼ばれる所領宛行《あてがい》状を出したほどだ。

上杉家に備える諸将からは江戸の滞在を望まれ、西上の途にある武将たちからは矢のような催促を受けている。上杉も大事だが、上方はさらに重要。だが、もし、西進している最中に帰る城がなくなったら目もあてられない。

それにもう一つ。家康の懸念は福島正則ら豊臣恩顧の大名が、いつ西方に寝返るかということ。三成を憎んではいるが、秀頼を慕っている。もし、西方の大将となった毛利輝元が秀頼を担ぎ出してきたならば、鉾先が逆に向く可能性は大である。しかもそれが戦の最中であれば、致命的である。憂鬱は募るばかり。正則らを信じきれなかったがために家康は動けなかった。

すると焦れた正則は「劫《こう》の立替に遊ばされ候」と激昂して家康を詰ったという。意味は、囲碁で捨石となすことを言う。

さすがに家康も、そのままほうっておくわけにはいかない。しかし、それでも家康自身は動かず、八月十三日、家臣の村越直吉を清洲に派遣した。

八月十九日、清洲に到着した直吉は、主の口上を忠実に伝えた話は有名である。『三河後風土記』によれば次のとおり。

「各方《おのおのがた》、数日の在陣、誠に御苦労に存ずる。我らその表の出馬のこと、いささかも油断なしとはいえ、このほど風邪気味ゆえ、しばし延期致すと申してござる」

直吉が告げると、諸将は憮然とし、井伊直政と本多忠勝は掌に汗を握った。すると、意外にも加藤嘉明が発言した。

「内府殿の御諚は誠に仕方なきこと。我々はその心に気付かず虚しく出馬を待ち合わせ、期日を延期致す愚かしさよ」

嘉明が言うと、正則がその理由はいかにと問う。

「我らは内府殿のお味方とはいえ、故太閤殿下の家臣なり。上方の逆徒らは私意をもって企てるといえども、秀頼様に対して兵をあげたと申しておる。我らは内府殿へ味方している証を示さねば、内府殿が出馬できぬのは至極当然」

「さても、典廐（左馬介嘉明）はよう気付いた。（中略）我らは敵を目前にしながら、手も出さず、うかうかと数日を過ごしておった。こは、大いなる油断じゃ」

同胞に追従した正則は直吉に向かった。

「さてもさても、その方もよくぞ申されたものかな。（中略）その方には二、三日逗留なされよ。これより我らは、犬山か岐阜城を落として御覧に入れる」

正則の申し出に諸将から気勢があがった。

岐阜城攻撃は八月二十二日から開始され、翌二十三日、陥落した。

報せは八月二十七日、家康のもとに届けられた。これで漸く正則らを信じることができた。だが、喜んでばかりもいられない。まさか堅固な岐阜城が僅か二日で落ちるとは思わなかった。一応、井伊直政、本多忠勝が同陣しているものの、それは全体から見れば僅かなもの。このまま正則らを野放しにしておけば、徳川軍を待たずして、石田方の西軍を一掃することも、それほど困難ではないかもしれない。そうなれば、家康の威信は失墜し、戦後の新体制における主導権は握れない。このまま豊臣家の者だけに戦をさせておくわけにはいかない。今までなんとか引き延ばしを図っていたが、ここは一転、早急に出陣しなければならなかった。

そこで、同日、正則、照政、藤堂らに自重を命じた。意訳は次のとおり。

「岐阜の城を早々に乗り崩され、御手柄は何とも申し尽くし難し。中納言（秀忠）は中山道を押し上げることを申し付けた。我らは自ずから、この（岐阜）口を押すことを申しおく。羽三左（照政）と相談し、いささかも、もっぱらそれに打ち込む（戦端を開いて進む）ことがないよう、我ら親子を待つことが尤もである」

その後も家康は、書状を繰り返し出し、九月一日、漸く江戸城を出立した。

第六章 非情なり！東西に分かれた武将たちをめぐる謎

真相一　前田利長はなぜ関ヶ原合戦に参加しなかったのか

八十三万五千石を領する加賀の前田利長は、母の芳春院を徳川家康に人質に取られているので、必然的に家康方の東軍に与《くみ》している。利長の弟・利政は能登で二十一万五千石を領しており、一応は兄に従って出陣の準備をしていた。

そこへ、七月下旬、「内府ちがひの条々」（第四章四項）が届けられた。さらに、毛利輝元、宇喜多《うきた》秀家の二大老による弾劾添状も齎《もたら》された。意訳は次のとおり。

「特別に申し入れます。昨年以来、内府は仕置に背かれ、上巻の誓紙に違《たが》われ、恣《ほしいまま》に働いたので、従って年寄衆（奉行）は申し入れられました。ことさら奉行（大老上杉景勝）・年寄（石田三成）と一人ずつ果てられては、秀頼様が争われた時、取り立てられましょうか。その段、連々存じ詰めて、このたび相談致し、戦に及ぶことにしました。御手前も定めて御同然のはず。この際、秀頼様のために奔走することは申すに及ばぬこと。御返事お待ちいたします。謹んで申し上げます」

さらに、大谷吉継と増田長盛《ました》からも西軍に加担する誘降の書が届けられている。村井重頼の覚書によれば、北国七ヵ国を進上するという。

諸書状を受け取り、利長も悩んだことであろう。先代からの重臣・高畠《たかばたけ》定吉などは西軍につくべきと主張し、利長を怒らせたという。芳春院は江戸への出立にあたり、「武家は家を立てることが本意。わたしは覚悟しています。老母の身を案じて家を潰すようなことがあっては亡き利家殿に申しわけが立ちません。母は死んだものと思いなされ」と諭したというが、払拭しきれなかったようである。

懊悩している最中、近隣の武将たちが西軍に加わったという報せが届けられた。

同じ加賀には大聖寺《だいしょうじ》城（石川県加賀市）の山口宗永。越前には丸岡城（福井県坂井郡丸岡町）の青山宗勝、北ノ庄城（同県福井市）の青木一矩《かずのり》、安居《あご》城（前同）の戸田勝成、東郷城（前同）の丹羽《にわ》長政、大野城（同県大野市）の織田秀雄、今庄《いまじょう》城（同県南条郡南越前町）の赤座吉家、そして、敦賀城（同県敦賀市）の大谷吉継らの西軍が在していた。また、東西何れか明確でない小松城（石川県小松市）の丹羽長重も在城しており、利長にとっては無気味な存在であった。

対して、東軍は僅かに府中城（同県越前市）の堀尾吉晴だけである。

諸将の石高こそ、それほど多くないが、北陸は一向一揆の盛んな国。西軍が一揆勢と結びついて攻めてこられては目もあてられない。そこで、利長はどうせならばと、会津の津川口出陣の地均《じなら》しと、北国切り取りの一挙両得を狙った。そして、七月二十六日、前田兄弟は二万五千の兵を率いて出立した。

利長の金沢城から一番近いのは小松城であるが、周囲は湿地泥濘の自然に守られた要害なので、落城させるには日にちがかかる。そこで鉾先を大聖寺城に向けた。降伏勧告を行なうものの城主の山口宗永は従わず、前田勢は城の攻撃を開始した。壮絶な戦いののち、宗永は自刃、城は陥落した。

前田勢は丹羽勢の追撃を阻止する兵を大聖寺城に残し、越前に侵入した。すると、丸岡城の青山宗勝・忠元親子は恭順の意を示し、北ノ庄城の青木一矩は敵対しない意思を伝えてきた。そこへ、今庄に赴いていた戸田勝成の使者が到着した。

「前田に敵対はしないが、小松城は健在で、越前にも西軍の城が多数在している。前田勢がこのまま無傷で行軍するとは思えず、また、未だ東軍の姿も見えない。一度、内府殿と作戦を練り直し、再び出陣してはいかがでしょう。また、近く、大谷刑部《ぎょうぶ》（吉継）が四万の兵を率いて出陣し、一万七千は北ノ庄より、残りは船にて加賀に着岸し、金沢を攻めるとのこと」

これを聞き、利長は帰国の途についた。途中、浅井畷で丹羽長重の襲撃を受けて合戦に及び、死傷者を出すものの、八月十日帰城した。しかし、これは前田勢を退去させる大谷吉継の策略で、金沢に西軍の兵は現れなかった。

謀《はかりごと》と知った利長は、すぐに再征の準備にかかった。すると越前の西軍が小松城に入城したという報せが届けられた。前田家としては小松城を攻めなければ前に進めなくなり、能登・七尾城主の利政に出陣の要請をした。しかし、利政は妻（蒲生《がもう》氏郷《うじさと》の娘）が大坂で人質にされているために動けぬと、兄の命令を拒んだ。

利政は以前、家康暗殺計画の急先鋒であり、当初から西軍派であったという説や、さらに、東西いずれが勝利しても前田家が生き延びるためなど諸説囁かれていた。

九月十一日、利長は弟を諦めて出陣し、単独で小松城を攻めた。丹羽長重、北ノ庄城の青木一矩と和議が整ったのは関ヶ原の激戦から三日経った十八日のこと。結局、利政のせいで大下分け目の戦いには参陣できなかった。

それでも利長は遅参を咎められず、没収された弟・利政の地を改めて与えられ、加賀百万石の大々名となった。

一方、正室の身を案じて二十一万五千石を失った利政は、改易ののち嵯峨野（京都府京都市右京区）に隠棲した。のちに起こる大坂の陣には東西何れにも参陣しなかったことからも、関ヶ原の不出陣は、ただ妻の安否を気遣ったためであった。

真相二　東西両軍が行なった人質政策の顛末とは

慶長五年六月十六日、徳川家康は上杉討伐のために大坂城を出立した。するとと、石田三成は、兼ねてからの計画どおり、伏見城を攻めて挙兵するが、それに先駆けて、会津征伐に向かう大名たちの妻子を人質に取ることを画策した。家康方の兵を減らし、味方を増やすという基本的な手である。

七月十五日、徳善院、増田《ました》長盛、長束《なつか》正家の三人は大坂に在する諸将に交替で哨兵を出させ、諸道筋を守るよう命じた。大坂への出入を監視し、妻子を帰国させぬようにするためだ。京極高次、前田利政のことは既に記した。

これに気をよくした奉行たちは大坂の玉造《たまつくり》にある長岡屋敷に使者を向け、忠興《ただおき》の正室ガラシャ夫人を大坂城に連れ去ろうとした。ここで悲劇が起こった。

「さような指示は夫から受けておりません。お引き取りになるよう申しなさい」

ガラシャ夫人は気丈に拒むよう老臣の小笠原少斎（秀清）に命じた。

ガラシャとは恩恵や聖寵という意味でキリシタンの洗礼名である。本名は玉と言い、明智光秀の娘である。織田信長の命令で忠興のもとに輿入れした。

だが、幸福は長くは続かず、本能寺の変が勃発した。藤孝、忠興親子は光秀に与するかと思いきや、剃髪してそれぞれ幽斎、三斎と号し、亡き主君の喪に服し兵をあげなかった。長岡親子の不参戦などもあり、光秀は山崎の合戦で秀吉に敗れ、小《お》栗栖《ぐるす》（京都市伏見区）の藪で生涯を閉じた。

一族の殆どが死去する中、ガラシャ夫人は悲しみに浸っている暇もなく、離別さながらに丹波の味土野《みどの》（京都府京丹後市）に幽閉された。

その後、長岡家を政権の中に取り込もうとする秀吉の思惑にて、ガラシャ夫人は忠興のもとに戻ることになる。しかし、離別の月日は夫婦仲を悪くし、寂しさを紛らすためにキリシタンになったとも言われている。

忠興は嫉妬深いことでも有名で、戦国三代美女の一人と言われるガラシャ夫人を他人に見せるのを嫌った。そこで次のようなことを命じて会津征伐に出陣した。

「出陣中、敵が屋敷に乱入してきたならば、武士の妻らしく自刃せよ」

留守居をはじめ、ガラシャ夫人は忠興の下知《げち》を守り、一旦は人質の件を拒んだ。

細川忠興像（永青文庫蔵）

「従わねば踏みつぶすのみ」

大坂城の奉行たちは脅迫し、さらに屋敷に鉄砲を撃ちかけた。

轟音が響くが、それでもガラシャ夫人は頭を縦に振らず、留守居役の小笠原秀清も応じず、僅かな長岡家臣と共に奉行方の寄手《よせて》に対抗した。

剣戟や銃声、喊声や悲鳴などが谺したが、長くは続かない。多勢に無勢は否めず、屋敷に敵兵が雪崩こんでくるのも時間の問題となった。

覚悟を決めたガラシャ夫人であるが、キリシタンは宗教で自刃を禁止されている。そこで、祈りを捧げたのち、秀清に胸を突かせて、屋敷に火をかけさせた。

なぜ、三成はガラシャ夫人を死に追いやったのか。一説に三成は、キリシタンを憎んでいたという。ルイス・フロイスの『日本史』には「三成はジョウチン（小西隆佐《りゅうさ》・行長の父）の大敵であり、キリシタンの敵でもあって、嫉妬深く、野心家で傲慢であり、その他においても悪徳に満ちた人物である」と悪し様に罵っている。

事実は誤認で小西親子とは仲がいい。キリシタンに嫌われた理由は、キリシタン禁教令を出し、慶長元年（一五九六）秀吉が宣教師二十六人を長崎で処刑したことによる。秀吉が憎まれたので、奉行として同じ目を向けられたのであろう。

とはいえ、早い段階で長岡屋敷に兵を向けたのは事実。これは、内々とはいえ、忠興が会津攻めの先鋒を命じられたからであろう（三章三項）。

他にも蒲生秀行、有馬豊氏、加藤嘉明らの妻子を質にしようとしていた西方であるが、ガラシャ夫人の死を知り、人質収監は中止せざるを得なかった。

また、家臣たちの機転により、囲みをかい潜って脱出した者たちもいた。

家康の養女を娶った加藤清正の家では、大坂留守居の大木土佐守が、配下の梶原助兵衛を予め病人に仕立てておき、門番と顔見知りになったのをいいことに、輿底に身を隠して検問を通過して事なきを得た。

　同じく家康の養女と婚儀を結んだ黒田長政とその父如水の正室は米俵の中に包まれて検察の目を逃れた。やはり家康の養女を嫁に迎えた蜂須賀至鎮《はちすかよししげ》は、その父・家政が参陣することを告げて逃れさせた。

　池田照政の妻・督《とく》姫は妹婿の山崎家盛が密かに自分の居城である摂津の三田《さんだ》城（兵庫県三田市）に匿った。しかし、家盛は代わりに自分の正室を大坂城に差し出すことにした。これにより、西軍についた家盛であるが家康の心証をよくして、改易どころか加増されることになる。

　家康の養女で唯一、大坂に残ったのは横須賀城主の有馬豊氏に嫁いだ姫である。

「この大坂からは、とても遠江まで逃げられませぬ。敵が迫れば自害致します」

　この姫は松平康直の娘。人質受け取りの使者に気丈に言い放った。

ガラシャ夫人の死去後なので増田長盛も尻込みした。

　他にも大坂から逃れた大名家は多々あった。

　一方、西軍に対し、家康は故前田利家の正室・芳春院、長岡忠興の三男・忠利を人質にして、見事両家を配下に加えている。

　三成らの人質政策はガラシャ夫人の死によって失敗に終わった。逆に三成を憎んでいた諸将の憎悪をより強く燃やす結果となった。

ただ、前にも触れたが前田利政は正室を人質にされたことで関ヶ原本戦への参陣を拒んでいる。これに関しては成功と言えようが、大局的に見れば失敗であった。

真相三　西軍の兵力を分散させた家康の計略とは

秀吉の死からおよそ二年。その間に日本は徳川家康を中心とした東軍と、石田三成を中心とした西軍にほぼ色分けされた。しかし、武将たちが畿内や大決戦が行なわれた関ヶ原に集合していたわけではなく、国許で敵に備え、あるいは敵対する隣国を手に入れんと、戦の準備をしていた。ゆえに、両軍は各地で激突した。

まずは東北、家康は会津の上杉景勝を包囲するために、岩出山の伊達政宗、山形の最上義光《よしあき》、越後に堀秀治・村上義明《よしあきら》・溝口秀勝らを配置した。そして、討伐軍が西から進攻する予定であった。

これに対して西軍は、陸奥の岩城《いわき》に岩城貞隆、常陸の水戸に佐竹義宣を備え、上杉家と呼応して、討伐軍の横腹、もしくは背後を突く策であった。

三成も期待したであろうが、家康は三成の挙兵を聞き、下野の小山で引き返す。さらにまた、先に伊達が動いたおかげで上杉家は家康の背後を突くことができず、さらに佐竹家は単独で十万もの東軍を攻めることはできず、見過ごすしかなかった。

信濃では家康には誤算かもしれないが、三成の呼び掛けに応じて、表裏比興《ひきょう》の真田昌幸が上田城（長野県上田市）に籠った。昌幸は期待どおり、中山道を進む徳川秀忠軍三万八千を釘付けにして、関ヶ原の本戦に遅参させた。家康の秀忠への出陣命令の遅れ、天候の悪さなども重なったが、これは予想を上廻る効果であろう。

北陸では前田利家の妻・芳春院を人質に取り、家康は前田家を東軍に取り込んだ。

前田兄弟の合計二万五千を敵に廻すことになった三成は、小松に丹羽長重（西軍かどうかは微妙）、大聖寺に山口宗永、越前北ノ庄に青木一矩らを配置せねばならず、さらに戦上手の大谷吉継をも派遣させる状況に陥った。それでも、これが功を奏して前田家を関ヶ原には到着させなかった。

家康は伊勢の長島（三重県桑名市）に福島正頼、上野（同県安芸《あげ》郡河芸《かわげ》町）に分部光嘉《わけべ》、安濃津《あのつ》（同県津市）に富田知信、岩出（同県度会《わたらい》郡玉城《たまき》町）に稲葉道通《みちとお》、松坂（同県松阪市）に古田重勝を配した。

これに対し三成は伊勢の桑名（同県桑名市）に氏家《うじいえ》行広、神戸《かんべ》（同県鈴鹿市）に滝川雄利《かつとし》、林（同県安芸郡芸濃《げいのう》町）に織田信重、亀山（同県亀山市）に岡本宗憲、竹原（同県伊賀市）・八知《やち》（同県一志《いちし》郡美杉村）領主の山崎定勝を据えた。志摩の鳥羽（同県鳥羽市）には九鬼《くき》守隆を置いた。

ところが、配置した兵だけでは城攻めもままならず、東軍が西上してくる前に叩こうと毛利秀元、吉川広家、長束正家、安国寺恵瓊《えけい》らを投入して一掃にかかった。これにより、伊勢の長島城と伊賀の上野城を除く三城は陥落させた。

丹後では長岡幽斎が田辺城（京都府舞鶴市）に籠ったので、三成は小野木重次・谷衛友《もりとも》ら一万五千の軍勢を向かわせねばならなかった。ただ、軍勢は小禄の者が多くて統制がとれず、また、攻手には幽斎の和歌の弟子が多く、皆あまり攻める気もない。さらに、幽斎の才を惜しんだ朝廷が停戦を呼び掛け、漸く幽斎は開城する。幽斎は寡勢で多勢を充分に釘付けしたことになった。

因幡では、関ヶ原の本戦後となるが、宮部長熙《ながひろ》の鳥取城（鳥取県鳥取市）を、鹿野《しかの》城（前同）主の亀井茲矩《これのり》と、西軍から鞍替えした但馬・竹田城（兵庫県朝来《あさご》市）主の赤松広秀（広英とも）が攻めている。

四国では、加藤嘉明の留守を狙い、伊予の松前《まさき》城（愛媛県伊予郡松前町）を来島《くるしま》康親、村上武吉・元吉親子、河野通軌《みちのり》、毛利家臣などが攻め、留守居をする嘉明の弟・忠明や佃十成《かずなり》らが防戦に務めた。また、荏原城跡（同県松山市）、如来寺（前同）などでも攻防戦が行なわれた。

九州では、豊前の中津（大分県中津市）には秀吉を天下人にした黒田如水が、肥後の隈本《くまもと》（熊本県熊本市）には最前線で鑓《やり》を振ってきた加藤清正が在していた。

如水の先鋒は九月十三日、石垣原《いしがきばる》（大分県別府市）で大友義統《よしむね》の精鋭を撃破した。また、清正は豊後の杵築《きつき》城救援の出陣ならびに小西行長の宇土《うと》城（熊本県宇土市）攻めをした。そして、如水と清正の二人は、西軍についた武将たちが留守にしている城を攻め落とし、豊前、豊後、筑前、筑後、肥前、肥後とほぼ六ヵ国を制圧した。あとは日向と薩摩を平定するのみといったところで関ヶ原合戦の結果を聞き、兵を引くこととなった。

家康の目的は戦に勝利することも然る事ながら、天下を取ることが第一。それゆえ全国各地に隈無く軍勢を配置した。

一方、三成の最大目的は家康を倒すこと。とすれば、各地を無視して、さらに軍勢を中央に集めるべきであった。しかし、十九万四千石の奉行では、諸将を畏怖させる力も権限もなかった。結果を言えば、東軍に対して西軍は備えねばならず、兵を分散せざるを得なかったわけである。

真相四　東軍に勝利をもたらした京極高次の大津城籠城とは

近江・大津城（滋賀県大津市）主の京極高次は佐々木源氏の血を引く名族として、僅かに家名を保っていた。本能寺の変が勃発した時には惟任《これとう》光秀に呼応して、秀吉の居城であった長浜城（同県長浜市）を攻撃した。

これにより、お家断絶の危機に晒されたが、高次の姉（妹とも）竜子が秀吉の側室・松ノ丸殿（芳寿院）となったことで滅亡は免れ、逆に六万石の大名に取り立てられた。信長在命時には五千石しか与えられていなかったことから考えると、大出世であった。これも竜子のお陰である。

また、高次の正室・於初は、浅井長政とお市御寮人の間に生まれた次女で淀殿の妹にあたる。また、於初の妹・於江与《おえよ》（小督《おごう》）は秀忠に嫁いでいる。

さらに、家康の五男・武田信吉の正室は木下勝俊の長女。勝俊は松ノ丸と先夫の武田元明の間に生まれた子で、北政所の兄・木下家定の養子となった者である。高次は豊臣と徳川の狭間で数奇な閨閥関係の中にいた。

高次は武将として目立った戦功はないが、この大津城は中山道の喉元を押さえる要衝なので、家康としては是非とも抑えておきたい地であった。

元来、城の少し北には惟任光秀が築いた坂本城があり、同城が琵琶湖の西岸の拠点であった。しかし、秀吉は治政家であった光秀の跡を消すべく、天正十四年（一五八六）、浅野長吉に築城を命じ、そして長吉を初代の城主とした。以降、増田長盛、新庄直頼と続き、文禄四年（一五九五）京極高次が入城したのが経緯である。

六月十八日、伏見城を発った家康は、昼頃、大津城に立ち寄った。そして、一緒に食事を取りながら、家康は高次に、いざという時は加賀の前田家が援軍を出すので、三成に応じたふりをしてくれと頼んだ。

戸惑う高次だが、弟の高知は信濃の飯田城（長野県飯田市）主で、上杉征伐にも加えられている。また、姉竜子の旧夫・武田元信は秀吉の命令で丹羽長秀に殺され、姉自身は秀吉の側室にさせられた屈辱がある。今さら三成が支えようとする豊臣家に義理立てする理由はない。不安はあるが、さらなるお家の飛躍を望み、家康に従うことを決めた。そして、家老の山田良利を征伐軍に同行させることにした。

すると今度は三成の使者として朽木《くつき》城（滋賀県高島市）主の朽木元綱が訪れ、人質を差し出すよう求めてきた。悩んだ末、高次は三成にではなく、於初の姉・淀殿のもとに長子の熊麿を送った。

人質を取り強気に出たのか、大坂城に入り、西軍の大将となった毛利輝元から、東軍についた加賀の前田利長を討てという命令が届いた。高次は仕方なしに二千の兵を率いて朽木元綱と共に北陸に向かって出陣した。

すると三成は高次の留守を狙って使者を送り、大津城を明け渡すよう要求した。これに対し、留守居役の赤尾伊豆守らは、君命なくば従えぬと断固、拒絶した。

一方、越前にまで進んだ高次だが、三成から美濃に向かえという命令があり、それに従った。しかし、途中で方向を変え、塩津（同県伊香《いか》郡西浅井《あざい》町）から海津（同県高島市）に出て舟で大津に戻った。九月三日のことである。

帰城した高次は、兼ねてからの約束どおり、家康に密書を送り、西軍の東進を大津で阻止する旨を伝えた。そして籠城の準備を始めた。

これを知った三成は、淀殿を動かし、孝蔵主《こうぞうず》と阿茶局《あちゃのつぼね》を於初のもとに遣わした。二人は於初に会うが、自分ではどうすることもできないので、直にお会いくださいと使者に伝えた。これを聞き、孝蔵主と阿茶局は高次に面会を求めた。しかし、高次は拒むので、二人は仕方なしに帰坂した。

再び、毛利輝元や増田長盛が使者を派遣するが、高次の心は変わらなかった。

かくして三成は毛利元康、小早川秀包《ひでかね》、立花親成《ちかしげ》ら一万五千の軍勢を派遣した。

そして、九月八日より、連日、激しい攻撃を続けられた。

ところが、大津城は琵琶湖に突き出た水城で、本丸を二ノ丸が囲み、二ノ丸を三ノ丸が囲む形で三重の堀に守られた堅固な城である。籠る兵はおよそ三千。必死に守るので、容易に落とすことはできなかった。

西軍は城西の長等《ながら》山に大砲を据えて砲撃を行なった。また、湖からは増田長盛の水軍が攻撃をし、各攻め口の兵が命を惜しまず殺到した。

板坂卜斎《ぼくさい》の『慶長年中卜斎記』によれば、京の町人らは酒、弁当、水風炉《すいぶろ》（湯を沸かす器）を持参し、城西の三井寺（園城寺《おんじょうじ》）の観音堂にて、恐ろしげもなく日々見物していたという。身に害の及ばぬ殺し合いは、世間には格好の見せ物であったようである。

しかし、城の攻防は熾烈を極め、ついに三ノ丸は落ち、二ノ丸もあわやという時に大砲の一発がまぐれで天守閣の二層に命中して、芳寿院の侍女が即死し、彼女自身も気絶した。これで城内は混乱に陥った。

九月十四日、高次は降伏し、翌十五日、近くの園城寺で剃髪し、紀伊の高野山（和歌山県伊都《いと》郡高野町）に退いた。くしくも東軍が関ヶ原で勝利した日であった。

高次が一万五千の兵を大津城に釘付けにしたことは、東軍に大きな貢献を齎した。万が一、西軍最強の立花親成が関ヶ原合戦に参陣していれば、戦はどうなったか判らなかったであろう。家康は戦後、これを賞して高次に若狭の小浜（福井県小浜市）に八万五千石を与え、翌年、さらに加増した。

徳川と豊臣の閨閥の中で、高次は家の未来を家康に託し、見事成功を治めた。因《ちなみ》に大津城は長等山の砲撃で破損し、同攻撃に弱いことが露呈したため、遺材は三キロほど東南の膳所《ぜぜ》城（滋賀県大津市丸の内町）や彦根城（同県彦根市）に移築された。そして城跡は大津の代官所や幕府蔵に利用された。

真相五　真田、九鬼……、東西に分かれた武将たちのその後とは

東西に別れた大名として有名なのは真田家である。何れが勝利しても家名は存続する、武士ならではの発想である。他にもいるが、考えはほぼ同じ。共通しているのは皆、小禄であるということ。ゆえに家名を繋ぐために必死だった。

まずは戦国の異端児・織田信長の一族。

東軍には信長の弟・有楽斎《うらくさい》が参陣した。信長の十三歳年下で名は長益、信長存命の頃、殆ど参陣した記録は残されていない。天正十年（一五八二）の武田攻めでは信濃の深志城（長野県松本市）を受け取っているが、活躍の記載はない。

本能寺の変が勃発した時には、信長嫡子の信忠に従って二条御新造に籠るが、臣たちを欺いて脱出して難を逃れた。変後、暫し信長次男の信雄に従い、秀吉政権では僅かに摂津の味舌《ました》（大阪府摂津市）で一万五千石を与えられるのみ。もともと数寄者であり、武勇に勝れているわけでもないので、冷遇されていた。ゆえに、豊臣家に見切りをつけたのであろう。また、二条御新造から逃れられるように、生存本能に勝れていたのかもしれない。息子の長孝も父同様、東軍に参陣した。

対して西軍についた信長の弟は老犬斎。こちらは九歳年下で名は信包《のぶかね》、信長が伊

勢に侵攻した当時から数々の戦場に参陣している。出陣にあたり、信忠の下にいることが多かった。また、浅井長政自刃後、お市御寮人や三人の娘も預かっている。

本能寺の変後、秀吉に従うものの、伊勢の領地を召し上げられ、近江で二万石を与えられるに止まった。その後、丹波で三万六千とも四万とも言われているが、冷遇は有楽齋と変わらない。関ヶ原の戦いでは西方に与し、長岡幽斎の籠る田辺城攻めに参陣するも、幽斎の取り成しで所領は安堵された。

次に信長の次男・常真。名は信雄。嫡男の信忠同様、実質的な正室・吉乃の子だったので、三男の信孝よりも優遇されていた。愚鈍だったので、秀吉に利用されて織田家を分裂させ、信孝を自刃に追い込んでいる。次いで家康に利用され小牧・長久手の戦いを起こさせている。小田原の陣では移封を拒んで領地を召し上げられ、下野の那須に幽閉され、さらに出羽の秋田に流されている。その後、秀吉のお咄衆となり一万七千石を扶持された。もはや飛躍のようなものは望んでいなかったのか、不等な扱いをされたにも拘らず、常真は豊臣色の濃い西方に属した。

他の信長の息子たちも西軍に属した。近江で二千七百石を与えられる信長七男の信高、近江で一千石を得る九男の信貞、所領は不明だが、十男の信好、同じく十一男の長次、何れも伏見城攻めに参加し、戦後、所領を没収されている。

また、常真の息子・秀雄は、越前で三万五千石を与えられていた。当初、東軍として加賀の大聖寺城攻めに参加していたが、父の呼び掛けがあったのか、やはり伏見城攻めに参加して所領を失っている。

ところまでは、僅かに得ている地を失うことを恐れて西軍についたのかもしれない。しかし、織田一族の中で大禄を得ている者もいた。

信長の嫡孫・秀信である。幼名の三法師という名の方が有名かもしれない。秀吉の政《まつりごと》に利用されたのは周知の事実。秀吉とすれば三法師を握っているので大義名分も立った。そのため、一族の中では優遇し、数え年十二歳で侍従に任官している。

文禄元年（一五九二）九月、秀吉の養子である小吉秀勝が朝鮮で病死すると、その跡を受けて祖父の信長が増築し直した岐阜城の城主となり、十二万三千石と、唯一、十万石を越える所領を与えられている。

秀信は、秀吉に織田家を乗っ取られたという認識が薄かったのか、三成からの誘いに応じて、西軍についている。関ヶ原合戦の時は二十一歳と若いせいもあり、天下を統一した太閤殿下に可愛がられたという思いが強かったのかもしれない。

あるいは、織田家の総領的存在の秀信が西軍についたので、有楽斎を除く他の織田一族も従ったのかもしれない。信長亡きあと、織田家には天下を見定める人材は出てこなかったようである。

また、東西に別れた大名に、志摩の九鬼家がある。

九鬼家は志摩・波切《なきり》（三重県志摩市）の豪族で、代々海賊だとも言われているが、本当のところは定かではない。嘉隆の時、滝川一益の呼びかけに応じて信長の麾下となり、操船術をもって水軍を組織し、安宅船を遣って物資の運搬ならびに海戦に活躍した。天正六年（一五七八）、巨大鉄鋼船を駆使して木津川沖で毛利水軍を撃破したことは、あまりにも有名である。朝鮮の役では秀吉から戦艦に「日本丸」の名を賜り、朝鮮の勇将・李舜臣《イスンシン》と戦う活躍をした。慶長二年（一五九七）、致仕して嫡子の守隆に家督を譲り、三万五千石と隠栖料を保持した。

関ヶ原合戦では、守隆が東軍についたことで、嘉隆は家名の存続を図って西軍についた。また、近くで、東軍についた伊勢・岩出城主の稲葉道通と海上利権を争っていたことも理由の一つかもしれない。親子で争った戦の模様は後述する。

阿波の蜂須賀家も東西に別れた。

蜂須賀家は尾張・蜂須賀村（愛知県海部《あま》郡美和町）の土豪で、木曽川で様々な活動をする川並衆の頭目的立場にいた。小六の名で知られる正勝は家政の父で、信長から秀吉の寄騎につけられ、早くから秀吉と苦楽を共にし、諸場面で活躍した。家政は父の跡を継ぎ、阿波一国の国持ち大名となり十七万三千石を有した。

関ヶ原の合戦にあたり、嫡子の至鎮は徳川家との縁結びもあって東軍についた。

家政は長年の腐れ縁もあるので西方に参じることを伝えた。しかし、戦には病と称して参陣せず、秀頼を守るためと大坂の久太郎橋と北国口を二千の兵で警護した。家政は兵を戦場に出さなかったので致仕のみですみ、至鎮は所領を安堵された。

讃岐の生駒家も東西に別れた。

生駒家は美濃の土田（岐阜県可児《かに》市）の土豪で、親正は信長に仕え、秀吉に寄騎として預けられ、そのまま家臣となった。蜂須賀小六とは旧友であり、同じ川並衆の主格であったともいう。諸場面で活躍し、十七万千八百石を与えられた。

関ヶ原の合戦にあたり、父の親正は病により代理に任せたとはいうものの、西軍に加担して北国口の守備や田辺城攻めに家臣を派遣したが、本戦には不参加。それでも戦後、責めを負って山城に蟄居。息子の一正は東軍に属して本戦にも参加。これにより父の所領を受け継ぐことで安堵され丸亀城（香川県丸亀市）主となった。

何れが勝利するか判らず、皆、家名存続のために必死であった。

第七章

秀忠遅参！
徳川軍西上をめぐる謎

真相一　家康が軍を二つに分けた理由とは

徳川家康は小山評定で、西上する徳川軍を二分することを決めた。理由は二つ。

一つ目は真田昌幸・信繁親子が帰城したので、これを下す必要があった。

秀忠は八月二十三日、上野の沼田城（群馬県沼田市）主の真田信幸らに書状を送っている。意訳は次のとおり。

「特別に申し上げる。明日二十四日、この地（宇都宮）を罷《まか》り立ち、小県《ちいさがた》（長野県小県郡）で働くつもりなので、そのことを心得て、彼地に出張するように。なおなにかあれば、大久保相模守（忠隣《ただちか》）、本多佐渡守（正信）に申すように」

また、岐阜にいる黒田長政には、「信州の真田表の仕置をするために八月二十四日、宇都宮を出立し、二十八日、上野の松井田（同県碓氷《うすい》郡松井田町）に到着し、近日、彼地に押し詰め、手置等を申しつけ次第に上洛する」と書き送っている。

二つ目は道路事情にあった。戦国乱世の時代は江戸時代のように道路は整備されていなかった。織田信長は天正三年（一五七五）、領内の江川には舟橋を架け、険路を平らげ石を退けて大道とし、道幅を三間（約五・四メートル）とし云々と、指示を出したことが『信長公記』に記されているが、東海から関東に移った家康はそのような指示を出した記録がない。移動の速さを重視した信長に対し、家康は強敵の武田信玄と接していたこともあり、攻め込まれぬために、道は広げなかった。

家康と秀忠の兵を合わせると六万八千、これが二列歩行で進む。武装した兵の前後の間隔が約六十センチとすれば、約二〇・四キロに及ぶ。さらに東海道を進むには、関東一とも言われる箱根の嶮がある。箱根は秀吉が小田原攻めをする時、越えるのが一苦労であったという。というのも、この地は一列にならねば進めぬほど狭い。さらに、荷駄隊の移動は、兵たちだけでは人手が足りず、小田原の宿場や周辺の領民の手助けがいる。しかし、時あたかも九月と言えば、稲刈りのまっただ中である。家康といえども、これを無視して動員させるわけにはいかない。また、宿場の整備もできていないので、兵站《へいたん》上の理由からも軍を二つに分けざるを得なかった。

それに、二道進軍作戦には、成功例がある。本能寺の変を知り、秀吉が急遽、上洛するために取った中国大返しである。秀吉は岡山からの退口を二つに分けた。一隊を辛川《からかわ》から三野へ向かわせ、もう一隊を辛川から岡山へ進ませた。結果は言わずとも知れたこと。機動力を発揮するには有効な手段である。

秀忠が宇都宮を出立したのは八月二十四日、家康は九月一日であった。

真相二　主力はやはり秀忠軍だったのか

岐阜城が八月二十三日に陥落し、報せは二十七日に届けられた。焦った家康は、直ちに西上の下知《げち》を出した。八月二十八日、武蔵の府中（甲府説もあり）に居た浅野長吉には嫡子の幸長《よしなが》の戦功を賞し、九月三日に出陣することを伝えた。

しかし、同日、すぐそのあとで、藤堂高虎には九月一日出陣と訂正している。よほど、岐阜城を攻略した福島正則らの軍事力を恐れたのであろう。

江戸城の留守居は、本丸に家康の異父弟・松平康元、石川家成、松平清成、菅沼定盈《さだみつ》、諏訪頼忠。西ノ丸に家康五男の武田信吉、松平康忠。町奉行に板倉勝重。代官に伊奈忠次。その他の将士、天野康景他九名。

家康軍に従軍する主立った将士は次のとおり。

旗奉行に村串与左衛門・酒井作右衛門。槍奉行に近藤石見守・大久保平助（のちの彦左衛門忠教）。持筒頭に渡辺守綱。百人組頭に伊奈昭綱、使番に成瀬正成・小栗忠政・安藤彦兵衛ら二十名。弓頭に布施孫兵衛他四名。

従う兵は『朝野旧聞裒藁《ちょうやきゅうぶんほうこう》』によれば三万二千七百三十騎。これには、井伊直政の三千六百と本多忠勝の四百弱は含まれていない。

江戸城を出立にあたり、留守居の石川家成が、「本日は西塞がりにございますれば出陣には凶。ゆえに他日を選び、御首途なされるべきかと存じます」と家康の身を案じて訴えた。これを家康は切り返す。

「それゆえ、本日を出陣の日と選んだ。西の塞がりを儂が切り開きに行くのじゃ」

家康の言葉に家臣たちは感心したという。家康は東海道を通って西上を始めた。

ここで、双方の軍編制の比較をしてみる。秀忠が率いた兵数は『朝野旧聞裒藁』によれば外様を含む三万八千七十余騎。そのうち万石以上の譜代家臣は次の面々。

まずは重臣の三人、榊原康政は上野の館林（群馬県館林市）で十万石、大久保忠隣は相模の小田原（神奈川県小田原市）で四万五千石、本多正信は上野の八幡（群馬県高崎市）で一万石。続いて酒井家次は同国の臼井（同県碓氷郡松井田町）で三万石、本多康重も同国同地で二万石、牧野康成は同国の大胡（同県前橋市）で二万石、菅沼忠政は同国の吉井（同県多野郡吉井町）で二万石、諏訪頼水は同国の総社（同県前橋市）で一万二千石、高力《こうりき》忠房は武蔵の岩付（埼玉県さいたま市）で二万石、小笠原信之は同国の本庄（同県本庄市）で一万石、酒井重忠は同国の河越（同県川越市）で一万石、土岐定義は下総の守谷（茨城県守谷市）で一万石、それと本多忠勝が上総の大多喜（千葉県夷隅《いすみ》郡大多喜町）で十万石、これを嫡子・忠政が率いている。以上、十二人と名代一人。石高で四十万七千石。

対して家康が率いた兵数のうち、万石以上の譜代家臣は次の面々。

家康四男の松平忠吉は武蔵の忍《おし》（埼玉県行田市）で十万石。重臣の井伊直政は上野の箕輪《みのわ》（群馬県群馬郡箕郷《みさと》町）で十二万石、本多忠勝は前記。奥平信昌は上野の小幡《おばた》（群馬県甘楽《かんら》郡甘楽町）で三万石、松平忠政は上総の久留里《くるり》（千葉県君津市）で三万石。と忠勝を数えないで四人である。石高で二十八万石。

万石以上の家臣数からいえば、秀忠が主力と考えられる。但し、三万八千七十余騎の秀忠軍のうち、外様の大名は次のとおり。

真田信幸は上野の沼田（群馬県沼田市）で二万七千石、石川康長は信濃の深志（長野県松本市）で八万石、森忠政は同国の松代（同県長野市）で十二万七千石、仙石秀久は同国の小諸《こもろ》（同県小諸市）で五万七千石、日根野吉明《ひねのよしあき》は同国の高島（同県諏訪市）で一万五千石。合計すると三十万六千石。動員できる兵力は一千石で二十五人で換算して七千六百五十人。これを引けば秀忠の軍勢は三万余で家康よりも少なくなる。『徳川實紀』の「台徳院殿御實紀」には秀忠が宇都宮を出立した時、「惣軍三万八百余人」と記されているので、大体そのくらいの数と一致する。とすれば、外様を抜いた数は家康軍よりも少ないことになる。

元来、会津征伐時、秀忠は前軍の大将であり、家康は後軍の大将である。とすれば、秀忠が直接戦闘の本隊であり、家康は後備え的要素が強い。なので、西上にあたっても、道の違いこそあれ、その関係は変わらないのではないか。

秀忠が宇都宮を出立したのは、岐阜城陥落の報せが届く前の八月二十四日。家康は自分が江戸を出発する前に、真田親子を降伏あるいは打ち砕き、信濃路を平定したのちに腰をあげるつもりでいたと思われる。ただ、前記したとおり、あまりにも早く岐阜城が落ちてしまったので、自身慌てて出陣せざるを得なかった。家康の思惑どおり、岐阜城攻めに日にちがかかり、上田城攻めが楽にいっていれば、秀忠が直接戦闘の本隊で、家康が後備的要素の強い本陣である構図が明確になったはず。

本来、主力と本陣は別もので、総大将は安易に前線に出て戦闘には加わらない。自ら鑓を取っていれば、劣勢の時。危うくならぬために、前方を強化するはず。

なので、この段階の先鋒は井伊直政。本多忠勝が一緒にいた。そして、主力が秀忠、本陣が家康。しかし、福島正則らの活躍と、真田昌幸の計略で予定が狂った。

実際、『岩淵夜話』によれば、家康は「我ら家中の人持分の内、少しも大身なる者共をば、大方、秀忠に付いて木曽路へ差し越し、我らの方は旗本の侍ばかりを召し連れ」と認《したた》めている。以上の理由から主力は秀忠であろう。予期せぬ出来事で作戦自体を蔑まれる見本のような分離進軍であった。

真相三　上杉景勝はなぜ家康の背後を突かなかったのか

諸大名たちが家康の横暴の前に屈する中、会津の上杉家のみが撥ね付け、それどころか、「来るなら来てみろ」と直江状を叩きつけた。上杉家好きな方にとっては、なんと胸の透くことであろうか。これで背後を追撃してくれたら、どれほど爽快な気持ちになれたであろう。ならば、なぜ、背後を突けなかったのか。

まず、上杉家は移封早々、会津七口の道を整備拡張し、川に橋を架けた。そして、浪人を集め、若松城の防衛が手薄ということで城の二キロほど北西に神指《こうざし》城を築きだした。それは十二万人ほどの人員を動員した大規模な普請工事であった。

これにより謀叛の疑いをかけられ、会津征伐が開始された。

白河口は徳川家康・秀忠とその他の諸将。仙道口は佐竹義宣・岩城貞隆・相馬義《よし》胤《たね》。信夫《しのぶ》口は伊達政宗。米沢口は最上義光《よしあき》ら仙北の諸将。津川口は前田利長・堀秀治・同直政・村上義明《よしあきら》・溝口秀勝など。総勢十九万を越える大軍である。

対して六月段階での上杉家の備えは『上杉家御年譜』によれば次のとおり。

白河口の小峯城（福島県白河市）に芋川正親・平林正恒・西方《にしかた》房吉。長沼城（同県須賀川市）には島津忠直。南の横川宿に大国実頼。福島城（同県福島市）に本庄繁長。同城のやや北東の瀬上（前同）に目付として岡越前守、斎道二《いつきどうじ》、安田勘介、郡《こおり》図書助、志賀与三左衛門、深尾市右衛門、金子美濃守を置く。白石城（宮城県白石市）に甘粕景継。梁川城《やながわ》（福島県伊達市）には須田長義の他に横田大学、車斯忠《つなただ》、大塔《だいとう》小太郎、墨屋太郎左衛門らを差し添えた。そして、嶋倉泰忠を軍監として派遣し、築地修理亮資豊に鉄砲二百挺を持たせて入城させた。米沢城（山形県米沢市）には直江兼続《かねつぐ》。亀ヶ崎城（山形県酒田市）には志駄《しだ》義秀。また、背炙峠《せあぶり》（福島県会津若松市）の難所に石弓を仕掛け、軍将を定めた兵士を置いた。仙道口に備えをせぬのは、佐竹義宣らが景勝と与《くみ》しているからである。

次第に会津征伐軍が北進してきたので上杉家は迎撃する作戦を立てた。『北越太平記』によれば、白河の南西にある革籠原《かわかごはら》に引き込んで叩く策。先陣は安田能元《よしもと》、二陣は島津忠直。そして、本庄繁長・木戸元斎、上倉元春、中条三盛、山浦景国は小峯城から六キロほど南東の関山（六百十八メートル）に陣を敷かせ、進軍してくる敵の横合いを突く。直江兼続は西から迂回するように根子鷹助《ねこのたかすけ》（福島県西白河郡西郷《にしごう》村）から白坂（同県白河市）に出て征伐軍の西側面を攻撃する。そして、長沼城を出陣した景勝は関山の東を通り、敵本隊の背後に出て遮二無二突き入り、徳川親子を谷田、西原の深沼に追い込み、一人逃さず討つつもりであった。また、これに応じた佐竹連合軍の一万数千が合流して追撃をかける手筈であった。

動員できる兵は通常、他国に出陣する時には千石で二十五人ぐらい（家康は三十で命令）。自領に攻め込まれれば、男とあれば根こそぎ動員する。しかし、都などと比べて人口密度の低い東北なので三十五人ぐらいがいいところ。上杉領は公称百二十万石とすれば四万二千ほどか。但し、伊達、最上への備えもしなければならないので、三万そこそこが白河口に廻せる限界ではなかろうか。

上杉軍は徳川家康を白河に葬るべく、征伐軍の到着を待っていた。しかし、七月二十五日、先に記したように、小山で評定を開き、征伐軍は西上の途についた。同日、旧領の回復を目論む伊達政宗は甘粕景継の留守を見計らい、白石城を攻略した。

ほどなく家康が帰路に発ったという報せが届けられた。即座に直江兼続は主の景勝に「一刻も早く追い討ちなさるべき」と進言すると、景勝は次のように拒んだ。

「太閤が御他界なされる前に、御前へ召し出され、臨終なさるまで逆心せぬ旨の起請文を書き、内府および利家、輝元、秀家も共に血判致した。その誓紙を太閤の御柩の中に納めしことは、天下の人が知るところだ。こたびのことは堀直政の讒言にて内府より仕掛けてきたゆえ、一合戦の支度をしたまで。しかるに内府がこちらに参らず、江戸に引き取るならば、こちらも会津に引き取るは当然の理なり。もし今、奥州を打ち立ち、内府を追えば始めよりの申し分が皆偽りとなり、天下首悪の名を末代まで蒙り、信を天下に失わんこと上杉の恥辱なり。ゆえに内府を追うな」

主君の下知ながら、兼続は諦めきれずに意見した。

「仰せはご尤もなれど、こたびの契機は上杉と天下一同に思いましょう。しかれば内府は兼ねてから当家を根断ち葉を枯らさんと致さるべきこと鏡を照らすようなものです。万が一、内府が天運に適い、勝利を治めれば、上杉が滅びることは明白。されば戦うも亡び、戦わざるもまた亡び。戦わずして亡びるは、戦って滅びるに及びません。されば虎に騎る勢《の》いにて出陣すべきではございませぬか」

「国家の存亡興廃は時節じゃ。儂は不信の名を負うことの方が、末代までの恥辱と考える」そう景勝は激怒して告げたという。

上杉謙信の信義を継承する景勝として『名将言行録』に記されていることであるが、いささか胡散臭い気がする。現実は違ったものであろう。

家康が引き返したという報告は景勝・兼続主従を困惑させた。おそらく革籠原に先に引きずり出す策ではないかと考えたのではなかろうか。

八月四日、兼続は福島城に差し置く小田切恒遠《つねとお》、車斯忠、本村親盛、青柳隼人佐らに「家康は自ら小山から引き帰ったとのこと。実説かどうか聞き届けることを申すため遣わしている」と書き送り、翌五日には奉行の岩井信能《のぶよし》に対し、「内府、未だ小山に在陣している」と書を認めている。

一旦は長沼近くまで出陣した景勝は八月八日には帰城し、長沼城に在陣する岩井信能や島津忠直に対して労《ねぎら》ったのち、「関東表（家康）は相変わらずとのことなれば、注進を待っている」と書状を送っている。五日から七日までの間で漸く家康が小山の陣を退いたことを摑んだようである。

家康が江戸に帰城し、上杉家の危険度は一気に低下した。八月七日に記した家康の書が届けられたのであろう、伊達政宗は旧領を奪い返すと意気込んでいたが、自分一人ではどうにもならぬと、八月十四日、白石城を石川昭光に預けて帰城した。

また、米沢口には出羽・陸奥の諸将が集合していた。『最上義光物語』によれば山形に到着したのは南部利直の五千、秋田実季《さねすえ》が一千六百五十、戸沢政盛が二千二百、本堂茂親が四百、六郷政乗《まさのり》が三百、赤尾津左衛門尉が六百余、仁賀保《にかほ》挙誠《たかのぶ》が百八十五、滝沢刑部少輔が百十、打越孫太郎が六十余、岩屋朝茂が四十。これに義光の嫡子・義康が六千五百余で都合一万八百四十五余人とある。軍記物なので誇張はあろうが、勝ち戦を見込めるので、皆、家康に対して忠義を示すために精一杯、動員したようだ。しかし、征伐を行なわずに引き返したので、「驚き、取物も取りあえず（中略）その夜、ことごとく陣を拂い、領分領分へ入給う」とある。

家康や政宗に続き、寄騎の者たちに退かれ、最上家だけでは到底戦えない。最上家は二十四万石。上杉家の五分の一である。焦った義光は上杉家に和議を求めた。

八月十二日、これを聞き、兼続は岩井信能に「南郡・仙北衆、（家康の）上洛を聞き、引拂のこと。その上、義光は取り乱して申して来た」と伝えている。

八月十八日、義光は、兼続宛に書状を送った。意訳は次のとおり。

「このたび、当地へ向けて出陣すると聞きましたので、書状をもって申し上げます。こののちは貴家の御家中の者同然に奔走仕《つかまつ》る所存です。

一、先年、御指図をもって、家康が伏見城へ移ったあと、御前（景勝）様が若松城へ御下向なされた時、拙者は京都の山科大焼原まで罷り出て、お見送りし、御主同然に拝み仕りました。

一、拙者の国許へ飛脚を差し下し、嫡子・修理大夫義康を若松城へ到着の翌日にも出仕させたことは、臣下の礼をとるも同然です。

一、その後、家康が伏見城にて、五日に渡って評定をいたし、我らもそれに参列することとなり、日々止めるよう申し出ました。されど、直江殿が上洛を承知なさらなければ、我らは静観する他ないので、毎日行なわれた評談の結果を、御留守居の千坂《ちさか》対馬守までお知らせ申し、会津へ申し入るべき旨を、お勧め致しました。定めて、御覚えあることと存じます。

一、伏見城での御評定が済み、若松城へ出陣が決まりました。政宗と拙者は隣国なので、早々と昼夜を継いで帰国し、国境の道橋を拵《こしら》え、白河の南へ先手が到着する前に、家康からは早々と御領分へ兵を出せと申し付けられましたが、我らは会津へ出陣致しませんでした。
一、政宗は国許へ帰国し、貴家の御領分に兵を進め、一口も二口も撃ち破り、無礼を働きましたが、これをお許しなさいました。拙者は右に申し上げたとおり、脚を抱えておとなしくしており、今日まで御領分へ足軽一人も出していないのに、無礼を働く政宗を許し、拙者に兵を向けるのは、あまりにも酷い処置でございます。
右の条々お聞き届けくだされば、総領の修理大夫を人質に差し上げ、その他にも家中の人質は二十にも三十にも御指図次第に差し出す所存です。拙者は兵一万を召し連れ、いず方までも出向いて馬前にて御用立ていたします。然るべきよう仰せ上げくださいますよう。謹んで申し上げます」

卑屈なほど謙《へりくだ》った書状であるが、上杉家を欺くためのものである。人質を送るどころか油断させ、ほどなく攻撃に出た。

八月下旬、出羽・土崎《つちざき》湊城（秋田県秋田市）主の秋田実季が庄内の酒田城を攻撃した。これに義光も呼応し、一千の兵を加勢として送った。庄内は上杉家にとっては飛び地ともいえる地域で秋田、最上、村上らに挟まれているところであった。

政宗は帰城し、越後は蜂起させた一揆の制圧に追われて、堀、村上、溝口らは会津に兵を向けられる余裕はなかった。また、仙道口の佐竹は味方。上杉家は庄内を見捨てれば、江戸とは言わずとも、前線の宇都宮に出陣できないことはなかった。

景勝は八月二十五日、長束《なつか》正家、増田長盛《ましたながもり》、石田三成、徳善院、毛利輝元、宇喜多《うきた》秀家らに書を送っている。五、八条が注目箇所で、意訳は次のとおり。

「一、当会津のこと、仰せ戴いたように、去七月二十一日、内府は江戸を出立して二十六、七日頃、白河南に攻め入る協議をしているところ、上方の変化を聞いて動転し、悉《ことごと》く逃げ帰りました。内府は今月四日に小山より江戸へ逃亡致したとのこと。我らはすぐさま、関東表に出陣するべきところ、最上、伊達を見合わせ、無礼なことを働いたので、厳しく申し付け、東北の問題が済んだならば、心一つにして関東に出陣するつもりです。軽はずみに関東表へ罷り出て、東北で敵が蜂起したならば、見苦しい姿を晒すので、慎重に行動するつもりです。ただし、内府が上洛するのならば、佐竹と相談致し、万事を抛《なげう》って関東へ乱入する支度は油断なくしているので、安心してください。

一、白河は、堅固にするよう申し付けたので、心配には及びません。諸口の守りも固めねばならないので、すぐ出陣するわけにはいきません。しかし、来月中には佐竹と相談し、行動に移す所存。なお、白河南の仕置について、最上、伊達も指図次第に味方すると申していることを、心得てください。謹んで申し上げます」

以上の書面からも、関東に出陣する覚悟は充分に持っていた。

上杉家が伊達家との和睦を進めていたことは、九月三日、兼続が福島城将の本庄繁長に送った覚書で判る。意訳は次のとおり。

「一、奥（信夫）口が御無事だということは、両使（黒金泰忠・竹俣伊兵衛）との御相談が済まされていることであろう。申したように、引き続き不足のことがあろうとも、天下に御奉公すると思い、白石とのことは御溝がないよう表向き、その関係をよく御《お》調《ん》えることが尤もである。

一、関東に御出馬する時は、政宗に御同陣申し上げられ、駄目な時は家老の三、五人に兵三、五千も添えて立つように話してほしい。万が一、戦況が難しくなろうとも、関東に出陣中、別心を抱かぬよう備えを固めるのが第一である。

一、最上のことは、政宗同然について、延々見合いをしていると聞く。交戦に及んだことも承知している。手堅く済ませることは、最上の遺恨を聞き、自らの遺恨を晴らさぬことにて、日を送って休み、外聞もなく第一に動かぬことを申し付けた。左様なことなので、もし、政宗方より手切れを申してきたとも、押し返して使者を遣わし、先々の無事を続けること。そのうちに自ら米沢に側近を申し入れる。

一、こちらの意見は、梁川城を取り替えられることは、当城と白石の繋ぎにもなり、または梁川の代わりにもなるので、地形の様子を見積もり、政宗が無事に済ませるように申して来たならば、急いで普請に取りかかること。左様なので、栗田国時を招いて付城《つけじろ》に引き詰め、二、三百の兵も抱える御分別が第一である。
一、自から、この口から奥口筋に出陣するのは、最上の出方次第であると考えている。かの表の様子は追って申し述べる」

兼続は和戦の両方に対していた。庄内での戦さえなければ、上杉家は充分に南下できた。とすれば、秋田、最上家が庄内を攻めたのは、家康の策略か。

八月二十一日、家康は秋田実季に対し、「重ねてこちらがはっきりするまで、在国あるべき」と自重を促している。

八月二十二日、榊原康政は実季に対し、東軍全般の状況を報じる中、「兼ねての筋目と申すこと、尤もなことで御座候」と興味深いことを記している。

八月二十七日、家康は最上義光に書を送り、岐阜城の攻略を告げている。その中で、「従って政宗も参じるとのこと。我ら親子も出陣するので、万事、そこ元の御行《てだて》（作戦行動）を仰せ付けられるべく給わる。子細は今井宗薫に申すように」

義光がしようとしていることを認めているように読める。岐阜城が落ち、西上の途につくので、上杉の南下を防ぐために背後を脅かさせるのは常套手段であろう。

九月七日、家康は義光に書を送り、「その口、政宗と相談し、油断なき行等《てだて》、分別するのが尤もだ」と伝えている。

天下取りを画策する家康なので微妙な言い回しが多い。ただ、文末で「子細は～に」と記しているので、大事なことは口答させているのかもしれない。現存する史料からでも、充分に疑わしさが匂っている。

何れにしても、秋田・最上が庄内を攻め、これを阻止、そして報復するべく上杉家は北の戦線に兵を投入していったがために関東出陣はできなかった。長谷堂《はせどう》の戦いに関しては後述するが、惜しむべきは、関ヶ原の戦いが一日、いや半日で終わってしまったこと。両軍合わせて十数万の兵がひしめく戦いなので、せめて一月ほどの対峙があれば、歴史は変わったに違いない。

真相四　本線直前にとった伊達政宗の不可解な行動とは

独眼龍・伊達政宗。これほど覇気のある武将もそういない。二十年ほども早く、あるいは畿内の近くに誕生していれば、戦国の世もまた違っていたであろう。

出羽の米沢城で生を受けた政宗は、伊達家十六代目の当主・輝宗と、隣国の山形城主・最上義守の長女・義姫の間に生まれた。慶長五年（一六〇〇）時は三十四歳。

梵天丸と称していた少年期、疱瘡を病んで病毒が右目に転化して眼球が飛び出る様相を成した時、近習の片倉景綱に抉《えぐ》り取らせる苛烈さを持っていた。

天正十三年（一五八五）、隠居の父・輝宗が、伊達家に屈した畠山義継に捕らえられた。この時、輝宗は政宗に「儂もろとも、此奴らに矢玉を放て！」と命じた。

究極の選択を迫られた政宗であるが、焼け爛れた刀を飲む思いで決断をし、畠山勢を撃ち倒した。しかし、これを契機に実父を死なせる地獄を目の当たりにした。

惨劇のあとは着々と版図を広げ、秀吉が出した「惣無事令」を無視し、宿敵の蘆《あし》名《な》氏を滅ぼして、奥州でおよそ百数十万石ほどの領地を得た。

当初は秀吉に対抗していたが、やがて麾下に屈するも、版図の拡大を目論んで画策した。しかし、成功せず、岩出山で五十八万五千石にまで削られていた。

何度も嚙みついては振払われた秀吉は死去した。天下は乱れ、領土拡大の機会が訪れた。移封間もない上杉家の地盤は弱く、最上家の所領は伊達家の半分以下。これらを討ち、あるいは麾下に加えれば、二百万石に達する。戦上手の政宗とすれば、上方で起こるであろう戦いで傷ついた家康もしくは三成ら豊臣家の大名たちを討つことも可能と考える。欲望と闘争心が滾《たぎ》るのも仕方ないというものだ。

政宗は伏見から中山道を通って帰途に着くが、上杉景勝の領地を通過することを避け、上野から下野、常陸を抜けて七月十二日、領国に入った。しかし、居城の岩出山城ではなく、入城したのは上杉領に近い北目城《きため》（宮城県仙台市）であった。

七月二十四日、政宗は行動を起こし、城将の甘粕景継が留守であることを知って白石城を攻め、翌二十五日攻略した。

伊達家の侵攻はさらに進み、七月二十七日、桜田元親らは河俣（福島県伊達郡川俣町）、大館（同県伊達市）辺りを占領した。しかし、福島城を守る本村親盛、上泉《かみいずみ》泰綱、青柳隼人佐、榎並三郎兵衛らに押し戻されている。

その後、政宗は暫し様子を見ていた。

だが、徳川家とすれば、西上が成功するか失敗に終わるかは、上杉家を足留めできるかにかかっている。政宗の奮闘を促すように、七月晦日《みそか》、八月十二日には秀忠が、八月二日、七日、十二日には家康が書を送っている。

だが、前項で記したように、小山評議によって家康が帰途に就くや、八月十四日、白石城を石川昭光に預けて帰城した。

すると、慌てた家康は八月二十二日、政宗に覚書を与えた。

「一刈田、一伊達、一信夫、一二本松、一塩松、一田村、一長井。

右七ヶ所御本領のこと、御家老衆に宛てがわれるよう、これを差し上げる。右のとおりである」

七郡・禄高にして四十九万五千八百二十二石九斗三升の加増である。この地を得られれば、自領と合わせて百八万石余の大名になる。政宗は歓喜した。

ところが、これは覚書で朱印状ではない。破棄したとて違約にはならない。さすがに家康、老狸たる所以か。翌二十三日、西上延期を伝えている。

だが、政宗も曲者と言われるだけの漢、いわゆる「百万石のお墨付き」を貰いながら、一方では上杉家と和睦交渉をしているのだ。九月三日、直江兼続が福島城代の本庄繁長に送った書の中に「関東出陣のおり、政宗に御同陣申し上げられ」（前項）とある。偽りの交渉かもしれないが、過去の行動からも、否定できない。

やがて家康の意を受けた秋田、最上家が庄内を攻撃し、九月八日、上杉家は反撃に出て、最上領に兵を進めた。もともと、上杉家は最上家の五倍の兵力を有している。上杉軍は北上し、次々に城を攻略し、長谷堂城（山形県山形市）に迫った。

同城を落とされれば、最上家の居城である山形城（前同）は目前。九月十五日、切羽詰まった義光は嫡男の義康を北目城に派遣し、政宗に援軍を乞うた。

この時、重臣の片倉景綱は「最上を見捨て、直江に勝たせましょう。上杉といえども、山形を落とす頃にはかなりの損害を出すはず。さすれば無傷の我らは直江を討ち取るばかりか、最上領も楽々手に入ります」と勧めた。

しかし、政宗は、生母が最上家に戻っているので取り上げず、援軍を送ることにした。九月十七日、叔父の留守政景を大将とし、騎馬四百二十、弓二百五十、鑓八百五十、鉄砲一千二百を出陣させた。おそらく雑兵を含めて五千ほどの軍である。

関ヶ原で東軍勝利の報せが届くと、さらに政宗は茂庭《もにわ》延元ら三千ほどの兵を追加派遣した。すると、勢いに乗る伊達・最上軍は、西軍敗北の報せを受けて撤退する上杉軍を追って上杉領に侵攻した。

一方、政宗自身も出陣し、福島城下まで攻め込んだが急に退陣した。おそらく、同城の北東に位置する梁川城に在する須田長義らに挟撃されることを避けるためだと思われる。政宗はさらに行動を起こすが、それはまた後述することにする。

第八章

虚々実々！武将たちの策略をめぐる謎

真相一　安国寺恵瓊と吉川広家はなぜ対立していたのか

大毛利家の中にあって、家老らを差し置き、発言力を持つのが、安国寺恵瓊《えけい》と吉川広家である。それは当主の輝元でさえ意見を聞かざるを得ないほどである。

安国寺恵瓊は、安芸の守護職・武田信重の息子として生まれたが、毛利元就に攻められて城は落城し、信重は自刃した。竹若丸（辰王丸とも）と名乗っていた四、五歳の恵瓊は、安国寺（広島県広島市東区）に敗残の身を委ねた。

その後、恵瓊は安国寺で修行し、さらに都の東福寺（京都府京都市東山区）に入寺した。安芸に戻った恵瓊は永禄十一年（一五六八）より、毛利氏の出征に従軍するようになり、翌年には三十二歳で安国寺の住持となった。以来、毛利氏の外交僧として活躍する。天正七年（一五七九）には東福寺の退耕庵主になるなど、都でも厚い信望を受けるようになった。何といっても有名なのは天正元年（一五七三）に織田信長の末路や秀吉の未来を予言したことであろう。

「信長の代は五年三年は持つであろう。来年あたりは公家などになるであろうが、のちに高転びに仰向けに転ぶように見える。その点、藤吉郎（秀吉）は、さりとては（なかなか）の者である」

この頃より秀吉と面識を持ち、本能寺の変が勃発した時は、敵方であった秀吉に協力するような形で高松城主の清水宗治に切腹させ、また、小早川隆景共々追撃を止めるよう輝元や吉川元春を説いた。これがのちに評価され、僧籍の身にありながら、毛利家から独立するように伊予で六万石を与えられている。

一方の吉川広家は毛利の両川と言われる吉川元春の三男として生まれ、兄・元長の死去に伴い吉川家を相続したのは天正十五年（一五八七）のこと。その後、輝元の先鋒として豊前、肥後の一揆を討伐し、朝鮮の役でも活躍した。毛利家の領内では出雲・隠岐で十二万石を与えられている。吉川家の使命は自家を差し置いても、毛利本家を助けるということ。そのため、関ヶ原合戦でも毛利のために奔走した。

毛利家のことを考える恵瓊と広家であるが、二人は仲が悪い。恵瓊は亡き小早川隆景と親しく、秀吉と早くから交わりを持っていたので、三成をはじめ長束《なつか》正家、増田《ました》長盛、徳善院ら奉行衆と深い親交を持っていた。対して広家は父の元春が秀吉を好んでいなかったこともあってか、あまり奉行衆とは近づかず、九州征伐の頃より武闘派と呼ばれる加藤清正らと親しくしていた。また、政権内で第一の実力者である家康とも誼《よしみ》を通じ、徳川家臣の榊原康政らとも親睦を重ねていた。

恵瓊と広家の関係が悪化したのは朝鮮の役。慶長三年（一五九八）一月四日、遅れて参陣した広家が抜け駆けをすると、恵瓊が窘《たしな》めた。そして広家の蔚山《ウルサン》城での活躍を秀吉に報告せず、逆に軍法違反を告げたので、恵瓊への恨みは増していった。

時は流れ、家康は会津征伐を号令した。報せを安芸の広島城（広島県広島市中区）で受けた輝元は前年、家康と起請文を交わしていることから、広家を大将、恵瓊を副将として会津攻めに参加させることにした。

ところが、この東進を幸いと、恵瓊は三成らと挙兵の計画をした。通説では七月十一日とされているが、おそらく六月頃より秘密裏に相談されていたと思われる。『毛利家記』には「恵瓊・大谷刑部《ぎょうぶ》と共に二十六日の払暁に大坂に着とす」とある。また、正家、長盛、徳善院ら三奉行が輝元に上坂を求めたのが翌十二日。そして、恵瓊の使者が広島に到着したのが十四日。さらに、『毛利三代実録考証』の八十三巻・七月七日最後の論断には、「従来の日数をもって推察するに、十日前には大坂に帰って注進せねば、この到来、中頃までには聞こへがたし」と記されている。

七月六日、広家は出雲の月山富田《とだ》城（島根県安来《やすぎ》市）を出立し、十三日、播磨の明石（兵庫県明石市）で恵瓊の使者と会い、翌十四日の晩、大坂に到着して、恵瓊と対談した。計画を聞かされた広家は反対した。

「内府殿は輝元様と懇意にし、前年には誓書を交わしているので筋目に反する」

これに恵瓊は反論する。

「太閤様が死去したおり、誓紙に背いたのは内府の方である」

「嘗て内府殿は小牧の戦において、僅か三ヵ国の領主でしかなかったのに、太閤様を相手に勝利した。今は六ヵ国の領主であり、その他、諸大名衆も東国に加わり、その上、毛利には戦わねばならぬ謂れはない。また、中国、西国の衆は戦用意もしておらず、覚悟もなく、皆若い。とても内府を相手に戦などできるものではない」

「確かに景勝は敗れるかもしれぬが、見過ごせば諸大名の進退はさらに不安になり、将来、秀頼様の御身《おん》も判らない。そこで、会津の城が堅固なうちに皆で申し合わせ、戦に及ぶべき旨を先日、佐和山にて石田、大谷と談合し、増田らの奉行衆も同意した。ここにおいては輝元様も早々と上坂なさるべきと、既に申し上げた」

「こは、日の本を二つに分けての御弓矢《おん》、大変なこと。儂も存ずる道があり、貴僧もここでよく分別せねばならぬ。嘗て元就様は五ヵ国に至り、十ヵ国を手に入れたとしても、そは時の仕合《しあい》によるもので、将来、子孫は天下に競望の志を起こしてはならぬと連々申され、我が父・元春も申しておられた。万が一、天下を手に入れたとしても権柄は奉行が握ることになるゆえ実利はあらず。ゆえに貴僧も思案のしどころじゃ」

「こは、我意にあらず。西ノ丸（大坂城）の留守将より求められたことゆえ、毛利の兵を入れ置かれたい」

「輝元様の御意を得ぬば同意できぬ」

「この儀は既に輝元様の内意を得ておる。この春、福原広俊、堅田元慶《もとよし》を木津の屋敷に残しておかれたのは、このことに備えるためである」

「左様なことは存じ知らず」

広家の言葉に、毛利秀元、宍戸《しし ど》元次が頷いた。

「貴僧がなんと申そうとも、輝元様の御意を直に賜らねば聊爾《りようじ》の行動はできぬ」

「内府への謀叛を申し、広家に反対されては切腹しなければならない」

「たとえ、貴僧が腹を召したとて毛利家のためには替えられぬゆえ、是非もなし」

広家は断固拒むが、広島から上坂の先発隊が少しずつ到着しはじめた。これは、もはや猶予はならぬと、広家は椙杜《すぎもり》元縁を広島に急行させ、輝元には上坂を取り止めさせ、広島に在して政務を取るよう伝えさせた。

以上は広家の覚書に記されていることで、冷静に家のことを考える広家に対し、恵瓊は感情論で応戦している。あくまでも広家は三成らの画策に乗るのは反対であった。だが、恵瓊は「既に采《さい》は投げられた」と押し切ってしまう。

真相二　吉川広家が毛利家を守るために行なった裏工作とは

大坂・木津の毛利屋敷で留守居をする重臣の益田元祥《もとなが》・熊谷元直・宍戸元次らも

広家と同意見で前日の七月十三日、榊原康政・本多正信・永井直勝に書を送っている。意訳は次のとおり。

「特別に御意を伝えます。このたび安国寺恵瓊が出陣し、近江まで罷《まか》り出たところ、石田三成、大谷吉継に会い、なぜか大坂に打ち帰りました。その上、輝元の下知によって呼び戻されたと申し廻るのは是非もなき次第です。このことにおいて、輝元は少しも関知せず、一同も不審千万です。このことを、もし輝元が聞き届けたならば、定めて内府様に諒解を求めるところですが、広島より申し入れられると遅れますので、まず御分別のために、留守居の我らより前後の首尾を飛脚をもって申し入れた次第です。追々、こちらの様子を広島に申し遣わしたので、輝元は意外の事実に仰天されていることでしょう。なお、重ね重ね貴意を得られますよう」

また、七月十四日、広家も康政に、ほぼ同じ内容の書を送っている。

椙杜元縁が出立するより早く、恵瓊は栗屋平右衛門尉・上野保庵を使者として送っており、十四日、広島に到着した。そして輝元に面会して上坂を求めた。

すると老臣の佐世元嘉・二宮就辰《なりたつ》は賛成したが、林就長《なりなが》・渡辺長《まさる》らは反対した。

「早々と上坂なさるべきではござらぬ。もう二、三度の注進を聞いたあとになされるべきでございます。慌てて上坂なされては、重ねての深慮ができぬゆえ、せめて今一度の報せがあるまでは、老臣を差し出されて聞かれるがよかろうかと存じます」

林・渡辺が異議を唱えるが、『佐々部一斎留書』によれば、恵瓊の書状には「その上、このたび輝元公の同意なくば、秀頼公への御逆意ありとする」とあったので、驚いた輝元は一族・家中の者を残らず率い、その日のうちに乗船し、十六日の晩には木津の毛利屋敷に入ったとある。

輝元と奉行衆たちのやり取りは、七月に入ってからだと思われているが、『益田頼母譜録』には、六月二十八日、輝元は家臣の福原広俊・堅田元慶に対し、「長盛にもその他の奉行衆へも既に書状を調えて差し上らせた。また、来る（七月）五日に飛脚を上坂すべきことも承知した。それに基づいて井上景貞を上坂させた」とある。他には、会津征伐へ三十人の長柄組を差し遣わす予定であることも書かれている。これからすれば、以前から奉行衆と輝元は連絡を取り合っていたことが判る。

ただ、逆の意見もある。慶長十四年（一六〇九）に佐世元嘉が記した『宗孚《そうふ》書案』には、「大坂御奉行衆と安国寺が同意し、叛逆の企てを仕《つかまつ》られた。内々、宗瑞（輝元）少しも存ぜられず」とある。だが、これは関ヶ原合戦ののち、毛利家は厳しい状況におかれていたので、家康への忠節を示すために、恵瓊や三成らに責任をなすりつけようという思惑であろう。

仮に、知らなかったとしても、上坂したのは事実。恵瓊らの脅しもあったろうが、上坂したからには、なにも知らぬではすまされない。輝元は後戻りできぬ状態に追い込まれたのであろう。また、輝元は天下とまではいかずとも、豊臣家筆頭の地位を求めたとしても不思議ではない。輝元が西軍の大将になる決断をした瞬間ではなかろうか。その後の行動を見るからに、軽率であったことは事実であろう。

上坂した翌七月十七日、輝元は大坂城の西ノ丸に入り、家康が留守居として置いた佐野綱正らを追い出して居座った。そして、奉行らは「内府ちがひの条々」を発行し、自身は宇喜多秀家と共に、弾劾状に添えた檄文を書き送った。

広家は輝元に諫言したが、押しとどめることはできなかった。そして七月十九日から伏見城攻めが開始され、八月一日、同城は落城した。この城攻めに広家は参加せざるを得なく、毛利秀元と共に戦功をたてた。その後、広家は防衛線を築いている勢多の陣（滋賀県大津市）に移動した。すると、八月五日、伊勢攻めを命じられたので、そちらに兵を向けた。

伏見城が落ちた八月一日、豊前の中津にいる黒田如水は仲の良い広家に対し、大坂で人質にとった者たちの安全を計るよう頼み、家康は必ず上洛するので、輝元に東軍に応じることを勧めることを求めた。

だが、輝元は三成らと与《くみ》し、若狭・高浜（福井県大飯《おおい》郡高浜町）の木下利房に北ノ庄への援軍を求めたり、真田信幸を誘ったりと西軍として行動していた。

西軍に組み込まれている広家であるが、伊勢攻めをする傍ら、裏では知友の黒田長政を通じて、輝元は西軍と関わりない旨の書状を家康に渡していた。

八月八日、家康は長政にその意を伝えた。意訳は次のとおり。

「吉川殿の書状を具《つぶさ》に拝見した。お断りのこと、一々その意を得た。輝元とは兄弟のごとくと申し合っている。不審なところ（輝元が三成らの策謀を）、御存じないことも承知した。そのことは満足している。このような時期なので、いろいろと仰せ遣わすことは尤もである」

八月十七日、清洲城で家康の書状を受け取った長政は、すぐさま広家に報せた。意訳は次のとおり。

「拙者へのお見舞いについて、使者と書状を戴いたことは忝《かたじけ》なく思う。とても遠方まで御意にかかっている。御内意のとおり、内府公に申し上げたところ、拙者に御書があり、御使者にも御目にかかった。本書をこの方にとどめる。したがってこのたび第一のこと、輝元は御存じあるはずがなく、安国寺一人の才覚と内府公も思し召しておられる。しかる上は、輝元への御内意、よくよく仰せ入れ、内府公と御入魂《じっこん》になるよう、御才覚を働かせることが重要である。貴様次第に、この方の（家康に誼を通じる）ことは拙者が調えて申し伝える。内府が勝利すれば、左様なことも調わない。構えて油断なきよう分別されるのが尤もである。これは連々、互いに疎略にさせられぬことを申し入れる。なお、この使者には口上にて申し渡すので、よくよくお聞き召させるよう」

互いに疎略にさせられぬこととは、いかなることか。事実から察すれば、輝元には西軍の大将としてありながら、三成らには応じず兵を出さぬこと。単なる裏切りではなく、より効果的な離反を望んだのではなかろうか。また、同じ毛利一族の小早川秀秋も説得し、輝元同様の行動をとるよう勧めたのではなかろうか。

広家と長政の返書は続き、八月二十五日、長政は書を認《したた》めた。意訳は次のとおり。

「なおもって、内府も早や駿河の府中まで出馬したと、夜前に申してきた。先書に申し入れたが、届いたであろうか。とにかく、毛利家が続くように申し御分別されるのが尤もである。御返事に詳しく仰せられるように」

この時、まだ家康は江戸を出立していない。広家らが伊勢の安濃津《あのつ》城（三重県津市）を攻めているので、これを危惧して偽りを伝えたのであろうか。

翌八月二十六日、広家らは安濃津城を攻略し、増田長盛から賞され、さらに福島正則らが赤坂（岐阜県大垣市）にまで進んで放火しているので、援軍に赴くことを促されていた。

ところが、同じ日、広家は安濃津城攻めにおける負傷者百二十六人、死者五十一人の実名を伝え、暗に援軍には行けぬことを示唆した。そして、広家は福原広俊と堅田元慶を伊勢に呼び寄せ、輝元に家康と和睦することを進言させた。

広俊らの説得も虚しく、輝元の決意は変わらない。広家はやむなく、吉川勢と毛利秀元勢を率い南宮山に向かった。着陣したのは九月七日のこと。

広家に戦意がないのを、東隣に陣を敷く恵瓊も感じ取ったのであろう。築いた陣城に籠り、出撃する態度を示さない。

九月十二日、大垣城（前同）に在する三成は、大坂城にいる増田長盛に対し、十七ヵ条からなる長い書状を送っている。その中の十条目で「長束正家と安国寺恵瓊は思いのほか遠慮深く」と闘気のなさを詰っている。

九月十四日、家康が赤坂に着陣すると、広家は福原広俊らと相談の上、三浦伝右衛門を使者として長政のもとに差し向けた。

すると長政は正則と共に三浦伝右衛門を徳川本陣に連れて行き、南宮山に陣する吉川・毛利勢は山を降りず、東軍に弓を引かぬこと。また、輝元は西軍の大将に担がれているが、三成らの策謀であり、まったく関知しないこと。ただ、秀頼を守るために大坂城に止まっており、家康と戦をする気などはないことを訴えさせた。

これを聞き、本多忠勝、井伊直政は起請文を発した。意訳は次のとおり。

「起請文前書のこと

一、輝元に対し、内府はいささかも疎略に扱わぬこと。
一、御両人は特別に内府に御忠節を示したので、内府は疎略に扱わぬこと。
一、（輝元が）御忠節を究められたならば、内府は直に墨付を輝元に進ぜよう。
付、御分国のことは申すに及ばず、ただ今のごとく相違あるまじきこと。
右の三ヶ条、両人請け取り申すこと。もし、偽りを申したならば、忝《かたじけなく》も梵天、帝釈、四大天王、惣て日本国中大小神祇、別して八幡大菩薩、熊野三所権現、賀茂、春日、北野天満大在天神、愛宕大権現の御罰を蒙るべきなり。仍《よつ》て起請文の如く。

慶長五年九月十四日

本多中務太輔忠勝（血判）
井伊兵部少輔直政（血判）

吉川侍従（広家）殿
福原式部少輔（広俊）殿」

これに長政、正則の副書が添えられた。これで毛利本家の所領は安堵された。広家は胸を撫で下ろしたことであろう。

また、家康が南宮山の横を素通りして、兵を桃配《ももくばり》山に進めたのは、三浦伝右衛門の口上を聞き、改めて広家が敵対しないと誓ったことも理由の一つではないか。

東軍が関ヶ原に向かう途中、正則、長政の使者が二人、吉川の陣に訪れた。そして、人質として福原広俊の弟・元頼と粟屋就光《なりみつ》の息子・家成を差し出すよう求めた。広家はこれを諾し、他の使者二人を添えて徳川本陣に送った。すると家康は人質を堀尾忠氏に預けた。これにより、家康は安堵して兵を進めたという。

九月十五日、関ヶ原合戦が行なわれた。南宮山に陣を敷く広家は、約束どおり、再三の催促があっても、兵を動かさなかった。広家が出撃しないので、南背後に控える毛利秀元も動けず、恵瓊からの督促を受けた時、わざと士卒にはゆっくりと弁当を喰わせて「兵卒に兵糧を食させている最中なり」と言い訳をした。これにより、戦後、秀元は「宰相殿の空弁当」という揶揄を受けることになる。

結局、広家が参戦しなかったので、吉川勢三千と南背後に控える毛利秀元勢一万五千、東隣に構える安国寺勢一千八百と、その北東（『日本戰史』では北西）に兵を置く長束勢一千五百、さらに南に在陣する長宗我部《ちょうそかべ》勢六千六百、合計二万七千九百人の兵も戦闘に加わらず、東軍は安心して三成らにあたることができた。また、西の松尾山に陣する小早川秀秋が突如裏切って東軍に味方し、西軍の敗北を決定的にした。

敗報を聞いた長束、安国寺勢は伊勢方面に逃亡した。一旦、逃れた恵瓊は、使者を広家のもとに遣わし、「定めて腹を切らせられるであろうが、その覚悟はできている」と言わせた。これに広家は「その必要はなし。むしろ兵や武具など捨て、唯一介の僧侶となって落ち延びられよ」と勧めたという。従った恵瓊であるが、都で捕えられ、斬首される。広家にすれば、恨みを晴らせたといったところか。

戦ののち、広家らは正則、長政の言葉に従い、近江に向かって退いた。しかし、のちに驚愕すべき戦後処理がなされるとは夢にも思わなかったことであろう。

真相三　家康はなぜ清洲で時間稼ぎをしたのか

九月一日、江戸城を出立した家康は、相模の神奈川を宿地とした。移動した地でも相変わらず諸将への書状は欠かさずに出している。福島正則、池田照政、藤堂高虎、正則と黒田長政、高虎・長政・田中吉政、一柳《ひとつやなぎ》直盛。これら西上する諸将には家康親子の到着を待つよう釘を差し、真田信幸には越後の坂戸で敵が働くので油断するなと注意を促し、堀秀治、同直寄《なおより》には上杉景勝が挙兵する、で、信幸らと相談して事にあたるよう指示を出している。
九月二日、相模の藤沢に到着。正則と照政に書を送り、岐阜城戦
九月三日、同国の小田原に到着。当初、加藤貞泰と竹中重門《しげかど》は、貞清の犬山城（愛知県犬山市）に籠っていたが、井伊直政を通じてで、家康は祝した。また、徳永壽昌《ながまさ》に返書し、美濃経略に勤めたこ

九月四日、伊豆の三島に到着。石川貞清も家康に意を通じてきたので、した。しかし、貞清は関ヶ原の本戦に遅参して、所領を失うことになる。この家康は旗持ちに馬印を隠して先に出立させている。

九月五日、駿河の清見寺《せいけんじ》に到着。貞泰は岐阜城を攻略するにあたり、諸将を説いて開城を勧め、自身は先鋒に加わったのでこれを褒賞した。

九月六日、同国の島田に着陣。この日、正則からの書が届いたので、改めて岐阜城での戦功を賞し、秀忠は十日頃美濃に到着することを伝えた。

九月七日、遠江の中泉に到着。京極高次に書を送り、西軍と絶縁し、大津城に籠城したことを感謝した。

九月八日、同国の白須賀《しらすか》に到着。小早川秀秋の使者が訪れたので、家康は厚遇した。また、美濃・妻木《つまぎ》城（岐阜県土岐市）主の妻木貞徳から、高山砦（前同）を落としたという報せを受けたので、これを賞し返書した。

九月九日、三河の岡崎に宿泊すると、伊勢の長島城（三重県桑名市）に籠る正則の弟・正頼を激励した。

九月十日、尾張の熱田に到着。高虎に同国の一宮で来会することを告げた。

九月十一日、一日、一宮まで行くが、わざわざ戻って清洲を宿所とした。そして、夜になり、高虎が清洲に家康を尋ね、夜半までの数刻、密談を行なった。

家康の懸念は秀忠が到着しないこと。高虎が戻ったあと、本多忠勝、井伊直政を呼び、今後のことを二人に問うた。すると、忠勝は秀忠の軍勢を待つべきと答え、直政は即座に一戦すべきことを主張した。しかし、結論はでなかった。

九月十二日、家康は時間稼ぎをするために、風邪と称して清洲に止まっていた。なにせ、家康が率いる兵は三万を要していても、旗本ばかり。先陣を勤められるのは井伊直政と四男の松平忠吉の六千六百ほどしかいない。しかしながら、豊臣家の武将ばかりに戦をさせるわけにはいかない。苛立っていたことであろう。

九月十三日、家康は秀忠の到着を心待ちにしつつも、清洲を発って岐阜城に入った。そして、加賀に行った土方雄久《ひじかたかつひさ》に命じ、前田利長と丹羽《にわ》長重・青木一矩《かずのり》を講和させるよう命じた。同じように長重にも勧めている。

この夜、家康は馬印、旗、幟および、鉄砲衆、使番などを人目につかぬようにこっそり先発させ、未明のうちに赤坂に到着させた。

九月十四日になっても、まだ秀忠軍は姿を見せない。憤りと躁心に気を揉む家康であるが、夜明け前に岐阜を発ち、正午頃、赤坂に着陣した。そして岡山の陣所に入り、大垣城に在する三成らに対し、一斉に旗指物を靡かせ、鬨《とき》をあげさせた。

三成らは家康の登場を知って驚愕し、大垣勢は浮き足立ったという。

西軍を威圧する効果は絶大であったが、それでも秀忠軍の旗一つ見えない。杭瀬《くいせ》川合戦ののち、評議が開かれた。池田照政や井伊直政は「大将軍旗が到着したからには、進撃して大垣城を抜くのが至極当然。大垣城を落とし、秀家、三成を斬れば、他の敵は自ずと潰れるものと存ずる」と進言した。これに対し福島正則、本多忠勝は「まずは大坂に向かい、輝元と決戦して諸将の妻子を取り戻すことが先決。さすれば将士の心を一つにし、素早く勝利を得られる道でござる」と主張した。二つの意見に諸将が加わり、決められなくなった。そこで、家康に裁定を委ねられた。

家康が判断を下す前に注目すべきことがある。それは、前項で触れた九月十二日に石田三成が大坂城の増田長盛《ながもり》に宛てた十七ヵ条の書状である。実は、高須城（岐阜県海津《かいづ》市）主の徳永壽昌《ながまさ》の手の者により、三成の使者から奪い取ったものである。そして、壽昌から家康に届けられた。その時期は、おそらく十二日から十四日の間ではないかと考えられている。壽昌から家康の手に渡るには二刻とかからない。

書の内容は、東軍は赤坂に在陣して動きがなく、皆、無気味に思っていること。近江、伊勢の味方が集結し、石田勢と敵との距離は二、三町の間であること。そして、昨日、南宮山の長束・安国寺の陣に行ってみると、出陣する用意を取ってないこと。兵糧に不安を抱えていること。大坂で取った人質を成敗しなければ、背信する者が続出するので、厳しい対処をすべきこと。大津城を早く落とすこと。美濃から大坂までの諸城には輝元の兵を入れ置くことが重要。三成は二十日中に破ると長期戦を覚悟していること。味方の戦意が芳しくないこと。家康が西上しない以上輝元が御出馬しないのは仕方ないが、皆、不審に思っていること。金銀米銭を遣うのは今なので、惜しまず遣うこと。本気で戦う気があるのは宇喜多秀家、島津惟新《いしん》・小西行長だけなので、これらの恩賞は弾むように。人質を成敗しないならば、宮島（広島県佐伯郡宮島町）に移すのがよい。丹後の田辺城が落ちそうなので、同城を攻めた兵を、こちらに廻すこと。である。

　これを読んだ家康はさらに苦悩を深めたであろう。田辺城に続き、大津城が落ちれば、三万からの兵が、美濃に到着する。さらに、毛利の後詰《ごづめ》は出陣する可能性が高い。秀忠を待てば、敵もまた増えるのだ。

　ただ、嬉しいこともある。西軍の諸将は纏まっていないこと。また、「二十日のうちに破れば」と、三成が長期戦を覚悟していること。さらに、毛利輝元自身の出馬は薄いということ。これらを玩味して、家康は決断した。

「すぐに大垣を攻める策は大変よきもの。されど、備前中納言（秀家）が主将となり、石田、長束、大谷らが指揮を受けるとすれば、大垣城を抜くのは容易ではない。それより、一勢をここにとどめて大垣勢に備え、他の諸将はまず石田居城の佐和山を打ち破り、真直ぐに大坂に向かい、都に出られさえすれば、勝利すること間違いあるまい。近く方々は出発し、万が一、沿道に敵兵が邪魔を致せば、これを撃破して押し通って戴きたい」

家康の決定に、諸将は応じ、さっそく進軍の準備にかかった。

まさに苦渋の選択であった。百戦錬磨の家康は、戦機を逃せば勝利を得られないことは熟知している。とにかく田辺・大津攻めの兵が到着する前に片付けたい。西軍が優位になれば、出陣せぬと目される輝元が出て来ぬとも限らない。そうすれば、南宮山の吉川、毛利勢が下山するかもしれず、また小早川秀秋も敵対するかもしれない。それよりも、輝元が秘術でも使い、秀頼を担ぎ出してきたら、目もあてられない。黒田長政や池田照政、長岡忠興など秀吉に冷遇された武将たちはいざ知らず、福島正則、加藤嘉明、田中吉政などの大名たちは、秀頼の陣に向かっては、まず攻められない。よくて戦線離脱の傍観、悪ければ逆に攻撃してくるであろう。

とすれば、秀忠を待たず、勢いの落ちぬうちに現状の兵で戦う方がいい。なにせ、最低でも吉川広家三千、毛利秀元一万五千は戦わぬことが約束され、小早川秀秋一万五千六百は東軍として戦うことを伝えてきている。さらに脇坂安治一千、朽《くつ》木《き》元綱六百、小川祐忠二千、赤座直保六百も内通してきている。これだけでも敵の兵数は四万七千二百に減り、東軍は優位に立つ。あとは、徳川家がいかに戦の主導権を握り、差配したかを印象づけるかによる。まあ、そう簡単にことが運ぶのは難しいが、誰しもやるからには勝利を前提にものを考える。家康も同じだ。

十四日の夜半、曾根城（岐阜県大垣市）に在する西尾光教から、西軍の大半は大垣城を出て、野口から牧田路に向かったという報せが家康に届けられた。さらに、進軍の先鋒を命じられた正則からも、「敵兵は大垣を退去。我らはすぐに敵を追い、少しでも接触すれば討つので、内府殿も軍旗を進められますよう」と報告してきた。

この時、寝床に入っていた家康は、報せを聞くや即座に跳ね起き、出立を告げた。

かくして九月十五日の未明、東軍は次々に西進を始めた。家康は秀忠軍の到着を期待しながら、兵を進めた。始終、肚裡《とり》では秀忠を罵倒したことであろう。

真相四　秀忠が本戦に遅れた本当の理由とは

徳川秀忠は真田昌幸の計略にかかり、関ヶ原の本戦に間に合わなかった。家康からは顔を合わせることも拒まれる間抜けぶりを露呈した凡愚の跡継ぎと、小説やテレビ・ドラマなどでは描かれることが多いが、果たしてそうであろうか。

結城秀康と共に、上杉景勝・佐竹義宣の関東攻撃を阻止する役を命じられていた秀忠が、家康の命令によって役を秀康に任せ、下野の宇都宮を出立したのは八月二十四日のこと。三万余の兵を率いて信濃の上田城を目指した。

八月二十八日には上野の松井田に到着した。この二、三日前には沼田城主の真田信幸が合流したと思われる。そして、九月一日には信濃の軽井沢に着陣した。

九月二日には小諸に到着した。この頃、深志の石川康長、松代の森忠政、小諸の仙石秀久、高島の日根野吉明《ひねのよしあき》らが合流し、軍勢は三万八千七十余に膨れあがった。

三成ら西軍との決戦に備え、兵力の温存を考えるのは大将の勤め。秀忠は遠山九郎兵衛を、真田信幸は坂巻夕庵を使者として上田城に送り、開城を勧告した。

一方の真田昌幸は東西何れが勝利しても生き残ることを決意して、下野の犬伏で親子別れた家柄（第四章五項）。しかも昌幸自体は西軍が勝利した方が実入りが大きいと見込んでいる武将である。八月五日、三成からの書状では「先の書で申したごとく、早々に小諸、深志、川中島、諏訪を貴殿に仰せつけられている」という約束手形を受けている。これは信濃の中央部であり、石高にすれば二十万石を超える。昌幸の所領からすれば五倍以上。秀忠の要請に応じられるはずがない。

しかし、そこは秀吉にして「表裏比興《ひきょう》の漢」と言わしめた昌幸。無下《むげ》に断ったりはしない。応じるふりをして会談に臨んだ。

九月三日、昌幸は上田城下の国分寺で真田信幸・本多忠政と顔を合わせた。

「お味方いただければ、本領安堵の上、褒美を下賜致すと申してござる」

「忝なき思し召しにて、委細畏《かしこま》り奉ります。この趣き、家臣らにも申し聞かせ、掃除など致した上で城を明け渡したいと思うゆえ、二日間の猶予を戴きたい」

昌幸は饗応の席上、始終笑みを絶やさず答えた。

二人は戻って子細を伝えると、秀忠は満足して昌幸を赦免することにした。

ところが二日経っても開城する気配がないので、秀忠は使者を向けた。すると、昌幸は次のように返答をした。

「秀忠公の御意は忝なく存じます。されど、秀頼公の仰せとして、老中並びに奉行の石田治部《じぶ》少輔より申し遣わされ、主命を背くわけにはまいりませぬ」

これを聞き、秀忠は漸く時間稼ぎであったことに気付いたという。

「さては安房守（昌幸）め、我を謀《たばか》ったか！」

九月五日、激怒した秀忠は上田城を攻撃することを決定した。そして、砥石城を攻めさせた。すると、昌幸は兵を同城から退いたので徳川勢は楽に手に入れた。

九月六日には城下で刈田を行なわせたところ、城から兵が出撃した。寄手《よせて》は真田兵を追って城に迫ると、一斉射撃を受けて手痛い打撃を受けた。

九月七日、城兵から挑発され、秀忠軍の牧野康成、本多忠政、奥平家昌、菅沼忠政らが上田城を攻撃した。真田勢は巧みな戦術で出ては退き、退いては反撃に転じて包囲軍を攪乱した。

遅れて合流した本多正信は、無断の城攻めを知り、即座に退却させた。

九月九日、秀忠は兵を退かせて軍法違反の処分を命じ、牧野康成、太田吉政、鎮《しず》目惟明《めこれあき》らを上野の吾妻に謹慎させた。そこへ家康の使者・大久保忠益が到着した。

大久保忠益は家康の命令により、八月二十九日、江戸を出立していた。

前日の八月二十八日、家康は甲府にいる浅野長吉に書を送り、「秀忠は中山道から西上するので、貴殿はその軍勢に加わり、指導してほしい」と依頼している。岐阜城が陥落したので、上田城攻めから西上に作戦を変更させたのであろう。

ただ、江戸から秀忠のいる信濃の小諸まで、早馬を飛ばせば三日、かかっても四日で到達できるが、実際は十日も費やしている。遅滞の理由は秋の大雨で利根川が増水して渡れず、足留めをされていたのだ。

報せを受けた秀忠は上田城に対し、信濃の諸将、森忠政・石川康長・仙石秀久・日根野吉明を備え、九月十日、中山道の西上を急いだ。しかし、不運は重なる。『徳川實紀』の「台徳院殿御實紀」には「この程、秋霖《しゅうりん》日を重ね、諸方の溪水みなぎり、従駕の諸軍は木曽川を渡りかね、留滞すること三日なり」と記されている。

九月十三日、下諏訪（長野県諏訪郡下諏訪町）に到着。追撃を警戒して和田峠を越えた軍勢と、これを避けた軍勢があった。

九月十四日、本山（同県塩尻市）に到着し、藤堂高虎に書を送っている。

「我らのこと、随分と急いでも路次中は節所（難所）ゆえ、遅れと油断が重なり、迷惑をかける。こちらの心中も察してほしい。さりながら、夜中を限らず罷り上るので、近々上着するであろう」

秀忠は悪天候の中、昼夜強行の進軍に必死であった。しかし、当時の中山道は江戸時代ほど整備されておらずに狭く嶮岨であり、大軍での移動は困難を極めた。

徳川秀忠像（松平西福寺蔵、写真：学研資料室）

運命の九月十五日は奈良井（同前）あたりを彷徨い、十六日は山村良勝の館（同県木曽郡木曽福島町）に入り、そして十七日、妻籠《つまご》（同県同郡南木曽《なぎそ》町）で関ヶ原合戦の勝敗を聞いた。

耳にした時の秀忠の心境たるや、どのようなことを思案したのであろうか。とても味方の戦勝を喜ぶような気持ちにはなれなかったであろう。本戦に遅れた秀忠は家康の面会も許されず、榊原康政の哀訴があり、二十日、大津にて適ったという。

秀忠の本戦遅滞の原因は、まずは天候悪化。そして、二木謙一氏の研究によれば、この上田城攻めは秀忠にとって初陣であった可能性が高いという。とすれば重臣たちの中にも、行き掛けの駄賃として憎き真田昌幸を討たせ、本戦に到着したいという思惑もあったはずだ。しかし、昌幸は戦上手であった。

次に戦認識の違い。後世、天下分け目の戦いと呼ばれる関ヶ原。家康にとっては、この一戦こそが大事で、しかも戦は勝機を逃せば勝利を得ることができない。神速さが必要であった。対して秀忠は、上田城攻めが初陣であったならば、最初の命令を全うし、目前の敵を撃破することを第一とした。そして、急な作戦変更を聞き、西上した。しかし、戦は元来、退却する時が一番危険な時。そこで秀忠は慎重を期して中山道を避けたりしたことが、さらに行軍を遅れさせた。心中、家康は待ってくれるという、甘い認識を持っていたのかもしれない。九日に聞き、すぐに退陣を始め、本道を通過していたら……。タラレバの話になるが、全兵とは言わずとも、先鋒隊ぐらいは間に合ったのではなかろうか。

一方、家康の側に問題はないか。戦後、遅滞組に減俸などは見られないので、一応、天候悪化という不慮の事故は理解したのかもしれない。また、命令は無理ではなかったか。日にち的には余裕はあるので、家康の失態とは言えない。ただ、後世、結果を知っているがゆえに言えることではあるが、あえて厳しいことを言えば、石橋を叩いて渡る家康のこと、中山道を通る使者のみならず、甲州街道を通る使者を放つ慎重さが必要ではなかったか。自身の反省もあったのかもしれない。

さらに、家康は死後、東照大権現と呼ばれ神に祭り上げられたので、悪く言うことはできない。そこで、父・秀忠に冷遇された家光が、全て秀忠の責任にしたのではなかろうか。使者が利根川の手前で数日を費やさねばならぬかは、地元民に聞けば判ること。秩父を抜ければ渡河せず、小諸に達することはできるはず。しかし、これも結果を知ってのことではあるが……。

第九章
あせる諸将！西軍の混乱をめぐる謎

真相一　なぜ三河、尾張が決戦場にならなかったのか

西軍の総大将は毛利輝元であるが、関ヶ原合戦を企画、実行したのは紛れもなく石田三成である。僅か十九万四千石の奉行が十万を越える兵を集結させた手腕は見事といえよう。その三成は、どのような戦略を立てていたのであろうか。

やはり上杉家の直江兼続《かねつぐ》との提携はあったはず。会津征伐軍を白河表に足留めさせ、その間、東軍についた畿内の諸城を押さえて東進し、上杉・佐竹家と挟撃する。これがおおまかな計画。そして、まずは奉行衆と談合し、下準備を進めた上で七月十七日に発した「内府ちがひの条々」という弾劾状により、宣戦布告をした。手始めに東軍についた諸将の妻子を人質に取るが、ガラシャ夫人の死去と長岡屋敷炎上によって衰勢となる。しかし、八月一日に伏見城を陥落して、再び隆勢となった。

それまで、三成は隠居の身だったので、弾劾状などにも署名していなかったが、伏見城落城後は、三成も名を列ねるようになった。八月二日には三奉行・二大老と共に真田信幸に誘降をかけている。四日には長岡家の家老・松井康之、五日には三成単独で真田昌幸と信幸・信繁に十ヵ条からなる書を送っている。

ここでは伏見城の落城と今後の方針を報せている。兼続は佐竹義宣と相談していること。前田利長は丹羽《にわ》長重に対し、越中、越後に兵を出せと申していること。田辺城（京都府舞鶴市）の長岡幽斎は一命は助け、高野山に処分すること。三成自身は岐阜の織田秀信と相談し、尾張表に出て、福島正則の清洲城を奪い三河に進む。もし、駄目な時は清洲口と伊勢口を押さえることであった。

翌八月六日には、再び三成は昌幸に十ヵ条の書を送っている。三日の書が六日に佐和山に届いたというから、確かな交通網が整備されていることが窺える。また、この時、三成は大坂ではなく居城にいた。前日の書と内容が重なる部分もあるが、八条目などは意外に楽観視している。意訳は次のとおり。

石田三成像（龍潭寺蔵）

「一、内府は上杉・佐竹を敵にし、僅かに三、四万の兵を持ち、分国に十五の城を抱え、（備えの兵を配置して）二十日で西上できるのか。東海道筋の面々、このたび会津表に出陣した上方衆、いかに内府次第と申せども、二十年来の太閤様の御恩を忘れ、内府と去年一年間の懇切に替えて秀頼様を疎略に致し、さらに、大坂に妻子を捨てると申すのか。その上、内府は諸将と懇《ねんご》ろになっていないという。

右のように分別もなく、内府自身の兵一万と、上方の兵一万で語り西上しても、尾張・三河の間にて討ち取れるべきことは、まことに天の与えである。しかれば、上杉・佐竹と貴殿は関東へ袴姿で乱入できるであろう。但し、天道に捨てられる仕置と見えるので、西上せぬこともあろう。（後略）」

自軍を過大に見せるため、敵を小さく示すのは常套手段ではあるが、いささか過小評価していないか。本心は違うかもしれないが、書は見通しの甘さが目立つ。

八月七日には佐竹義宣に十三ヵ状の書を送り、その九条では「伊達・最上・相馬何れも入魂《じっこん》と申している。その国は勿論、会津とも必ず入魂なので、家康を討ち果たすことはこの時に行なうと仰せ談合している」さらに、十条では「万が一、家康が狼狽《うろた》えた上は、尾張・三河で討ち果たすことは案中にある」とも記している。

義宣にとって接する伊達政宗の動向は気掛かりであろうが、上杉と入魂とは私考であればお粗末で、調査の上であれば情報不足である。上杉家と最上家の間は緊張状態にあり、政宗は七月二十五日に上杉方の白石城を落としている。

三成にすれば、逆に藁をも摑みたい心境なのかもしれない。何れにしても、何通かの書によれば、三河・尾張の辺りで決戦し、勝利する算段のようである。

西軍の東進部隊は『慶長見聞書』によれば次のとおり。

伊勢口は、宇喜多秀家、小早川秀秋、長宗我部《ちょうそかべ》盛親、立花親成《ちかしげ》、小早川秀包《ひでかね》、寺西是成、奥山正之、小川祐忠《すけただ》、同祐滋《すけしげ》、生駒親正、青木一矩《かずのり》、青山宗勝ら合計四万四千二百人。

勢多橋の在番は、太田一吉、垣見家純、熊谷直盛、秋月種長、相良《さがら》頼房、高橋元種、伊東祐兵《すけたか》、小西行長、小西寄騎四人、稲葉通重ら一万二千十人。

北国口は、大谷吉継、木下勝俊、丹波七頭之衆、但馬二頭、木下頼継、播磨姫路衆、越前東口衆、戸田勝成、福原長堯《ながたか》、溝江彦三郎、上田重安、筑紫茂成、龍造寺衆、脇坂安治、堀内氏善、滝川雄利《かつとし》、山崎右京、蒔田広定、中江直澄、長束《なつか》正家ら合計三万一千五百六十人。

美濃口は、石田三成、織田秀信、木下秀規、稲葉典通、島津惟新、竹中隆重、中川秀成、木村秀望ら合計二万七百八十人。

総計で十万八千五百五十人。ただ、秀頼直属の兵は除いても、右の中に毛利輝元・同秀元や吉川広家、安国寺恵瓊《えけい》、増田《ました》長盛などの名がない。実際に出陣するかは別としても、これを加えれば十四万を超える軍勢になるはずである。

また、『真田軍功記家伝記』に記されている人名や兵数は微妙に異なっている。さらに、ほどなく場所等は、すぐに入れ替わることになる。

部署を定めた三成は八月八日、佐和山を出立し、十一日、城主の伊藤盛正を説得して開城させ、大垣城に入城した。この時、西上の途にあった先鋒の福島正則はまだ居城の清洲城には戻っていなかった。

大垣城に入った三成は、織田秀信を味方に引き入れたことにより、美濃の諸将は大部分が西軍となった。さらに尾張・犬山城の石川貞清も西軍に下った。

大垣入城に先駆けた八月五日、三成は木村重則を清洲城に派遣して、西軍の入城を申し入れさせた。すると、正則の岳父で留守居の津田長義は「殿は太閤様の一族ゆえ承知致そう」と受け入れたが、家老の大崎長行は「主命を確かめねば、何人たりとも入れること適わぬ」と言って拒絶した。

その後、何度かのやりとりが行なわれているうちに日が過ぎ、八月十四日、正則は清洲に帰城したので、三成も諦めざるを得なくなった。

のちに軍学に強い関心を寄せる尾張藩四代目の徳川吉通は、長行が清洲城を渡さなかったことが東軍勝利の根本だと暫し口にしたという。

三成が正則帰前に清洲を攻めなかったのは、軍勢の集結が間に合わなかったため。宇喜多秀家が大坂を発ったのが八月十五日、小早川秀秋は十七日であった。

居城を敵に奪われては武士の恥と帰途を急いだ正則らに対し、西軍は悠長な進軍であった。共に神速と呼ばれた秀吉の幕下にいながら、認識が随分と違うようである。また、安国寺恵瓊や長束正家は家康襲来の噂に怯えて退陣する始末だったとも伝わる。さらに伊勢平定にも日にちを費やした。

また、実際に大垣城に集まった西軍は、この時、一万五千ほどであった。

このようなことから、当初、三成が立てた尾張、三河で家康と決戦に及ぶという作戦は泡と消え、すぐに作戦を変更せねばならなくなってしまった。

真相二　織田秀信が守る岐阜城はなぜ簡単に開城したのか

尾張国境にほど近い、美濃南部の金華山《きんかざん》（標高三二八・九メートル）の頂上には天主閣が、西の麓には勇壮な御殿が築かれている。この両方を指して岐阜城という。北には長良川が流れ、南や東には支峰が連なる難攻不落の要害である。

当初は稲葉山城と呼ばれていたが、永禄十年（一五六七）、織田信長が斎藤竜興《たつおき》を攻略して城下の井ノ口を岐阜と改め、岐阜城と呼ばれるようになったと伝わる。

名の由来は政秀《せいしゅう》寺開山の沢彦宗恩《たくげんそうおん》が、中国の周時代に武王が岐山《きざん》に拠って天下を平定した故事に因《ちな》んだことを信長に勧めたためと伝えられている。なお、城山を岐山、井ノ口を岐府と称する説もある。ところが、信長が岐阜と改めるよりも早く、この地に訪れた万里集九《ばんりしゅうく》（一四二八～一五〇七？）が『梅花無盡蔵』の中で、「退居するといえども、岐阜の南において……」と既に同地の名を掲載しているので、実際は以前からこの地は岐阜と呼ばれていた。

信長のあとは信忠、本能寺の変後は信孝、池田恒興《つねおき》、元助、照政、羽柴秀勝、そして信長嫡孫の秀信と城主を替え、この時に至る。

三成は、秀信を西軍にするために、秀頼の命令であることを伝えた。すると、老臣の木造具康《こづくりともやす》、百々《どど》綱家は「信長の嫡孫が秀頼の命令に従わねばならぬ謂れはなく、また三成の邪《よこしま》な言葉は信じられぬので、内府に従うべき」と秀信に進言した。

だが、秀信は決めかねていたので、三成は河瀬左馬助を使者に差し向け、秀信寵臣の入江右近、伊達平左衛門、高橋一徳齋らと共に、増封で引き寄せた。

これを知り、具康らは徳善院に相談をした。徳善院は信忠の遺命で秀信の補佐役になった者。徳善院は即座に「西軍と断絶して内府に与《くみ》すべし」と答えたが、既に秀信は三成と人質の交換を終えたあとで、さらに家臣の柏原彦右衛門、同内善、河瀬左馬助、大西善左衛門、松田重大夫らを入城させていたので、秀信の意思もあり、西軍に与するしかなかった。城兵は石田兵も合わせて六千五百余であった。

一方、八月十四日、清洲に帰城した福島正則の他、諸将は同城に集結していた。しかし、まだ家康自身は江戸におり、また、指示もなく、諸将は苛立っていた。

八月十六日には東軍の徳永壽昌《ながまさ》・市橋長勝らが、西軍の丸毛《まるも》兼利に勝利した。

八月十九日には村越直吉が清洲城に到着し、家康の言葉を伝えて東軍諸将を奮起させた（第五章五項）。諸将は気概と忠節を示すために、岐阜城攻めを決定した。

正則と照政が対立しているので、軍勢は二つに分けられた。だが、川の上流と下流を渡河することと、城攻めで揉めた。嘗て岐阜城主であった照政は城の強弱を知り尽くし、また、清洲に居を置く正則は地の利を知り、筏や舟を参集させるのは容《た》易《やす》い。そこで、本多忠勝、井伊直政の仲裁で次のように決まった。

上流の河田（岐阜県各務原《かかみがはら》市）を渡るのは池田照政・浅野幸長《よしなが》・山内一豊・堀尾忠氏・一柳《ひとつやなぎ》直盛・戸川逵安《みちやす》ら二万二千七百余人。

下流の尾越《おこし》（愛知県一宮市）を渡るのは福島正則・長岡忠興《ただおき》・加藤嘉明・黒田長政・藤堂高虎・京極高知・生駒一正・寺沢廣高・蜂須賀至鎮《はちすかよししげ》・本多忠勝・井伊直政ら三万三千二百余人。また、田中吉政と中村一榮の七千三百五十余人は犬山城（同県犬山市）に、有馬豊氏の九百人は大垣城に備えることも決められた。

八月二十一日、諸将は二手に別れ、清洲城を出立した。

対して西軍は、秀信の岐阜城を主とし、竹ヶ鼻城（岐阜県羽島《はしま》市）に杉浦五左衛門、犬山城に石川貞清・稲葉貞通・加藤貞泰・関一政・竹中重門《しげかど》らが守っていた。

東軍の進軍を知った岐阜城の秀信は評議を開いた。老臣の木造具康は籠城策を主張すると、若い秀信は信長の孫ということで気位が高く、また世間知らずなところもあり、「一戦もせずに城に籠るは臆病者と誹《そし》られよう。こちらは木曽川の嶮もあるゆえ、城を出て決戦すべし」と反論し、結局、出撃策がとられた。

秀信は本陣を城山から四キロほど南の川手村にある閻魔堂前に設けた。そして、佐藤方秀《かたひで》・木造具康・百々綱家および河瀬左馬助ら石田勢を含む八千二百余人を、さらに東の新加納（同県各務原市）と、その南の米野（同県羽島郡笠松町）の間に配置した。夜になり、具康らは木曽川沿いの中屋（同県各務原市）に兵を進め、花村半左衛門・梶原三十郎を尾越の対岸に築かれている竹ヶ鼻城に向かわせた。

八月二十二日未明、木曽川の上流で木造具康の西軍と、池田照政ら東軍は対峙した。戦は下流組からの狼煙《のろし》をもって始めることになっていたが、卯刻（午前六時頃）、西軍からの銃撃があり、東軍も撃ち返して遠戦が始まった。

照政はすぐに家臣の伊木忠政らを渡河させると、一柳・堀尾勢が続き、ほどなく上流組は皆川を渡った。すると、多勢に無勢は否めず、織田勢は岐阜城に退いた。

上流組は荒田川の橋まで追撃するが、深追いはせず、新加納辺りに宿営した。

一方、八月二十一日、下流の尾越を渡ろうとした福島正則らであるが、竹ヶ鼻城兵の銃撃で渡れなかった。そこで、夜を待ち、さらに下流の加々村から渡河した。

八月二十二日、岐阜城に向かう途中、背後を襲われるのを嫌い、竹ヶ鼻城攻めをした。城攻めは朝から夕方までかかった。西軍は寡勢ながらも奮闘するが、ついに力尽き、杉浦五左衛門は自刃して城は炎上した。

祝杯をあげたいところであろうが、上流組が勝手に戦を始め、新加納に迫っていることを知った正則は激怒し、諸将に檄を飛ばして夜中進軍をした。

八月二十三日の朝、正則らは到着して照政に違約を詰り、「敵と戦う前に汝と勝負じゃ」と今にも斬りかからん剣幕であった。すると照政は、正則の気持ちを察し、「敵が鉄砲を放ってきたので仕方がないこと。約束を違える気はない。今日は貴殿が先陣となり大手に向かわれよ」と勧めた。

かくして東軍による岐阜城攻めが始まった。河瀬左馬助・柏原彦右衛門らが守る最城南の瑞龍寺砦には浅野幸長・一柳直盛が。その少し北、松田重大夫が守る稲荷山砦・権現山砦には井伊直政が。津田藤三郎が守る惣門の大手口には福島正則・長岡忠興・京極高知・加藤嘉明がほぼ同時に攻めかかった。あっという間に大手は破れ、正則らは木造具康の守る七曲口を攻撃した。

また、武藤助十郎・斉藤齋宮《さいとうきよいえ》の守る城北の水ノ手口は池田照政らが攻めかかり、簡単に打ち破った。そして二ノ丸をも攻略した。

山頂の本丸に立て籠った秀信も次々に家臣が討たれ、ついに包囲され、覚悟を決めて自害しようとした。これを照政がとどめ、降伏を呼び掛けた。秀信は説得を受け、上加納の浄泉坊（現・円徳寺）にて剃髪し、ほどなく高野山に入った。

秀信は大垣城と犬山城の援軍を期待していた。しかし、犬山城の諸将は身の保身に必死であり、大垣城の三成も一日で落城するとは思わず、後詰《ごづめ》を送らなかった。

岐阜城陥落により、東軍の勢いに拍車がかかり、家康を焦らせることになった。

凡々育ちの秀信は、最初から岐阜城での籠城をしていれば、僅か一日で落城することもなかったであろう。あるいは西軍につくこともなかったのかもしれない。

真相三　本戦前に三成と島津惟新が言い争った内容とは

八月二十二日、下流の尾越を渡河した福島正則らが竹ヶ鼻城を落とし、その勢いに乗じて大垣城に向かうという報せが大垣城に齎《もたら》された。

即座に三成は大垣城から北西に位置する垂井《たるい》（岐阜県不破郡垂井町）に駐留する島津惟新を、長良川畔の墨俣《すのまた》（同県安八《あんぱち》郡墨俣町）に急派して、美濃路を守備させた。

そして、自身は小西行長らと揖斐《いび》川西岸の沢渡（同県大垣市東町）に出陣した。

ところが、米野・新加納で岐阜勢が敗れたという報せが届けられた。さらに池田照政ら東軍は岐阜城をそのままにして西上するという噂も齎された。

すぐさま三成は家臣の舞《まい》兵庫を将とし、森九兵衛、杉江勘兵衛に一千の兵をつけ、長良川西岸の河渡《ごうど》（同県岐阜市河渡）に向かわせ、中山道を押さえさせた。森九兵衛、杉江勘兵衛勢は前線に、舞兵庫は数町西に陣を敷いた。

八月二十三日、尾越を渡河した東軍のうち、黒田長政・田中吉政・藤堂高虎の三将は、岐阜城救援のために、大垣城から援軍が出るものと考え、長良川の東岸の鏡島《かがしま》まで兵を進めた。すると、既に森・杉江らの石田勢が布陣しており、さらに川面に濃く立ちこめる朝霧のために石田勢は東軍の接近を知らず、朝食を取っていた。長政らは好機とばかりに一斉射撃を開始した。

食事中に急襲され、石田勢は浮き足立った。それでも、森九兵衛は反撃を試みながら、後方の舞兵庫に急を報せた。

激しい銃撃戦の最中、田中吉政は中間《ちゆうげん》の三郎左衛門に瀬踏みをさせ、首まで浸かるが徒渉できる地を探らせ、一気に渡河させた。黒田長政は家臣の黒田一成・後藤基次らを田中勢の下流から渡河させ、後詰に現れた舞兵庫勢の横腹に突撃した。

寡勢の上に不意打ちを喰らい、石田勢は総崩れとなった。そして、杉江勘兵衛が殿《しんがり》軍となって大垣城に退却した。東軍は揖斐川東岸の呂久《ろく》（同県瑞穂《みずほ》市）まで熾烈な追撃を行ない、勘兵衛を討ち取った。

藤堂勢は墨俣に布陣する島津勢を警戒し、河渡から四キロほど南の下流を渡り、黒田・田中勢と合流して西に向かい、揖斐川西岸に宿営した。

石田勢を一蹴した合戦は、合渡川（河渡川）の戦いと呼ばれている。

一方、辰刻（午前八時頃）、三成は沢渡の陣に島津惟新を招き、小西行長と次なる戦略を立てていた。そこへ合渡川の敗報を聞いた。さらに東軍は大垣城へ兵を向けているという報告も受けた。すると三成は即座に床几から腰をあげた。

「もはや長居は無用。大垣に戻る」と三成は言い放つと、島津惟新は反論した。

「我が兵は墨俣にいるゆえ、この兵を退かせぬうちは帰城すること適わぬ」

異議を唱えたが、三成は聞く素振りもなく、騎乗した。この態度に腹を立て、島津家臣の新納《にいろ》弥太郎・川上久右衛門が三成の馬を押さえて咎めた。

「惟新主従を死地に陥れ、一人退くのは卑怯ではござらぬか」

それでも、三成は無言のまま帰途についた。仕方なしに惟新はすぐに使者を墨俣に遣わし、甥の豊久に兵を撤収させた。豊久は呂久川の下流を、士卒は舟を使い、あるいは前日、調べた浅瀬を渡り戻った。惟新は堤の上に兵を整列させ、東軍に備えたが、攻撃を仕掛けてくる気配がないので、帰城したと伝えられている。

但し『朝野旧聞裒藁《ちょうやきゅうぶんほうこう》』によれば三成も家臣の高野越中守や蒲生頼郷《がもうよりさと》などを駒野（同県海津市）に出陣させ、高須城（前同）に備えさせているので条件は同じである。

三成は敗戦後に捕縛され、京の町を引き回される中、喉の渇きを訴えると、警護の者は湯の替わりに干し柿を渡そうとすると、痰の毒だからいらぬと拒んだことは有名である。生き延びることが大将の勤めであるという信念を持っていた。なので、身の危険は避けるべきであろう。とはいえ、些か配慮に欠けていたのかもしれない。大谷吉継が言うところの「ゑいくわい（横柄）」なのであろうか。

それでも、三成なりに気遣いはしている。『神戸久五郎覚書』によれば、「早道にて駆け来る方を見れば石田治部《じぶ》殿ただ一人、供衆も乗り馬一人もつけていない。治部殿は、佐渡（同県大垣市）において惟新様にはご辛労を遊ばされたと聞きましたので、お見廻りのためにまいりましたと仰せられた」という行動をとっている。

また、墨俣で薩摩兵の押川郷兵衛が東軍の首を取ってくると、三成は太刀始めと賞して大判一枚を与えている。これまで、両者に険悪な関係は見当たらないので、これが原因で島津勢が関ヶ原合戦に対して消極的になったとはいえない。

真相四　なぜ三成は夜襲の申し出を断ったのか

八月二十四日、東軍が赤坂（同県大垣市）に陣を敷くようになった。大垣城から五キロほど北西である。互いに斥候を出し合い、多少の小競り合いも行なわれたが、どちらかが大きな打撃を受けるようなことはなかった。

東軍の諸将は家康の到来を待ち、赤坂の宿近くの岡山に徳川本陣を築きだした。

一方、三成ら西軍は、大垣城に籠り東軍と対峙していた。宇喜多秀家・毛利秀元・吉川広家らが伊勢の安濃津《あのつ》城などを攻撃しているので、諸城を落とし合流するのを心待ちにしていた。そして、八月二十五日、三成は近江の勢多を守る熊谷直盛・垣見家純・相良頼房・秋月種長・高橋元種を大垣城に移動させた。

八月二十六日、吉継は関ヶ原の西南・山中村（同県不破郡関ヶ原町山中）に布陣し、脇坂安治・小川祐忠・木下頼継・平塚為広・朽木《くつき》元綱・赤座直保・戸田勝成らも近くに陣城を構えた。

九月三日、吉継は一旦、佐和山に戻り、越前に出陣した大谷吉継を戻した。

九月七日、秀元・広家は南宮山に到着し、八日頃、三成は大垣城に戻っている。同日、秀家は大垣に入城した。

漸く西軍も軍勢が整いだした。

九月一日、江戸を出立した家康は、十一日、清洲城に入り、決戦前日の十四日、赤坂に着陣した。これで、両軍の主役が対峙することになった。

いきなり岡山の本陣に家康の馬印が掲げられると、大垣城の兵たちは動揺した。そこで、三成の軍師ともいえる嶋左近清興《きよおき》は、恐怖心を打破し、闘志を向上させるためにも、一戦すべきと進言した。すると、三成も同意し、秀家の了承を得た。

大垣城と家康本陣の岡山は直線距離で僅かに三キロほどと近い。嶋左近は同じく石田家臣の蒲生頼郷と共に五百の兵を率い出撃した。一隊を中間の笠木村に伏せ、

大垣城

残りは池尻を経由して杭瀬《くいせ》川を渡り、東軍陣地近くで稲刈を行なわせた。これに応じて、秀家も配下の勇将・明石全登《てるずみ》に八百の兵を預け、後詰に控えさせた。

大胆不敵にも眼前で刈田を行なう敵兵を目の当たりにし、中村一榮《かずひで》の兵は石田兵に向かって鉄砲を浴びせかけた。嶋左近も反撃させた。敵は寡勢、全兵討ち取れと中村勢は柵を越えて攻撃を始めた。すると、嶋左近は多勢に押されたと見せ掛け、兵を退却させた。追撃ほど容易く兵を討てる時はない。中村勢は追った。

中村勢は杭瀬川を渡り、さらに中間地点を越えて大垣城から一キロほど北の木戸・一色辺りまで追撃した。すると、笠木の茂みに潜んでいた兵が躍り出し、背後を急襲した。中村勢は混乱に陥り、三十名ほどが討ち取られた。

中村勢の隣に陣を敷く有馬豊氏は、同朋の危機を知り、援護に向かった。しかし、明石勢の反撃に合い、劣勢に陥った。

岡山の本陣で報せを聞いた家康は、「大事な戦いの前に、無駄な小競り合いをしおって」と吐き捨て、服部半蔵・渡辺忠左衛門を遣わし、兵を退くよう命じた。しかし、双方、退くに退けぬ激戦となっており、鉄砲の咆哮は消えなかった。そこで家康は本多忠勝と井伊直政を派遣し、なんとか兵を収めさせた。

西軍も、石田家臣の林半助が殿軍となって兵を退いた。小戦闘は西軍の勝利に終わり、陰鬱となった大垣城の士気は高揚した。

杭瀬川の戦勝気分に沸く大垣城であるが、三成らの危惧は拭いされない。というのも、松尾山に陣を敷く小早川秀秋が姿を見せず、背信したという噂が立った。そこで三成は使者を送り、巧みに秀秋を呼び寄せて人質にしてしまおうとした。しかし、既に家康と通じている秀秋は、逆に使者を虜にして下山しなかった。

夕刻、三成は諸将を大垣城に集めて評議を開いた。というのも、斥候を放って東軍の様子を探らせていたところ、東軍は佐和山を抜き、その勢いで大坂に向かうという情報を摑んできた。当然、家康が流した偽報である。

報せを聞き、三成は驚いた。当初の作戦では大垣城に敵を引き付け、大坂城にいる毛利輝元から麾下の後詰を出陣させ、挟撃するつもりでおり、既に使者を出していた。ただ、その使者は東軍の警戒網にかかり、書状を奪われていた。
三成はこれを知らず、大坂の毛利勢が出撃する気配を見せないので苛立ってい
た。そこで、「敵を直に大坂に向かわせるは上策ではない。我らから出向き、関ヶ
原で待ち受け、決戦に及びましょう」と秀家に同意を求めた。
すると、嶋左近も明石全登も、「東軍の諸隊は何れも一夜陣で、急な進軍であっ
たことが窺える。敵が大垣城を囲んでからでは移動するのは難しい。早急に出立し
べし」と進言した。これに諸将は賛同した。そして、大垣城は三成の妹婿・福原長《なが》
堯《たか》ら七将と七千五百余の兵を置き、関ヶ原に向かうことに決定した。
夜、島津惟新のもとに偵察に出していた家臣の押川公近が戻り、子細を告げた。
「敵兵は守備もせず、甲冑を枕に眠っている者もおります。おそらく、遠路の移動
で疲れているものと思われます。今宵、これを襲えば勝利は間違いありませぬ」
これを聞き、惟新は甥の豊久を三成のもとにやり、夜襲を主張させた。
「先に関ヶ原行きを決めたが、敵の陣は弛緩している。今宵、この城の兵で内府の
麾下を夜討ちするが最上の策。どうか我らに先鋒をさせて戴きたい」
豊久は懇願すると、三成は困惑した。これを見兼ねて嶋左近が口を開いた。
「およそ夜襲とは寡で多の敵を討つ時に用いる策である。多で寡を討ったという話
は聞いたことがない。ましてや、明日の戦いは絶対に我らの勝利は間違いない」

嶋左近の言葉に三成も同意し、豊久は夜襲の申し出を拒絶された。

こうして夜襲は行なわれなかった。無下《むげ》に扱った石田主従の対応に島津家の者たちが憤恚したというのが通説である。

しかし、前項で記したとおり、三成と惟新の間に嫌悪感はない。仮に、夜襲の申し出を断られたからとはいえ、それで、惟新が三成を恨むとは考えにくい。

注目すべきは次の行動。酉の下刻（午後七時頃）過ぎ、諸将は密かに大垣城を出た。先頭は石田、島津、小西、宇喜多……。と、島津家は二番目であること。三成は島津家を疎略にはしていない。一行は雨の中、闇に紛れて関ヶ原に向かった。敵の目につかぬよう、松明を焚かせず、馬口を縛って音を消し、大きく迂回した。

真相五　大垣城水攻めの噂はどれほど信憑性があったのか

前項で記したとおり、通説では、家康が流した噂を聞きつけ、三成は夜間、降雨にも拘らず、関ヶ原を目指したと伝えられていた。しかし、最近では別説が注目を浴びている。それは、東軍が大垣城を水攻めにする策をとり、これを聞きつけた三成は恐れて移動したのではないかと言われている。水攻めは、九月一日、家康が真田信幸に宛てた書に記されている。意訳は次のとおり。

「特別に申し入れる。大垣城に石田治部少輔・島津惟新・宇喜多中納言・小西摂津守が籠っているので、取り巻いて水攻めにするべく、早速、出馬する。坂戸（新潟県南魚沼市）へ敵が働くかもしれないので、油断なく加勢するのが尤もであろう。切々、飛脚を遣わし、力を添えられることが肝要である」

家康の書状のみならず、水攻めは『細川忠興軍功記』にも記されている。

「大垣の城は水攻めに成るとのこと。西尾豊後守（光教）殿が申されるには、豊後守殿が水堰上げの命令を承知して、早や町へ水上げを申す時、村越茂助（直吉）殿が江戸より上使として到着なされた。茂助殿申されるには、水を仕掛けることは、お待ちあるべきとのこと。左様になれば軍の勢いがなくなるので、（家康様が）急ぎ、出馬なされると申された。水堰止めを申したのは九月三、四日のこと」

また、『綿考輯録《めんこうしゅうろく》』にもほぼ同じ事が記されている。ただ、村越直吉が上使として清洲に赴いたのは八月十九日で、二十二日には江戸に戻っている。その後、再び使者として遣わされた形跡はないので、直吉が水攻めの中止を報せたというのは如何《いか》わし《が》い。ただ、家康の書どおり、計画、そして中止されたことは事実であろう。

西尾光教は美濃の曾根城（岐阜県大垣市）主。同城は大垣城の約四キロ北に在り、すぐ東を平野川が、約二キロ東には揖斐川が流れている。さらに、約三キロ西には杭瀬川も流れ、諸川を塞き止めれば、水は大垣城の方に流れていくであろう。

慶長十五年（一六一〇）、高須城（同県海津市）主の徳永壽昌が記した書状の中に「栗笠・烏江・舟付・高田・曾根湊覚」の題が記されている。曾根湊とは大垣城の南八キロほどのところで揖斐川の西岸。ここは、牧田川や水門《すいもん》川が重なるほどに平行して流れる地であり、湊ができるほどの地でもあった。

大垣城の周囲は湿地帯で僅かに土を掘れば水が湧き出す地形とのこと。さらに、過去、何度も洪水の被害に見舞われた地。水攻めには適していよう。

水攻めに関して、三成は秀吉のもとで何度も関わっている。天正十年（一五八二）の備中・高松城（岡山県岡山市）、同十三年（一五八五）の紀伊・太田城（和歌山県和歌山市）、そして、同十八年（一五九〇）の武蔵・忍《おし》城（埼玉県行田市）。ただ、秀吉の強引な命令で行なわれた忍城の水攻めは失敗に終わっている。

水攻めは莫大な財力を要し、城を落とすまでに日にちがかかる。「軍の勢いがなくなる」と『細川忠興軍功記』に記されているが、一気に勝負を決したい家康にとって、日数を費やす水攻めは敬遠したくなるであろう。

一方、される側に立たされた三成はいかに。実現すればおぞましいことであろう。ただ、自身も経験しているとおり、簡単にいかぬのも事実。水攻めをされることを恐れたのではなく、島津豊久が申し出た夜襲を拒むところを見ると、三成も野戦で一気に決したいという思いがあるに違いない。南宮山の毛利秀元や松尾山の小早川秀秋、それに笹尾山の三成など、西軍は本格的な陣城を築いている。大垣城にいた諸将が先廻りすれば、東軍を誘い込んで撃退できると考えたのではなかろうか。

『關原軍記大成』には、毛利秀元、吉川広家、長束正家、安国寺恵瓊の一手三万七千（長宗我部盛親を入れても足りない）は青野（関ヶ原の東。垂井の辺り）に繰り出して先手を勤め、宇喜多秀家、大谷吉継は四万（小早川秀秋、脇坂安治を含むと思われる）を纏めて二陣に備え、三成は島津惟新、小西行長ら二万を従えて赤坂東の虚空《こく》蔵《ぞう》山に登り、合図を待って背後より襲撃する予定だと記されている。大垣城に引き付けて挟撃する策がならぬと判った三成が、新たに立てた策か。

野戦を決意した三成は、雨の中、松明も持たずに移動した。この時、三成は体調を崩しており、酷い下痢に悩まされていたという。それでも進軍せねばならぬ。頭の中では兵の配置を終え、家康の首を討つことでも想定していたのであろうか。

何れにしろ、水攻めも、佐和山・大坂攻撃も、家康が三成を大垣城から誘い出すための偽情報だったのであろう。こう見ると、二転、三転して、互いに野戦で決することに辿り着いたようである。

第十章

火花散る！
本戦前の局地戦をめぐる謎

真相一 長岡幽斎と田辺城を救った意外なものとは

慶長五年（一六〇〇）七月十七日、ガラシャ夫人の死去ならびに、屋敷の炎上により、長岡家が西軍に属することはなくなった。これを知った石田三成らはすぐさま丹後の長岡家を攻めるため、小野木重次を大将として一万五千の軍勢を組織した。

長岡家は丹後一国十一万余石を有しているが、主力は忠興が上杉討伐に率いているので、領内に残っている家臣は僅かであった。そこで隠居の身にあった長岡幽斎は、領内の諸城に少ない兵を分散させては全滅してしまうので、田辺城（京都府舞鶴市）に集めることにした。それでも五百五十ほどであった。

剃髪前の幽斎は藤孝と言い、足利家の血を引く三淵晴員《みつぶちはるかず》の次男として生まれ、摂津半国の守護・細川元常の養子となり、その後、家督を継いだ。但し、幽斎の母である清原宣賢の娘は十二代将軍義晴の奥に仕えており、義晴の寵愛を受けて身籠った。しかし、後奈良天皇の叡慮《えいりよ》により、義晴は前関白・近衛尚通の娘を娶ることになったので、側近の三淵晴員に嫁がせた。義晴は生まれたばかりの幽斎に、糧量五百石を与えた。このことからも、将軍の庶子であることは疑いない。

幽斎は異母弟の十三代将軍・足利義輝、十五代将軍・義昭、織田信長に仕え、本能寺の変が勃発した時は、姻戚となった惟任《これとう》光秀の誘いを蹴って剃髪して旧主への義理を果たし、その後、豊臣秀吉に仕えて、この時に至る。武勇のみならず、歌にも長け、公家や天皇さえも、その才を高く認めていた。

田辺城は東の伊佐川と西の高野川に挟まれたほぼ中央にあり、北は舞鶴湾、南は沼地と自然をうまく利用している。しかし、平城《ひらじろ》であるがゆえに、川を越えられてしまえば意外に脆い。支えるには、やはりそれなりの兵が必要であった。

七月二十日、寄手《よせて》は国境を越えて城に迫った。およそ三十倍の敵を相手に、ただの籠城では、落城を待つばかり。そこで、幽斎は奇襲を試みて敵陣を攪乱した。

しかし、一旦、多勢が本腰を入れると、奇襲も簡単には成功しない。次第に寄手の攻撃は熾烈になり、城方は防戦一方になった。だが、包囲勢は兵糧攻めに出た。

理由は小領主の寄せ集めなので、明確な下知を出す主将がいないこと。そして、幽斎の才を惜しんだためであろう。城方にとっては、胸を撫で下ろす次第であった。

この田辺城攻めに参陣した将と石高は諸説あるが、大凡《おおよそ》、次のとおりである。

小野木重次は丹波の福知山（京都府福知山市）で四万石。毛利高政は豊後の隈府（大分県日田市）で二万石。中川秀成は豊後の竹田（同県竹田市）で七万四百石。竹中隆重は豊後の高田（同県高田市）で二万石。早川長政は豊後の府内（同県大分市）で二万石。杉原長房は但馬の豊岡（兵庫県豊岡市）三万石。赤松広英は但馬の竹田（同県朝来市《あさご》）で二万二千石。小出吉政は播磨の龍野（同県龍野市）六万石。木下延俊は播磨の三木（同県三木市）で二万石。山崎家盛は摂津の三田《さんだ》（同県三田市）で二万二千石。別所吉治は丹波の園部（京都府南丹市《なんたん》）で一万五千石。谷衛友《もりとも》は丹波の山家《やまが》（同府綾部市）で一万六千石。川勝秀氏は中山（前同）で三千五百石。藤掛永勝は上林《かんばやし》（前同）で六千石。石川貞通は山崎と丹波で一万二千石。高田治忠は丹波で一万石。生駒親正の家臣・生駒左近は不明。長谷川鍋も不明。と何れも小領の将ばかりである。

なぜ、小禄の武士ばかりが参集させられたのか。長岡領に残る兵が少ないこと、また、田辺城が難攻不落ではないこと。さらに、主力は家康が率いる東軍に廻さねばならず、幽斎一人を討つために多くの兵を投入できなかったのであろう。

小野木重次ら西軍の攻撃にて、田辺城は落城寸前にまで追い込まれていた。それでも、隠居したりとはいえ、幽斎は戦国の荒波を都で乗り切ってきた曲者である。自刃などは選ばなかった。幽斎、頼みの綱は禁裏であった。

寄手がまだ田辺城に到着する前の七月十九日、智仁《としひと》親王が見舞いの書状を下された、幽斎は返書をした。身の危険が知れれば、何れ勅使が到着すると読んでのことである。そして、案の定、思案どおりになった。

七月二十七日、勅諚によって智仁親王から大石甚助という家老が御使として御書を持参し、和議を勧めに来た。

幽斎は歓喜した。しかし、すぐに承諾しては家康の心証を悪くするので、和議は拒んだ。と言うのも、智仁親王に対する古今伝授の講釈が、まだ完了していないのである。しかもあと、一、二回で終了するにも拘らず、五月二十九日、田辺に下向したのだ。寡勢での籠城は十分に見込みを持っての行動であった。

七月二十九日、幽斎は大石甚助に対して、死は覚悟している。古今相伝の箱、証明状に歌一首を添え、源氏抄箱、二十一代集を禁裏に献上してほしいと手渡した。

八月二日、幽斎は包囲勢の中にいる旧知の東条紀伊守らに書を送っている。

「……（前略）一両日前、智仁親王よりお使いが徳善院の案内者を添えてこられたので、古今相伝の箱他を進上した。もはや生存のうち、思い残すことなく満足している。他は私事であるので、とかく言い難い、常々お目にかけてくださり、お名残り惜しい次第。大坂城の奉行衆へもこの通り申し上げてください」

三成ら西軍の者に古今伝授を通じて幽斎と禁裏の関係を知らせるための書である。また、東条紀伊守は幽斎にとって歌道の弟子であった。

八月中旬、親王からの遣いがあり、開城を諭した。しかし、幽斎は断った。

そして、ついに幽斎が開城を拒んだことが後陽成《ごようぜい》天皇の耳に入った。

「このたびの田辺籠城で、幽斎が討死しては日本の歌道が衰退すると痛ましく思い召され、何とぞ意見を加え、下城するように」

禁裏は大徳寺の玉甫《ぎよくほ》和尚に叡慮を伝えた。すると玉甫は次のように答えた。

「これが正式な勅諚であれば御辞退はできません。されど、内密での話ならば、幾重にも御免蒙りたい。なぜなら、幽斎は老齢の身で、このたび城を出ても幾年も生きることはできないでしょう。ことに嫡子の忠興は関東に出陣していますので、二心なく田辺で討死するのが筋。ゆえに、幽斎に開城を勧めることはできません」

これを聞き、天皇はさらに心を痛めた。

「幽斎が討死すれば、本朝の神道の奥義、和歌の秘密が永く絶え、神国の掟も虚しくなる。古今の伝授を禁裏に残さねばならぬ」

八月十六日、禁裏から権大納言の広橋兼勝と参議の勧修寺《かじゆうじ》光豊を大坂に遣わし、豊臣秀頼に対して、和睦の勅命が出された。これにより徳善院は猶子の茂勝を田辺城に遣わして和議を勧めた。しかし、幽斎は受け付けなかった。

九月三日、ついに天皇の勅使として権大納言の日野輝資《てるすけ》、前権中納言の中院《なかのいん》通勝、従四位下左衛門佐の富小路秀直らが派遣された。

さすがの幽斎も勅命を無視できず、九月十二日、開城して丹波の亀山城（京都府亀岡市）に入った。およそ五十日の籠城戦である。幽斎が一万五千の兵を関ヶ原合戦の三日前まで城に釘付けにした功績は大きく、嫡子の忠興共々家康に評価された。

因《ちなみ》に歌道の上で幽斎は古今伝授を利用して豊臣から徳川へ、見事に乗り換えた。幽斎を失うのは損失かもしれないが、三条公国、島津龍伯、中院通勝なども古今伝授を終えているので、本朝の神道の奥義が絶えることはない。

また、落城ではなく開城になったのは、勅命によるところも大きいが、城を囲んだ武将の中に幽斎の弟子が多く含まれていたことにもよる。

幽斎の口添えなどもあり、戦後、領地替えなどは行なわれたものの、大名として存続できた者が多かったのは、田辺城攻めに参陣した者たちであった。

真相二　加賀で争った前田・丹羽両家の意外なその後とは

八月三日、前田利長・利政兄弟は二万五千の兵をもって加賀の大聖寺《だいしょうじ》城を攻略（六章一項）したのち、越前に侵攻した。しかし、大谷刑部《ぎょうぶ》の偽情報を摑まされて、帰路に発った途中の同月九日、浅井畷（石川県小松市）に至った時、小松城主の丹羽《にわ》長重に襲撃された。いわゆる、浅井畷の戦いである。

丹羽長重の父・長秀は早くから織田信長に仕えた側近で「米五郎左」と言われて

重宝された。長秀の功績もあり、長重は信長の五女を正室に迎えている。ということは、信長の四女を正室にする利長とは義兄弟になる。本能寺の変後は親子共々秀吉に従い、紆余曲折ののち長重は小松で十二万五千石を与えられた。

利長が家康の言葉に従って前年の八月、加賀に帰国した。すると、長重は大坂城で家康に呼ばれ、利長の謀叛の疑いがあるので、帰城して隣接する利長を見張るようにと告げられ、吉光の脇差を賜ったという。また、義弟にありながら、家康の命令に従ったことを知った利長は憤り、両家の関係は悪化したとも伝えられている。

利長謀叛の話は、芳春院を江戸に人質に出すことで解決を見た。そして、時は流れ、家康が会津征伐を決定し前田家には越後口から攻め入るよう指示があった。しかし、丹羽家には直接の要請はなかった。『小松軍談』によれば、利長が長重に出陣の催促をしたのは、自分をおびき出して騙し討ちにする策であると考え、病と偽って出陣を拒んだ。そこで家康から利長に従うようにという書状が届いたが、利長に従わねばならぬ理由はないので、疎遠のままになったとある。

古書に記されていることが正しければ、両者は共に東軍の幕下《ばっか》にありながら、勘違いから反目し合い、干戈《かんか》を交えたことになる。但し、今のところ、浅井畷の戦いが行なわれる頃において、家康から長重宛の書は見つけられていない。

それでも、七月七日、間接的ではあるが、家康は越前・丸岡城主の青山宗勝に対し、丹羽長重の手に属して越後国内の城の警備にあたるよう命じている。とすれば、『小松軍談』に記載されていることも、あながち嘘とも言いきれない。だが、浅井畷で合戦が行なわれたのは事実である。それは、どんな戦いであったのか。

越前に兵を進めた前田軍は大谷吉継の加賀侵攻の噂を聞き、八月七日、大聖寺城に帰城した。そして、一旦、金沢に戻ることを決定した。

八月七日の夜半、先発隊として山崎長徳、長連龍《ちょうつらたつ》・好連《よしつら》親子、奥村栄明《ながあきら》、太田長知、高山右近らは小松城を牽制するために御幸塚《みゆき》（石川県小松市）に陣を敷いた。

同日、本隊の利長は横山長知《ながちか》、青山長次、富田重政、村井長次、神尾之直らを従え、大聖寺城から進路を東にとって津波倉に向かい、さらに北上して木場、本江、吉竹、千代を経て、三堂山城《さんどうやま》（同県能美《のみ》市）に着陣した。

利長の弟・利政は千代に布陣した。御幸塚に参集した諸将は本隊と合流する進路を協議した結果、「遠く東路を取れば、敵を恐れたと嘲られるので、加賀勇士の面目を示さん」と八月八日の早朝、小松を突き抜けて合流することを決定した。

八月八日の夜半、雨の中、御幸塚の前田勢は先頭を山崎長徳にして、高山右近、奥村栄明、富田直吉、今枝直恒、太田長知と続き、殿《しんがり》軍は長連龍が勤めた。

一方、前田家を敵と見なしている長重は、領内を敵が通過するのを指を咥《くわ》えて見ているわけにはいかない。前田軍が通ることを知り、家老の江口正吉を小松の南の浅井に潜ませ状況を見ていた。そして、八月九日の早朝、長連龍勢が前の太田長知勢から少し遅れて通過したのを見て小松城に報せ、自身は急襲した。

悪天候なので火薬が濡れて使用できず、剣戟を響かせる激戦が繰り広げられた。

報せを受けた小松城からは続々と援軍が駆け付けた。吉田加兵衛、佐々太右衛門、森治部左衛門、不破与左衛門、坂井五左衛門、団七兵衛などなど……。急襲に加えて背後からの追撃は楽に敵を討てる。丹羽勢は次々に長勢を仕留めた。

味方の圧倒的な優位という急報を受け、長重も出陣し、北浅井まで進んだ。そして、長親子の首を討たんと、大矢与兵衛を先頭に南浅井まで進撃したところで、二十人足らずに減った連龍に遭遇した。その距離は五十メートルほど。しかし、間に溝があり、攻撃することができず、連龍を取り逃がした。江口正吉は追撃を主張したが、長重は利長本隊が引き返してくるかもしれぬと、追い討ちを止めさせた。

その頃、長勢の前を進む太田長知が後方の難を聞き、兵を返して救出に駆け付けた。連龍は、長知らと漸く三キロほど北の梯《かけはし》川に架る山代橋まで逃れてきたところで、利長の足軽大将の水越縫殿助、松平康定、岩田伝左衛門らが丹羽方の兵と干戈を交えた。前田勢はここで多くの丹羽勢を討ち取り、丹羽勢は退却した。

三堂山城にいた利長は食事中に戦を知り、すぐに小松に向かった。ここに利政も駆け付けたが、既に丹羽勢は退いたあと。利長は辺りを放火して帰途についた。

この戦いで前田軍は三十六の首級を奪われ、丹羽勢は討死者十三人の他、七十五人の死傷者を出したという。長重は領内を通過されただけで前田家を襲ったのか。西軍とすれば当たり前であるが、長重が西軍に応じたという明確な史料は見つけられていない。あるいは、関ヶ原の合戦後、保身のために処分したのか。

三成が八月五日、真田昌幸に宛てた書の中で「前田利長は母を江戸に遣わすゆえか、（中略）丹羽長重には越中、越後に兵を向けることを申し越している。さだめて相違あるまじきこと」と記している。東軍の利長が西軍の長重に誘いをかけているようにも読めるし、東軍同士の連絡を摑んできたようにも取れる。

西軍側であるように記されているのは『關原軍記大成』で、三成が「長重は手前に兵を出すなどと申すにつき」とある。

東軍側であると記しているのは『寛政重修諸家譜』で、「関原の戦が終わったのち、その賞罰が沙汰される時、長重は私の恨みをもって利長と戦争に及び、己が城に籠り出陣せざりしことと、御気色（御意向）に違う。長重が思うに、これ利長、先の敗軍を知り、己を讒言した」と戦後の改易処分に不満を漏らしている。

実際はといえば、丹羽長重は豊臣家の一大名として行動したに過ぎず、混乱に乗じて版図の拡大を試みた前田家に対し、自己防衛をしたのではなかろうか。

長重は八月二十二日、江戸に使者を送り、家康に敵対するつもりがないことを伝えた。すると、九月十三日、家康は長重に書を送った。意訳は次のとおり。

「丁寧な書状を戴き、委細その意を得た。前田利長は同意に満足していると申しているので、早々に御入魂《じっこん》になられ、越前表で手合わせすることが尤もである」

翌九月十四日、西尾吉次・藤兵衛親子は長重に利長と和睦したので内府は満足している。今後はいかなることがあっても我慢して、上方で手合わせするのがよろしい。その地でも油断なく働くべき。貴殿のことは内府によく申し上げるから安心するように。やがて上方でお目にかかろうと思うという書を送っている。

実際に前田・丹羽間で和睦が整ったのは九月十八日。関ヶ原本戦のあとである。戦後、大津で家康と顔を合わせた利長と長重であるが、利長は加増され、長重は私恨から東軍についた利長を急襲した罪で切腹が命じられ、秀忠の助命でかろうじて一死を免れ、江戸に蟄居ののち、常陸で一万石を、大坂の陣ののちには陸奥で十万七百石を与えられることになる。

加賀で隣接する両家であったが、対応の早遅が差をつけたようである。

真相三　伊勢武士が武勇をあげた安濃津攻城戦とは

東軍の西上阻止と、足下を固めるために八月五日、西軍は伊勢に兵を進めた。毛利秀元、吉川広家、長束《なつか》正家、安国寺恵瓊《えけい》……ら二万一千三百の軍勢である。

伊勢国内は大禄の大名がおらず、また、東西両軍に別れて兵力は拮抗していた。

東軍は長島城主の福島正頼、上野城主の分部《わけべ》光嘉、安濃津《あのつ》城主の富田知信、岩出城主の稲葉道通《みちとお》、松坂城主の古田重勝。

西軍は桑名城主の氏家行広《うじいえ》、神戸《かんべ》城主の滝川雄利、林城主の織田信重、亀山城主の岡本宗憲、竹原・八知《やち》領主の山崎定勝。これに、地侍の家所帯刀《たてわき》、榊原三左衛門、中尾政房、雲林院《うじい》祐元、三宅源二郎らも参じた。

知信、重勝、光嘉の三人は会津征伐に参陣していたが、小山評定ののちに引き返した。途中、分部と富田は海路をとると、志摩の九鬼《くき》嘉隆の率いる水軍に拿捕《だほ》された。西軍につくことを約束して事なきを得ることができ、帰城できたという。また、嘉隆が憎む稲葉道通が一緒にいなかったから助けられたとも伝わっている。

秀元ら西軍の大兵が伊勢に侵攻すると聞き、光嘉は安濃津城に入城し、また、重勝は少数ではあるが、援軍として騎馬武者を同城に送った。さらに周辺の領民も城に籠り、竹束や塹壕を造り、逆茂木《さかもぎ》を置き、西軍に備えた。

八月下旬、西軍は伊勢に雪崩こんだ。先の四将に加え、宇喜多秀家、鍋島勝茂、龍造寺高房、長宗我部《ちょうそかべ》盛親らも加わり、五万を超える大軍に膨れあがった。

八月二十三日、西軍は安濃津城に迫った。城に籠る者は末端の女性や子供まで含めて一千七百ほど。城主の知信は長井権之助、齋田隼人らに鉄砲衆六十人を預けて城の北を流れる塔世川《とうせ》（安濃川《あのう》）の堤上に登らせ、敵の様子を監視させた。

するとそこへ西軍の先発隊が現れ、長井、齋田らは一斉射撃を始め、多数を倒した。だが、西軍もやられてばかりではない。すぐに体勢を立て直して猛襲した。

これを知り、知信は弓削《ゆげい》忠左衛門に三十人を預けて後詰に向かわせ、追撃する敵を迎撃し、長井、齋田らを退かせた。最初の接触は城方が勝利した。

八月二十四日の早暁、西軍は一斉に殺到した。正家、恵瓊、毛利吉成《よしなり》らは城北の愛宕山、鑪鞴《たたら》井山から兵を進め、城西を放火し、南西の半田、神戸から攻撃した。また、浜辺のある城東は秀元家臣の宍戸《しど》元次が攻めた。

西からは毛利秀元の配下が肉迫するが、城兵は必死の攻防で撃退した。しかし、すぐさま吉川勢が入れ替わり、夥《おびただ》しい鉄砲で釣瓶討ちにして外郭を手に入れた。

北の西軍は塔世山から砲撃し、楼櫓を破壊した。これを見た城主の知信は、自ら本丸の門外に出て敵と剣戟を響かせた。しかし、すぐに敵兵に取り囲まれて、危うい状態となった。すると主を助けんと忠臣たちが身を呈して庇い、何人もが犠牲になった。そこに側近の本多志摩がまいり、顔を顰めて進言した。

「外郭はみな破られましたゆえ、本丸にお戻りになり、潔い最期を……」

これを聞き、知信は覚悟を決めたが、敵兵が多くて本丸に入ることができず、撃退せざるを得なくなった。そこへ光嘉の弟・右馬助らが現れて加勢した。それでも、なかなか敵を蹴散らすことができなかった。

とそこへ大手門から容顔美麗な若武者が姿を見せた。『武功雑記』によれば、「緋《ひ》縅《おどし》の具足に中二段黒革にて威したるを着、鑓を提げ来り富田が矢面に立ちふさがり、支え戦いたり」と記されている。若武者は毛利家臣の中川清左衛門を討ち取り、その後、五、六人の敵に手傷を負わせた。

知信が天晴れなる働きをする若武者を見れば、なんと自分の正室であった。この女性は宇喜多直家の家臣・宇喜多安信（安心とも）の娘であった。諸書は、「容儀も世にすぐれ給いしが、今日の振るまい彼《か》の静（源義経の愛妾）・巴（木曾義仲の愛妾）は昔語りにて見ねばならず、今、目の前の働きほど見る人聞く人驚き合えり」と称賛している。知信は驚き、また喜び、妻と共に城内に入った。

その後、寡勢の城兵は必死に奮戦し、八月二十四、二十五日と持ちこたえた。

本丸を力攻めすれば、西軍自身もかなりの犠牲を覚悟しなければならない。それでは、当初の主旨に反する。伊勢平定は、あくまでものちに控える東軍との大戦を有利に働かせるための前哨戦である。無駄な労力は避けたかった。

そこで、八月二十六日の早暁、西軍は高野山の木食《もくじき》上人と草津・浄善寺の和尚を差し向け、広家の降伏勧告を伝えさせた。

開城すれば、城に籠る全ての人命を助けるという申し出を受け、八月二十七日、知信は降伏した。そして城を出た知信は一身田《いしんでん》の専修寺において剃髪し、高野山に登った。戦後、この時の奮戦を家康に称賛され、知信は加増される。

知信を降伏させた西軍は、勢いに乗って重勝の守る松坂城を包囲して、重勝にも開城させた。しかし、福島正則の弟・正頼の守る長島城は落とせなかった。

まだ伊勢・伊賀の平定が済まぬうちに九月となり、三日、宇喜多秀家は大垣城に向かった。また、五日から六日にかけて、秀元、広家らも美濃に兵を向けた。

安濃津城攻防戦は伊勢武士の武勇を示し、富田夫婦の名をあげた戦であった。

真相四　なぜ九鬼家は父と子が別れて争うことになったのか

慶長二年（一五九七）に、志摩の九鬼家三万五千石の家督を継いだ守隆は、徳川家康に従って会津征伐に向かった。留守の間は隠居した父の嘉隆が鳥羽城（三重県鳥羽市）を預かることになった。すると、石田三成は挙兵して伏見城を陥落させ、大垣城に進出する前に、嘉隆に西軍につくよう求めてきた。

嘉隆は、「当主の守隆は徳川方に属して出陣中であり、儂は既に隠居の身にて命じる兵もなく、頽齢にて役にはたたぬ」と断った。しかし、三成は諦めず、嘉隆の娘婿である堀内新宮城（和歌山県新宮市）主の堀内氏善を使者に向け、懇望した。

三成がしつこく隠居の嘉隆を誘ったのは、九鬼の水軍力を欲してのこと。また、嘉隆が家康に恨みを持っていることを知っていたので、見込みを持っていた。

隣国の伊勢に岩出城（三重県度会《わたらい》郡玉城《たまき》町）主の稲葉道通がいる。同城は伊勢湾に流れ込む宮川の上流に位置しており、道通は領内の材木を畿内に運ぶにあたり、九鬼の湊を使用し、領海を通行する。この時、漕税を支払う取り決めになっていたが、秀吉の死後、家康が勝手に免税にしてしまったのだ。この他にも嘉隆と道通の間ではたびたび紛争を起こしていた。

九鬼嘉隆像（常安寺蔵）

奉行だけに三成は熟知していたので、西軍に与《くみ》し、岩出城を攻撃してはどうかと持ちかけた。すると嘉隆は二つ返事で引き受けた。八月中旬、嘉隆は鳥羽城にいる守隆派の家臣たちを追い出し、城を占拠した。

するとと鳥羽城には毛利軍の乃美孫左衛門や村上八郎左衛門の手勢が入り、嘉隆は念願の岩出城攻めを始めた。嘉隆らの兵数ではすぐに落城にまでは追い込めないが、近くには西軍の大軍勢が押し寄せている。安濃津城などが攻略されれば、多くの後詰が来る。嘉隆は勇んだ。ところが、西軍の殆どは美濃に向かって移動してしまったので、援軍は訪れなかった。仕方なしに嘉隆は包囲を解いて帰城した。

この間、嘉隆の家臣の九鬼数馬の別働隊と毛利の水軍は三河、尾張の沿岸に押し寄せ、東軍についた武将の村々を襲い、気勢をあげた。この時、討った首は二百八十四にも及んでいる。九月九日、十日のことである。また、帰城後の嘉隆は志摩沿岸を通行する東軍の軍船に砲撃を加え、かなりの打撃を与えた。

一方、小山から戻った守隆は、嘉隆が西軍に与したことを知って驚いた。国府（同県志摩市）に到着した守隆はすかさず嘉隆に遣いを送り、鳥羽城の明け渡しを要求した。しかし、応じない。それどころか使者を逐い返す始末であった。

まさにお家の一大事。守隆は三河の岡崎を出る時、監視役として家康の婿である池田照政、その配下である石丸雲哲を目付としてつけられているので、実の親とはいえ、守隆としては西軍についた嘉隆を抛っておくわけにはいかなかった。

それでも、守隆に与えられた任務は海上の安全確保なので、嘉隆への対応は少し様子を見ることにした。すると、好機なことに、西軍である桑名城主・氏家行広の船が海上を進むのを目撃した。守隆はこれ幸いと海原に打って出て、敵船三艘を奪い取り、首級十三を取ると遠江の中泉（静岡県磐田市）にいる家康のもとに送った。すると、家康は喜び、九月七日、守隆に感状を与えた。意訳は次のとおり。

「西国船が、そちらに廻ったところ、三艘を乗っ取り、敵を数多討ち取り、その頭を送り届けたことは、一段と感悦している。なお、そこもとは落度なく、常に気配りして行動することが肝要である」

賞すると同時に家康は、遠廻しに嘉隆のことを示唆していた。守隆も充分に理解している。そこで、兵九百のうち、二百を割いて父が籠る鳥羽城に向かわせた。

すると、長年、心血注いで築いた鳥羽城ならびに城下を戦火に晒すのを嫌ってか、嘉隆は四キロほど南に位置する岩倉の田城《たしろ》城（三重県鳥羽市）に移動した。従ったのは八十人ほどであった。そして、九月十三日、親子で戦が行なわれた。

とはいえ、息子を気遣い、嘉隆は空砲を撃たせた。対して、守隆の陣には日付の石丸雲哲がいるので、偽戦をするわけにはいかず、実弾で応戦した。

嘉隆には息子への情があるが、行動を共にした堀内新宮城主の堀内氏善にはそれがない。戦意のない嘉隆と一緒にいては身が危ういと、城を出た。守隆は待ってましたと襲いかかり、散々に打ち破った。氏善は城にも戻れず、南の五ヶ所（同県度会郡南勢町《なんせいちょう》）方面に逃亡していった。

そうこうしているうちに関ヶ原合戦の結果が嘉隆、守隆両陣営に届けられた。

嘉隆は五男の主殿助、六男の五郎八らをはじめ、娘婿の武田左馬之助や家臣の九鬼主膳、同数馬、北一族らと共に日本丸に乗船して紀伊の堀内氏善を頼って落ち延びた。しかし、氏善の堀内新宮城は既に攻略されており、氏善は熊本の加藤清正に身柄が預けられることが決まったことを聞いた。一時、熊野の石島に隠れていた嘉隆は、娘が嫁ぐ和具《わぐ》城（同県志摩市）の青山豊前のもとに身を潜めていた。

すると、守隆の義弟・豊田五郎右衛門が聞きつけ、和具城を訪れ、助命嘆願は聞き入れられず、守隆は切腹を使嗾《しそう》したことを独断で告げた。嘉隆は九鬼家のために了承し、小舟で答志《とうし》島（同県鳥羽市）に渡り、十月十二日、洞仙庵にて自刃した。享年五十九歳。介錯は青山豊前。主殿助と五郎八は父に殉じた。

この時、守隆は伏見で家康に会い、父の助命嘆願をした。そして加増の南伊勢五郡を返上する代わりに、許しが得られた。守隆は即座に赦免状を持たせて答志島に向かわせた。しかし、途中で嘉隆の首桶を持つ青山豊前と遭遇し、父の最期を聞いた。嘆いた守隆は子細を告げて帰国し、豊田五郎右衛門を捕え、鋸引にした。

守隆は功により、二万石の加増を受け、五万五千石の大名になった。しかし、東西に分かれての戦は家中をも割ることになり、志摩の地からも移封させられる。そして、世間は陸にあがった海賊、あるいは丘にあがった河童と呼ぶようになった。

真相五

謀将・黒田如水が行なった豊後平定作戦の全貌とは

関ヶ原合戦が行なわれた時、豊後の国は中小領主に分割され、大名の数は十にも及んだ。嘗ては大友氏が国持ち大名として君臨し、宗麟の時代には九州の半国をも支配する力を持っていたが、やがて島津氏に押され、そして、秀吉の九州征伐ののち、豊後一国を安堵された。家督を継いだのは嫡子の義統《よしむね》であるが、文禄二年（一五九三）、朝鮮の役で失態を犯して改易され、佐竹氏や毛利氏に預けられた。

そこで、石田三成が挙兵するにあたり、義統に旧領の回復を約束して、長岡忠興の分地である杵築《きつき》城（大分県杵築市）を攻略することを命じた。すると、義統は奮起し、毛利家からは武器や兵糧の支援を受け、八月下旬、豊後に赴いた。

一方、豊前の中津城（同県中津市）には隠居の黒田如水がいる。如水は、いざという時のために、大坂、鞆《とも》、上関《かみのせき》の三ヵ所に早船を置き、上方の報せを三日で得る仕組みを構築していた。そこで、早々に義統が豊後に入国した情報を入手した。

これは一騒動起こるし、版図を広げる好機と如水は思案した。しかし、当主の長政は、可能な限りの兵を率いて家康に従い、会津征伐に向かっており、中津城には僅かな留守兵しかいなかった。そこで、蓄えていた金銀を放出して兵を集った。騎馬武者には銀三百匁、徒士《かち》には永楽銭一貫文ずつを前金で与えた。応募者の中には二重取りを行なう者もいたが、如水は鷹揚に許したお陰で、一次募集兵は三千六百人ほどが集まったという。その後も兵は続々と参集し、最終的には九千に達した。対して義統のもとには大友旧臣を含む、現領主に不満を持つ者が九百人集合した。

如水は義統に東軍につくことを勧めたが、義統は聞かず、九月九日、麾下であった立石但馬守の立石城（同県別府市）に着陣し、杵築城攻略の策を練った。

狙われた杵築城には長岡家の重臣・松井康之と有吉立行が残っていた。家康から忠興が豊後の杵築六万石を与えられたのは、この年の二月七日。前年、前田利長黒幕による家康暗殺計画が問題となった時、前田家と親戚の長岡家にも嫌疑がかけられた。忠興は疑念を払拭するべく起請文を提出し、この一月には三男の忠利を人質に差し出している。加増は家康への服従を示した代償であった。また、家康はなにかあった時の楔として、丹後の忠興に対して豊後の地を与えたのであろう。

しかし、有事の際、忠興は松井康之に「番子《ばんこ》まで残らず召し連れ、丹後へ移ること」さらに有吉立行には、「できるだけ杵築に居り、黒田如水の居城に移るように。如水とは兼ねてから申し合わせておいた」（第五章二項）と命じている。

康之が、杵築城に残っていたのは、水夫などが集まらなかったから。しかし、これが逆に功を奏する結果となった。康之はすぐさま如水に援軍の依頼を懇望した。九月十日、大友軍は重臣・吉弘統幸《よしひろむねゆき》を先陣として杵築城攻撃を開始した。城に籠る兵は三百ほど。黒田の援軍が来るまで頑張れと必死の防戦をした。

九月九日、後詰の要請を受けた如水は九千の兵を率いて中津城を発ち、九月十日、竹中隆重の高田城（同県豊後高田市）近くで立ち止まり、投降を促した。

高田城主の隆重は田辺城攻めに参陣していて留守。留守居をする嫡子の重義は、主に聞かねば答えられぬと回答すると、如水は敵味方か判らぬ者を背後にはおけぬ。回答できねば踏み潰すと一喝した。これに臆し、重義は開城して如水に投じた。

如水は竹中勢を加え、兵を進めた。そして九月十一日、赤根峠に達した時、杵築城の危機を知らせる使者と遭遇した。そこで、井上之房に三千の兵を授けて同城に向かわせた。そして、本人は垣見家純の富来《とみく》城（同県東国東《くにさき》郡国東町）を囲んだ。家純は大垣城におり、やはり城は留守兵ばかりしかいなかった。しかし、降伏勧告に従わず、城は静まりかえって徹底交戦の覚悟を決めているので、攻略するには日にちがかかる。そこで、城攻めは後廻しにして先に進んだ。

富来城から南に隔たる二十四キロほどの地に、三成の娘婿になっている熊谷直盛の安岐《あき》城（同県同郡安岐町）がある。こちらも先の城と同じだが、追撃をしようとしているので、栗山利安に兵を預けて先に進んだ。これより先、黒田軍の後詰が駆け付けた、という報せを物見から聞いた義統は、囲みを解いて兵を退いた。

井上之房は杵築城に入り、康之と合流し、立石城を攻略すべく出撃した。すると、義統は先の失態を雪《そそ》がんと軍勢を率いて石垣原《いしがきばる》（同県別府市）で待ち受けた。

九月十三日、黒田・長岡連合軍三千三百余と三千の大友軍が衝突した。正午（午後零時頃）始まった戦は酉刻（午後六時頃）まで続き、激戦を極めた。大友軍は連合軍の二陣までを突き崩す活躍を見せるが、陽が落ちて双方兵を引いた。

翌九月十四日、如水が到着し、圧倒的に優位な兵数となったところで、義統の親戚である母里《もり》友信を遣いとして送り、義統に降伏を進めた。

義統は奇しくも九月十五日に投降し、石垣原合戦は終結した。

第十一章 激突！――【前編】関ヶ原本戦をめぐる謎

真相一　伝えられる東西両軍の布陣と兵数はどこまで正確か

九月十四日の夜陰、石田三成ら西軍は東軍の移動を聞き、急遽、大垣城を出て、関ヶ原の地に向かった。城北の中山道を通行すれば、同じように進軍する東軍と激突するので、城の南を迂回しなければならない。

そこで、一行は現在の名神高速道路と同じように、牧田川沿いに西進し、南宮山（標高四百十九メートル）を越え、松尾山（標高二九三・一メートル）との間にある牧田あたりで北上する。すぐ西には伊勢街道が走っているが、東軍の斥候に知られないように使用せず、間道を進んだ。雨の中の進軍は着衣も具足も重くなり、身体は冷えきり、泥濘に足をとられ、その困難たるや、並み大抵ではなかった。

体調不良の三成は途中、岡ヶ鼻（岐阜県養老郡養老町橋爪）という地で軍列を離れ、南宮山に陣を敷く長束《なつか》正家、安国寺恵瓊《えけい》の陣を訪ねた。そして、評議で決まったことを告げた。特に狼煙《のろし》の確認を何度もした。

その後、三成は松尾山に向かい、小早川秀秋の家老・平岡頼勝と会談した。三成の不安は、なんといっても秀秋の背信である。大垣城で行なわれた評議にも参加せず、この九月十四日の正午頃になって漸く着陣したのだ。

しかも同山には大垣城主の伊藤盛正が陣を敷いていたが、これを強引に追い出しての着陣である。西軍にとっては無気味な存在である。

三成は、評議で決まった翌日のことを細かく伝え、下山した。そして、最後の打ち合わせとばかりに、親友である大谷吉継の陣を訪れ、自分の陣に向かった。

松尾山に赴いた時に渡したのか、あるいは、その後か、恵瓊、吉継、三成、正家、小西行長ら五人の連署で秀秋に書状が出されている。意訳は次のとおり。

「一、秀頼公が十五歳になられるまでは、関白職を秀秋卿に譲渡すること。
一、上方の賄い領は播磨国の一円を渡し、勿論、筑前は前々のとおりとする。
一、稲葉正成、平岡頼勝には近江において十万石を秀頼様より下されること。
一、当座の贈物として黄金三百枚ずつ稲葉、平岡に下されること。
右の条々に違いがあったならば……（神文略）」

この時、秀秋は散位で従三位・前権中納言。石高は筑前で三十五万七千余石。これに播磨一国が加われば、七十一万五千余石の大々となる。食指が動くはずだ。

ただ、右の書状は原物がなく、『關原軍記大成』や『關原始末記』などの軍記物にしか掲載されていないので、俄《にわか》には信じ難い。というのも目下の三成らが、目上の秀秋に対し、宛名を日付の下に記することは普通はあり得ないことである。

また、同書には本多忠勝、井伊直政から正成、頼勝に対して送られたとされる起請文が掲載されている。意訳は次のとおり。

「起請文前書のこと。

一、秀秋に対し、内府はいささかも疎略にはしないこと。

一、御両人、特別、内府に対して御忠節を示されれば、決して疎略にはしない。

一、御忠節を究めれば、上方で両国の墨付を、秀秋へ取らせるよう勧める。

右の三ヶ条両人、受け取ることを申す。もし、偽りを申したならば、忝《かたじけ》なくも梵天、帝釈、四大天王、全ての日本国中大小神祇、別して八幡大菩薩、熊野三所権現、加茂、春日、北野天満大自在天神、愛宕権現から御罰を蒙られるものなり」

東西両陣営は秀秋を自軍に引き入れるために苦労したということを示したいのであろう。それほど松尾山に布陣する小早川軍一万五千六百余人は重要であった。

西軍主力の先頭が関ヶ原に到着したのは九月十五日の子の下刻（午前一時頃）。この地に兵を配置すれば、北国街道、伊勢街道、中山道を押さえられる。東軍の侵攻を止められるわけだが、家康に誘《おび》き出されたということを判っていたかどうか……。

ほどなく三成も笹尾山（標高二百三十五メートル）中腹の石田陣に到着した。刻限は夜明け前の寅刻（午前四時頃）だったという。

三成本陣に四千、山の南麓には蒲生頼郷《がもうよりさと》の一千、北麓には嶋清興《きよおき》の一千。すぐ南に豊臣家の旗本が二千。その南側、北国街道を挟んだところに島津惟新の七百五

関ヶ原決戦地

十、その東に島津豊久の七百五十。天満山の北に小西行長の四千、その南に宇喜多《うきた》秀家の一万七千が五段に構えた。さらに南に大谷吉継の六百。その東に戸田勝成と平塚為広が併せて九百。中山道を挟んだ南に大谷吉勝と木下頼継が併せて三千五百。その東側に赤座直保の六百、小川祐忠《すけただ》の二千、朽木《くつき》元綱の六百、脇坂安治一千が南北に並んだ。そして、松尾山に小早川秀秋の一万五千六百。

約六キロほど東の南宮山の北側に吉川広家の三千。その南に毛利秀元の一万五千。山の東麓に安国寺恵瓊の一千八百。その南に長束正家の一千五百。さらに東南の栗原山麓に長《ちょう》宗我部《そかべ》盛親の六千六百。合計で八万三千二百余人の軍勢である。

では、この布陣を誰がどのように決めたのか。巷では関ヶ原の首謀者である三成だと言われている。ある程度、的を射ているのではなかろうか。命令というのではなく、勧めるような形をとれば、大老職の秀家の自尊心を傷つけることはない。

鹿児島県史料の『旧記雑録後編三』に島津家臣の諸記録が収録されている。『黒木左近兵衛申分』には「雨天にて霧深候て、方々見えかね候、この方（島津勢の）御備え二備に御座候」。『神戸五兵衛覚書』には「この方の御陣の前備は備前中納言殿（宇喜多秀家）、東は石田殿請取の陣場、この方は二番備にて候」。『大重平六覚書』には「取り合いの賦、一番鑓石田殿、二番中書様（島津豊久）、三番備前中納言殿、その続き惟新様にてこれあり」。先陣は三成と秀家の両方説があるが、島津家は二陣であることは一致している。

大老であり、石高、動員数の多い秀家が主力であることは間違いない。これと、後述するが、家康が「開戦の契機だけは徳川の手で」と思ったように、三成も戦の首謀者であるので、宇喜多勢共々、前線に出て、両先陣という形にしたのではなかろうか。この間に、二陣の島津勢と小西勢が布陣した。

既に、南宮山、松尾山、それに脇坂安治らや大谷吉継らが布陣しており、それに笹尾山には三成の本陣としての陣城が築かれていた。

実際に西軍が布陣した形と兵数、そして東軍の配置を見て、明治時代の初年、ドイツのクレメンス・メッケル少佐は西軍の勝利と断言した話はあまりにも有名である。小高い山々を制し、敵を誘い込んで包囲攻撃できるからであろう。

一方、三成を大垣城から誘い出すことに成功（？）した家康は、すぐさま諸将に移動を命じた。長岡家が記した『綿考輯録《めんこうしゅうろく》』には「九月十五日の未明、御小屋《おん》の外より御陣替えと見えますと報せがあり、忠興《ただおき》は合点がいかぬと仰せになった」とある。急であったことが窺える。

下知《げち》を受けた諸将は福島正則を先頭に、黒田長政、加藤嘉明、藤堂高虎、そして、家康四男の松平忠吉が統監の役目で続き、舅の井伊直政が補佐役として進んだ。

家康は食事を取ったのちの丑の下刻（午前三時頃）、移動し始めた。

先頭の正則が関ヶ原に到着したのは寅の下刻（午前五時頃）で、まだ夜明け前で暗く、さらに濃い霧が発生していたこともあり、見通しは悪い。すると、宇喜多勢の最後尾を進む荷駄隊に接触してしまい、互いに驚き、小競り合いが行なわれた。

報せを聞いた家康は、すぐに進軍を停止させた。そして、物見を出して敵状を確かめさせた。宇喜多勢も荷駄を失っては士気が下がるので、撤収に尽力した。

東軍が布陣を終了したのは卯刻（午前六時頃）過ぎであった。

最前線には福島正則の六千、ちょうど宇喜多勢の正面である。その背後の北に藤堂高虎の二千五百、南に京極高知の三千。二将の背後に寺澤廣高の二千四百。さらにその背後に本多忠勝の五百。

中山道の北側、石田陣に対して北から黒田長政の五千四百、長岡忠興の五千、加藤嘉明の三千、筒井定次の二千八百。島津勢の正面に田中吉政の三千。筒井と田中勢の後方に井伊直政の三千六百と松平忠吉の三千。長岡、加藤勢の後方に古田重勝の一千二百、織田有楽齋《うらくさい》の四百五十、金森長近の一千百、生駒一正の一千八百。

井伊、松平勢の後方一キロ少々の桃配《ももくばり》山の本陣に徳川家康三万。そこから七百メートルほど東の野上の有馬豊氏の九百。五百メートルほど東に山内一豊の二千。同じく五百メートルほど東に浅野幸長《よしなが》の六千五百。吉川勢に対する形で池田照政の四千五百。合計で八万八千六百五十余人の軍勢である。

ここで、おや、と思われる方もいよう。通説では東軍七万五千人と言われている。これは、おそらく家康の後方で南宮山の兵に備える有馬以降を数えないのであろう。そうすれば、七万四千七百五十人と、ほぼ似たような数字になる。

ただ、西軍は南宮山の兵を数え、東軍は数えないというのは妙な話である。少ない兵数で多勢を破ったという徳川史観に害された人たちが宣伝しているのを、そのまま今も引きずっているのだろうか。関ヶ原合戦の古地図など見ると、黒田長政の北に竹中重門《しげかど》の名も見える。美濃で六千石を得る武将なので、動員できる兵は二百がいいところではあるが、参陣していれば、さらに東軍の数は増えることになる。

徳川家康最後の陣

　また、家伝などによれば、当初、中村一忠・同一榮と堀尾忠代らは大垣城の備えであったが、十五日には南宮山に備えたとある。とすれば、中村勢四千三百五十、堀尾勢三千六百人が増えて九万六千八百人になる。しかし、古地図には見られない。

　徳川史観に害された人たちにすれば、兵数で上廻った家康が勝利するのでは東照大権現様を神格化できないとでも考えたのか。逆に、敵を凌駕する兵数を集めた武将の方が人望があるし、評価できるのではなかろうか。

　ただ、東西両軍、何人動員したと明確に記した良質の史料は存在しない。とすれば、何人の兵が関ヶ原合戦に参陣したのか判らないというのが真実であるが、それでは不都合なので、東軍八万八千余、西軍八万三千余ということで話を進める。

真相二　井伊直政の抜け駆けは確信犯だったのか

関ヶ原早朝の視界は極めて悪い。『慶長年中卜斎記』には「十五日、小細雨降り、山間なれば、霧深くして十五間（約二十七メートル）先は見えず。霧、明ければ百間（約百八十メートル）も五十間（約九十メートル）先も僅かに見ゆるかと思えば、そのまま霧降りて、敵の旗少しばかりも見ゆることもあるかと思えば、そのまま見えず」とある。両軍共に軽々しく行動できない状態にあった。

そんな最中、合戦の火蓋が切って落とされた。しかも抜け駆けでだ。これを行なったのは徳川家重臣の井伊直政である。諸書に記されているので間違いなかろう。

井伊直政は徳川四天王の一人に数えられる家康の側近である。遠江・井伊谷《いいのや》城（静岡県浜松市）主・井伊直親の息子として生まれた。直親は謀叛の疑いにより主の今川氏真に殺された。二歳の直政は父の友人・新野親規により助命され、その養子となった。そして、親規の死後、母の再婚先の松下清景に救われ、三河の鳳来寺（愛知県南設楽《したら》郡鳳来町）に身を寄せた。

天正三年（一五七五）二月、家康が浜松城下で鷹狩をしていた時に見出されて仕えるようになったのは直政十五歳の時。ゆえに直政は三河以来の譜代ではなく、いわゆる、駿河譜代の家臣であった。その後の戦功は数知れず、知略にも長けていた。

天正十年（一五八二）、本能寺の変後、武田旧臣たちは家康の麾下に参じた時、家康の命令で赤い甲冑を着用していた山県衆を配下にしたことから「井伊の赤備え」と呼ばれるようになり、各地で勇猛に戦った。

それゆえに、家康は四男の松平忠吉に直政の姫を娶らせた。忠吉は武蔵の忍《おし》城（埼玉県行田市）主で秀忠と同腹である。

九月十五日の合戦における東軍の先陣一番は福島正則と決められていた。しかし、直政は娘婿の忠吉を伴い、僅か三百人ばかりを従えて福島勢の横をすり抜けようとした。すると、正則家臣の勇猛な可児《かに》才蔵に呼び止められた。

「こたびの先鋒は我が主の福島左衛門大夫なり。誰も通すわけにはまいらぬ」

直政にすれば、それきたかと思ったことであろう。

「こちらにおわすは内府が子息の松平下野守でござる。こたびは初陣ゆえ敵の陣形を見せるために前進したまで。決して抜け駆けをするためではない」

と平然と切り返した。しかし、才蔵の疑念は消えなかった。

「されば、人数をば、ここに置き、御手廻ばかりにて通られよ」

これを聞いた直政は「尤もなり」と答え、家老の木俣右京に残騎を預け、四、五十騎ほどを連れて前進した。無事、抜けられて直政は安堵したことであろう。

ここからは諸説あり、まず向かった先の敵は島津説と宇喜多説がある。

『関ヶ原御合戦当日記』には「時に兵部（直政）直に飛び出し、島津が陣へ一文字に突懸ける」とある。

『武徳編年集成』には「忠吉朝臣を携え往きて、闘いを始める時に島津が陣より朱具足を着し、白布をもって鉢巻きし栗毛の駒に策打ちて一町許《ばかり》が間に進み来る敵あり、（中略）忠吉主もとり立ち、太刀打ちし給い」と島津軍を相手に戦っている。

『藩翰譜《こう》』の井伊直政の項では「つと馳せ抜きて敵の中に切って入り、散々に戦い、守（忠吉）殿、高名をさせ給いければ、打ち破り駆け通って、守殿と一所に馬を立て息つきたり。かかる処に島津兵庫入道惟新が布陣して」と島津の退き口のところと混同し、松平忠吉の項では「初め、井伊が守殿の御供せし時は、則ち我が手の者の、宇喜多が勢と軍する中に馳せ入りて」と、島津ではなく宇喜多勢ではないかと新井白石は指摘している。

『關原始末記』には「下野守殿・井伊兵部少輔一手に成りて、宇喜多・島津が勢と戦い」と、林羅山は慎重というか、誤魔化している。

『寛政重修諸家譜』の井伊直政譜には「敵陣に馳せ入り、勇を振って力戦す」とあり、明確に記していない。

という具合に島津軍に向かった説が多い。おそらく、最初に記されたものの受け売りであろう。地理的にいえば宇喜多軍に向かったというのが最近の研究である。注目すべきは鉄砲を撃ちかけたのではなく、太刀を抜いて突き入っているものが多い。江戸時代の刀崇拝主義がそうさせているのであろう。鑓《やり》の方が実戦的であるが、騎乗していれば、鑓よりも太刀の方が遣い易いのは事実である。

鑓か刀かは別にして鉄砲を放たなかったというのは重要なこと。豊臣家の武将たちが居並ぶ中、徳川家康の息子が敵に一番鑓をつけて開戦したとなれば、家康の面目は大いに立つ。しかし、面子を潰されたのは先陣を約束された福島正則である。

井伊直政陣

正則は岐阜城攻めを巡り、池田照政と先陣争いをして口論となり、刃傷沙汰に発展しかねない状況を作っている。たとえ家康の息子であろうとも、抜け駆けをされて黙っているはずはない。だが、正則が家康に苦情を言ったという記録はない。

家康自身も、会津征伐に向かう前の七月七日、江戸城で軍令を発している（第五章一項）。その五条「先手を差し越し、たとえ功名をあげても、軍法に背く上は、成敗すること」としている。我が子とはいえ、見逃せないであろう。

ただ、秀忠軍が到着せず、前線には豊臣家の家臣を配置せざるを得ない苦しい胸の内。どう転ぶか判らない戦ではあるが、正則らの歩調で開戦し、勝利したのでは家康の威光は薄くなる。なんとか最初の号令もしくは契機だけは徳川家の手でしたかった。そこで、家康は際どい手を遣い、直政に命じたのではなかろうか。

想像を働かせるならば、関ヶ原到着前の福島勢の先頭と、宇喜多勢の荷駄隊が霧による視界の悪さで接触した。これを巧みに利用した。

福島勢の横を素通りする時、火縄に火を灯していれば、物見と称しても怪しまれる。小さな火種を持っていてもまた同じ。実際、人数を減らされている。そこで、刀鑓に頼らざるを得なかった。物見も命がけである。

霧の中、直政らは進み、敵を発見した。これはおそらく敵も同じであろう。そこで、偶発的な小戦闘が行なわれた。これならば、正則も納得するであろう。しかも、鉄砲ではなく、敵に刀鑓をつけた。徳川家にとって、これ以上の名誉はない。

僅かに剣戟を交わした直政らはすぐに退く。敵は攻撃を受けて発砲する。これを聞きつけた福島勢は八百挺の鉄砲が火を噴かせた。

直政らは本来、使用したい鉄砲を遣わなかったことで、抜け駆けの軍法違反を躱《かわ》し、関ヶ原合戦における一番鑓は徳川家が入れたという名目を残せた。死を覚悟しなければならぬ行動であるが、後世までの名誉が得られたことになる。

戦後、直政は諸将の前で、「今日の戦い、先鋒の士に先立ちて始める事、各々遺恨たるべきか」と問うたところ、家康は「汝が戦功、今日のみにあらざること」と賞誉したという。

ただ、口にこそ出せはしないが、九割九分、直政の行動は抜け駆け。正則は憤っていたことであろう。その憤恚《ふんい》が宇喜多勢に向き、延《ひ》いては戦後、些細なことで家康の旗本ともめ、伊奈昭綱に自刃を迫り、行なわせたのではなかろうか。

真相三　出陣したくてもできなかった毛利秀元の事情とは

毛利秀元は中国の雄と謳《うた》われた毛利元就、その四男・穂井田《ほいだ》元清と来島《くるしま》水軍の雄・通康の娘の間に生まれ、慶長五年（一六〇〇）時は二十二歳。天正二十年（一五九二）に輝元の養子となった。しかし、文禄四年（一五九五）、輝元に秀就が生まれたことで、別家を立てることになり、周防、長門の二国を与えられた。朝鮮の役では輝元に代わって指揮を取り、蔚山《ウルサン》城の救援で戦功をあげた。輝元は右腕として頼りにする存在であった。ゆえに、関ヶ原合戦にも勇んで参陣していた。

輝元は西軍の総帥に担がれて大坂城にあり、秀元は戦場における毛利家の大将として出陣した。伏見城攻め、伊勢平定は先章で記した。そして、南宮山に布陣し、東軍の到着を待っていた。毛利軍一万五千の軍勢が雪崩を打ったように下山し、移動中の家康本陣に突き入れたならば歴史は変わるであろう。本人は至って直前まで、そのつもりでいたという。

闘志漲《みなぎ》る秀元を下山させなかったのは、鼻先を押さえる形で布陣した吉川広家である。広家は黒田長政を通じて、家康に内応しており、八月八日、家康からは「輝元とは兄弟のごとくと申し合っている」（第八章二項）という書状が長政に届けられている。広家の目的は毛利家の安泰と、安国寺恵瓊への反発である。西軍が敗れれば、首謀者の三成を始め、深く関わった恵瓊も首を刎ねられるのは必定。肚裡《とり》では「ざまあみろ」と吐き捨てていることであろう。

しかし、そこまで来るのも楽ではなかった。まず、味方にも悟られてはならない。そこで、不本意ながらも、伏見城攻めでは感状を与えられるほど働いた。また、伊勢でも、東軍と通じていることなど露とも感じさせぬほど戦った。ゆえに、西軍の誰もが疑わなかったようである。そして、南宮山に陣を敷いた。

九月十二日、広家が家臣の祖式《そしき》長好に送った書状には「敵は垂井《たるい》・赤坂にあり、双方の間は一里ほど、ただ今までは珍しく行くことはない」と東軍を敵と記してい るのは、完全に盟約が交わされていないので、慎重を期してのことか。

それでもなんとか、これまでの行動は功を奏し、九月十四日、人質を差し出し、本多忠勝、井伊直政からは所領安堵の書付を貰っていることは既に記した（第八章二項）。しかし、予定どおりにいかなくなりはじめた。南宮山の陣はあくまでも後詰《ごづめ》的な陣城である。三成の作戦は大垣城に東軍を釘付けにして大坂の輝元を出陣させて挟撃すること。広家は輝元を出陣させず、さらに、いざという時は包囲軍の一翼を担い、参陣する約束をした。これで毛利家は安泰である。

ところが、城攻めが苦手な家康は対峙を解いて佐和山に向かうと言って、三成を大垣城から引きずり出す作戦を取った。この流言を受けて、三成は関ヶ原に移動した。予定どおりに進まず、広家は焦った。そして、その意を黒田長政に伝えた。報せは福島正則から長岡忠興に届けられ、『細川忠興軍功記』に記されている。

「大夫殿（正則）が仰せられたことは、吉川の所より黒田の所へ、昨日（十三日）は御味方すると申したけれども、今宵、治部少輔（三成）は大垣より関ヶ原に廻り、各々へ仕懸かるよう申した。昨日の首尾とは違うので、御敵にはならぬが、御味方もできぬと申したよし、と大夫殿は申された」

右の書に記されていることは、広家がとった行動そのままである。

東軍が関ヶ原に移動する途中、南宮山の山下に達した時、池田照政と本多忠勝、井伊直政の使者が吉川の陣を訪れ、広家に対し次のように告げた。

「長宗我部の陣と、その弓・鉄砲衆の陣ならびに安国寺の陣は足場がよいので、我らはまず、これを切り崩したのち、山上の毛利陣へ切り上がるつもりであった。されど、今は既に和談が整った。約定に相違するべきか」

「このたびの和談は、某《それがし》と福原広俊のみが知っていることにて、長束、安国寺、長宗我部および我が弓・鉄砲衆は知らぬこと。ゆえに、もし、東軍の兵が出動致せば、戦に及ぶであろう。かようになっては和談が破れてしまう。東軍が南宮山に一切手出ししなければ、当陣の者たちは打って出ることはない」

広家の返答を受けた忠勝、直政らは関ヶ原に進み、照政は垂井の陣で静観した。これにより南宮山では合戦が行なわれなかった。

広家が秀元に参戦しないと告げたのは、十四日とも十五日とも伝えられている。秀元が言うには、十五日には合戦になると石田三成から伝えられ、各々が準備をしていた。すると、十四日の夜半過ぎ、「けいろう山（南宮山）の麓を東軍が通るので、早々と先手を出されよ」と長束がしきりに広家に申してきた。

これを聞いた秀元も、広家に遣いを出して出陣の意思を伝えた。しかし、広家は

「霧が深くて方角が見えない。少し霧が晴れてから下山致す」と返答し、「東軍が通るか見てまいれ」と齋藤孫左衛門に命じて下山させた。

たちどころに孫左衛門は戻り、「事々しく大勢通り申す物音にございます」と報告した。吉川の陣から使者が戻り、秀元にも伝えられた。秀元は、すぐに先手を出陣させるべしと、用意をして待っていた。しかし、要請の伝令は来ない。

明け方になって長束が大坂の弓・鉄砲衆を率いて秀元の陣を訪れ、一緒に出陣することを、広家に勧めようと申してきたので、福原広俊のところに向かった。すると広俊は先手の広家のところに行っていて留守であった。既に夜も明けたので、両人は急ぎ広家の陣に足を運んだ。そして意見した。

すると広家は「先手は出さぬ」と秀元の申し出を断った。これを聞いた長束は、

「さては、侍従（広家）と式部少輔（広俊）は内府に内応致したか」と詰問した。

「さだめて、そは、あるまじきこと。雑説（噂）たるべし」

広家は長束がいるので、嘘をつきとおした。

ほどなく戦は始まった。そして、半ばになろうとした頃、秀元は「我ら罷《まか》り出るべし」と広家に詰め寄ったところ、ようやく真実を打ち明けた。

「さては、左様の沙汰これありとは、夢にも知らざること」と秀元は感嘆した。そして、「どうしても、出陣なされぬのか」と付け加えると、長束は書を認《したた》め、三成の

もとに遣いを走らせた。すると、八キロほども行ったところで引き返し、西軍の敗北を伝えた。これを聞き秀元は自陣に戻った。

せめて一太刀なりとも内府に浴びせようとしていたところに広俊がまいり、毛利のために退くことを説得し、とりあえず滞陣の命令を出したという。

以上が『毛利秀元記』に記されていることを、かい摘んでみた。筆者や成立年などは伝わっていないが、おそらく秀元の家臣もしくはその子孫が記したものであろう。名誉のためか、「宰相殿の空弁当」は記されていない。全ては信用できないかもしれぬが、広家が押さえ、これに詰め寄ったのは事実ではなかろうか。

秀元が南宮山を下ったのは合戦翌日の十六日。北国脇往還を進んだ。島津家のように伊勢街道を通らなかったのは、敗北した意識がなく、再起を期待したのであろう。十七日、東軍が佐和山城を攻撃している横を通り、十八日は勢多に到着。ここで福島正則や黒田長政が訪れ、輝元のために東軍に下るよう説得した。すると秀元は「儂は前中納言（輝元）の陣代である。かような仕儀となった上は、早急に大坂に退くのみ」と答え、陣幕の外まで長政を人質として連れ出したという。

ほどなく秀元は大坂城に入り、西ノ丸にいる養父の輝元に籠城して東軍を迎え撃つよう勧めたが受け入れられず、退去した。そして、毛利家は秀元が輝元から与えられた周防、長門の二ヵ国のみを安堵されてしまう。

吉川、毛利が南宮山を下って家康の背後を突けば、歴史は変わっていたかもしれない。しかし、采《さい》は投げられることはなかった。豪勇で有名な秀元は、生涯、広家を憎み、江戸で七十二歳の生涯を閉じることになる。

真相四　前半に戦いを優位に進めた西軍の原動力とは

まだ、霧が晴れぬ辰刻（午前八時）、井伊直政、松平忠吉の抜け駆けにより、関ヶ原合戦の火蓋は切って落とされた。そして、両軍の筒先が一斉に轟いた。しかし、まだ視界は悪く、旗指物もよく見えない。互いに誰を相手に戦っているのか判らない状態であろう。

事前の下工作で南宮山の毛利一族は動かず、松尾山の小早川秀秋と麓にいる朽木元綱ら四将の背信は決まっていた。家康にとっては政権奪取の戦であり、三成にとっては横暴者を滅するための戦。冷静に考えれば豊臣政権の内部分裂戦である。

両軍、寄せ集めの軍勢であり、明確な指揮命令系統はなかった。『東照宮御實紀』には「かかる大戦は前代未聞の事にて。諸手打込の軍なれば、作法次第という事もなく、我がちに懸かり敵を切り崩したる事にて。追い留めなどという事もなく、四方八方に敵を追い行きたれば、中々脇ひら（ひらかな衰退記）を見る様なる事ならずと見えたり。これ目撃の説、尤も実とすべし」と記されている。

太田牛一《ぎゅういち》が記した『関原御合戦双紙』には「敵味方押し合い、鉄砲を放ち、矢叫びの声、天を轟かし、地を動かし、黒煙立ち、日中も暗夜と成り、敵も味方も入り合い、錣《しころ》を傾け、干戈《かんか》を抜き持ち、お包まくりつ攻め戦う。切っ先より火炎を降らし、日本国二つに分けて、ここを詮度と夥《おびただ》しく戦い、数ヶ度の働きこの節なり」とある。史料的価値の高い『原本信長記』や秀吉を記述した『大かうさまくんきのうち（太閤さま軍記のうち）』とは違い、抽象的な表現が多い。秀吉の死後、秀頼に仕えている牛一はこの時七十四歳。関ヶ原の戦地にいたかどうか疑問だ。

何れにしても乱戦であったことは窺える。ただ、諸軍記物語に記されているように、大数の騎馬武者がぶつかり合い、名乗り合っての一騎討ちに終始したわけではなかろう。直政、忠吉の抜け駆けに憤激した正則が、八百挺の鉄砲を咆哮させたように、これは関ヶ原合戦に限らず、殆どは飛び道具による遠戦であったはずだ。

とすれば、兵力の多い方が有利である。緒戦で直接、戦闘に参加した東軍は先陣の福島正則をはじめ田中吉政、加藤嘉明、黒田長政、長岡忠興、筒井定次の二万五千二百。対して西軍は宇喜多秀家、石田三成、島津豊久、小西行長の二万八千五百。西軍の方が多かった。

もう一つ、裏切りや傍観という不確定要素に頼り、家康が、地の利の悪いところに乗り込んだこともあろう。実際に合戦が行なわれた地は、意外にも狭く、二陣に配置した者たちが、簡単に前線に進みにくい地であった。

また、二陣は、先陣衆の許可なく参戦することは許されなかった。

一方、鶴翼に兵を配置し、陣城を築いていた三成とすれば、野外決戦における持久戦を取ってもよかったはず。先廻りし、東軍の前に立ちはだかったならば、焦る必要はなかった。逆に家康の方は早く片をつけたかった。ゆえに、多少の不利を承知で抜け駆けを行なわせ、開戦させたのではないか。

というのも、正則と右の五将の他に藤堂高虎ら家康本陣の前に陣する東軍の諸将は合戦に参加しているが、西軍は秀家らの他には大谷吉継ほどしか加わっていない。歴戦の家康とすれば、やる前から、最初はある程度押されるのを承知でとまでは思っていないかもしれないが、敵に疲労させれば、充分に巻き返しが行なえるとは考えていたのではないか。ただ、西軍の奮闘には驚いたことであろう。あるいは、もっと早く小早川秀秋の背信を想定していたのかもしれない。

開戦一刻後、隙間を縫って東軍の藤堂高虎、京極高知、寺澤廣高、古田重勝、井伊直政、松平忠吉ら二陣の武将たちが参陣。西軍では大谷吉継、戸田勝成、平塚為広らが参戦。この段階で漸く兵力は拮抗した。しかし、西軍は優勢であった。

鉄砲合戦の合間を探し、宇喜多勢は五段に兵を構え、明石全登《てるずみ》、長船《おさふね》定行、宇喜多太郎左衛門、延原《のぶはら》土佐の指揮する諸組が鑓衾を作り、遮二無二突き進むと、福島勢は五百メートルも後退した。大谷勢は藤堂、京極勢を引き付けて奮闘。小西勢は織田、寺澤らの諸勢と激闘を繰り返していた。

中でも石田勢の奮戦は凄まじい。三成は西軍の首謀者であり、東軍に身を置く武闘派諸将の個人的な憎しみもあり、標的であった。長岡忠興は正室を死に追いやられ、父の幽斎も田辺城で攻められている。黒田長政は朝鮮の役で讒言を受け、父の如水は蟄居させられた。また、長年の忠功も評価されず、豊前に小禄で追いやられている。これは三成の誣告《ぶこく》によるものだ。これに加藤嘉明も加わり、三将は猛然と石田勢に襲いかかった。

三家併せて一万三千四百の兵に対し、三成は半数以下の六千の兵で激闘を演じた。寡勢で敵を蹴散らし、勇猛果敢に戦ったのは、三成の右腕・嶋左近清興である。

「三成に過ぎたるもの二つあり。嶋の左近に佐和山の城」

と俗謡に謳われた嶋左近は、三成が近江の水口《みなくち》で四万石を与えられている時、浪人している嶋左近に対し、三顧の礼を尽くし、一万五千石の高禄で召し抱えたという逸話を持つ人物である。但し、史実の嶋左近は秀吉の直臣であり、秀吉の死去時に形見分けで景光の刀を与えられた。北条征伐前に三成の寄騎となり、家臣となったのは秀吉の没後。『大和志料』には「文禄改高」として石高も記されている。ある種、理想主義者の三成に対し、現実主義者の嶋左近は家康が暴走を始めた時、即座に暗殺を進言した。聞き入れられていれば戦は違ったものになっていたであろう。

足踏みする中で田中勢が果敢に突きかけてきたが、延びきったところを逆に嶋左近は突撃を喰らわし、二、三百メートルも後退させた。

また、嶋左近は部下を二つに分けて、一隊を柵に配して守備を固め、自身は黒田勢の中央に突き入った。すると、迂回させた黒田勢の鉄砲が轟音を響かせ、配下は銃弾に倒れ、嶋左近も被弾して後退を余儀無くされる。

後方に退いた嶋左近であるが、背後からも指示を出し続け、倍する敵を迎撃し続けた。石田勢の奮戦のお陰で小西勢への圧力は弱まり、西軍は優勢に戦を進めた。

また、三成は領内の国友村で大筒を作らせ、これが炸裂して東軍を畏怖させたとも言われている。さらに事前に築いた陣城の堅さもあり、東軍は攻めあぐねた。

第十二章　激突！――【後編】関ヶ原本戦をめぐる謎

真相一　小早川秀秋が戦う前から東軍だったというのは本当か

小早川秀秋は天正十年（一五八二）、秀吉の正室である北政所（お禰《ね》）の兄・木下家定の五男として誕生した。一時は秀吉の養子にもなるが、秀頼の誕生で破棄され、文禄三年（一五九四）、小早川隆景の猶子となった。成人した時に左衛門督に任官されたことから唐名の「金吾」と通称され、のちに権中納言に任じられたので、皆からは金吾中納言と呼ばれるようになった。

隆景の養子となり、これで落ち着いたと思いきや、翌四年、関白秀次事件に連座して、丹波の亀山に蟄居させられた。しかし、同年十二月に養父の隆景が隠居するに及び、筑前・筑後三十万七千三百余石を領有する。隆景の死後は隠居領をも取得し、三十五万七千余石に加増される。慶長二年（一五九七）、慶長の役で朝鮮半島に渡って奮戦するが、三成の讒言によって越前の北ノ庄に移封される。この時、大将の身にありながら、軍法に背いて敵陣に突き入り、十三騎を討ち取った。さらに、女性や子供など大量に殺戮したことを咎められたとも伝えられている。しかし、最近の研究では武将としての才に勝れ、秀頼の敵になることを恐れた秀吉が移封させたと言われている。何れにせよ、秀吉の死後、家康の権限にて旧領を復活した。

家康が会津征伐に向かったのち、秀秋も東西、何れの陣営に加わるのか旗色を鮮明にしなければならなかった。しかし、十九歳の秀秋は決断できず、都の三本木（京都府京都市上京区・現京都御苑内の南西）に住むようになった北政所を訪ねた。

北政所は秀秋が秀吉の養子時期は直に養育し、小早川家に入っても、陰に日向に支えた。秀秋にとって北政所は実母のような存在であった。

淀殿と三成らに虐げられ、大坂城の西ノ丸を半ば追い出されるような形で都に移り住んだ北政所は、家康に傾いている。それでも多少の不安はあった。悩んだ北政所ではあるが、「ゆめ、大恩ある内府殿に逆らうことのないように」と告げた。

指示に従い、秀秋は伏見城に入り、家康が残した鳥居元忠らと一緒に籠城しようとした。というのも、この時にはまだ同城には秀秋の兄である木下勝俊が在していたからだ。しかし、家康の命令を受けていた元忠は、徳川家以外の兵を入れず、同じように申し出た島津惟新《いしん》の進言をも拒んだ。すると、勝俊は城から逃亡した。

断られた秀秋は妻（宍戸《ししど》元秀の娘）を人質にとられていたこともあり、西軍に加担してしまう。そして、不本意ながら、伏見城攻めに参陣し、奮戦する。

その後、北政所などに咎められたこともあり、家康に陳謝の書状を送った。そして、病と称して近江の石部《いしべ》（滋賀県湖南《こなん》市）、あるいは高宮（同県彦根市）に留まって動かなかった。だが、家康は秀秋の謝罪を受け入れない。

秀秋は使者を永井直勝のもとに送ったが、「せがれ（秀秋）の申すことは実儀ではない。取り合うことは無用」と一蹴したと板坂卜斎《ぼくさい》は『慶長年中卜斎記』に記している。実際、小早川勢は味方にしたい兵力であるが、そこは老獪な家康のこと、一度突き放して様子を見たのであろう。ただ狸の皮算用はしなかったようである。

そこで、小早川家臣の平岡頼勝と稲葉正成は黒田長政を通じて、頼勝の弟・資重を人質として差し出し、東軍に応じる意思を伝えた。これで家康も信用したという。

心は東軍にあるが、地理的には西軍に近く、また参陣要求も頻繁であった。秀秋は両陣営の間で浮くような形になった。そこへ家康から信じるという返答が来た。漸く不安が解消されたところへ、三成らの催促を受けた。秀秋は応じるように腰をあげた。ただ、騎乗した時西軍ではなく、東軍として出陣したのである。

秀秋が松尾山に着陣したのは九月十四日の昼頃。この時、同山には大垣城主の伊藤盛正がおり、長亭軒《ちょうていけん》城あるいは松尾新城とも呼ばれる砦を築いていた。それは周囲に土塁を巡らし、南には升形虎口を設け、主郭虎口には堀切まで構じてある。おそらくは、以前からある程度築かれていた砦に手を加えたものであろう。

秀秋は強引に盛正をどかし、松尾新城を奪い取った。盛正は地元大垣で三万四千石を与えられている小禄の大名。在する兵は掻き集めても一千ほど。とても秀秋の一万五千六百の大軍とは勝負にもならない。理不尽な仕打ちを受けた盛〒は、「覚えていろ」とでも肚裡《とり》で吐き捨て、松尾山をあとにした。

漸く秀秋が到着したが、松尾山を占拠したことを聞いた三成は背信の疑念を深めた。そこで、なんとか大垣城に誘い出して人質にしようとしたが、応じない。仕方なしに鼻薬を嗅がせる書状を送らざるを得なかったに違いない（第十一章一項）。

口では判ったと答えた家康ながら、真意は信じきれてはいなかろう。秀秋への書が本物だとすれば（前同）、どうしても味方に引き入れたかったに違いない。

小早川の陣には両軍の使者がひっきりなしに来ていたことであろう。どのような会話がなされたのか、明確に書き残されていないが、おそらくは何れにも都合のいいことを口にしたに違いない。家康に対しては、伏見城で徳川家臣たちを攻め殺している負い目があるので、人質を出しても不安は拭いされなかったのではないか。

三成には朝鮮の役で恨みを持っているので、途中から態度を変えることに、罪の意識を持っていたとは思えない。逆に、いいところで攻めてやると考えていたのではないか。伝わっていないだけかもしれぬが、東軍は黒田家臣の大久保猪之助を目付として小早川の陣に置いたのに対し、西軍は置かなかった。

九月十五日、ついに関ヶ原合戦の火蓋は切って落とされた。秀秋は、いつ参陣しようかと、緊張していたに違いない。しかし、どうであろうか。南宮山の西軍が参戦しないにも拘らず、西軍が東軍を押している。秀秋は考え込んだであろう。そして、少し様子を見ることに決めた。誰でも敗軍には味方できるわけはない。

両陣営でも、やきもきしていたであろう。狼煙《のろし》をあげても小早川勢は動かない。

この時、西軍で三成の他に危惧していた武将がいた。大谷吉継と美濃・垂井《たるい》城主の平塚為広である。開戦して一刻半頃、為広は親しい大谷家の陣を訪れ、告げた。

「金吾殿は二心を抱かれているようだが、日和見をしておるは何れが勝利するか決めかねている様子。ゆめ、御油断めされるな」

「儂も左様に心得る。たびたび使者を遣わしたが、確たる返事をせぬ。万が一、返り忠致したならば、貴殿と戸田殿（勝成）と儂とで討ち取ろうぞ」

早くから秀秋を怪しんでいた吉継は、為広に答えた。

同じ頃、家康も躁心していた。家康は巳刻（午前十時頃）、既に桃配《ももくばり》山から一・二キロほど西の陣馬野へ進出していた。そして、小早川勢が動かないので不安になり、山上郷右衛門を黒田長政のもとに遣わし、秀秋の出撃を確かめさせた。

「金吾が味方するか否か、儂の知ったことではない！　されど、万が一、約定を違えたならば、治部《じぶ》が首を刎ねたのち、彼奴も討ち取ってくれようぞ！」

長政は憤怒の剣幕で怒号したという。これを聞き、さらに家康は躁擾した。

「小倅に謀られたか。なんと口惜しきことか！」

家康はこの時、親指の爪を噛んだという。困惑した時にする癖である。そして、暫し思案ののち、檄を飛ばした。

「小早川の小倅に向かい、鉄砲を放たせよ。ありったけ放て！」

下知を受けた鉄砲頭の布施孫兵衛と、福島家の鉄砲頭・堀田勘兵衛は揃って鉄砲衆を率いて松尾山に向かい、轟音を響かせた。

同じ頃、目付として松尾山に在している大久保猪之助は平岡頼勝に詰め寄った。

「合戦が始まって、およそ二刻。未だ出撃の下知をせぬのはいかなることか。万が一、我が主に偽りを申されたならば、貴殿と刺し違えねばならぬ」

猪之助の左手は頼勝の胸ぐらを摑み、右手は脇差を握っていた。

「出陣の儀は我らにお任せ戴きたい。約定に違えることはない」

頼勝は引き攣った顔で猪之助の手を払ったという。

東軍に鉄砲を撃ちかけられ、秀秋も躊躇していられない。そして、決意した。

「目指すは大谷刑部《ぎょうぶ》の陣じゃ。かかれ！」

正午を少し過ぎた頃、秀秋の采が振られ、小早川勢は雪崩のごとく下山して、大谷吉継の陣に殺到した。この時、先鋒の松野重元が「返り忠とは汚し」と傍輩を止め立てたが、軍勢を止めるには至らなかった。

以上のことから、秀秋は裏切ったのではなく、最初から東軍として松尾山に陣を敷いた。騙したが、寝返ってはいない。二股膏薬を背信と言うのが正しいのか意見は別れよう。ただ、違約をしたのは事実ではあるが。

真相二 裏切りを予想していた大谷吉継の奮戦ぶりとは

小早川秀秋が漸く約束を守って西軍に突き入ったことを見た家康は、鬨《とき》をあげさせた。勝利を確信した瞬間であろう。

大谷吉継は秀秋が敵になることを予め予想していたので、驚く様子はなかったという。小早川勢は平岡頼勝、稲葉正成を先頭にして山を駆け下り、大谷勢に向かい、六百の筒先から火を噴かせ、突き入った。

銃弾にばたばたと屍を晒す中、為広、勝成は、それまで交戦していた藤堂高虎、京極高知との戦いを止め、小早川勢の側面を突いた。

平塚、戸田両勢の勇戦によって、小早川勢は五百メートルも後退させられた。これにより小早川兵は三百七十余人が討死した。ここには家康が検使として遣わした奥平貞治もいたが、一緒に討たれている。兵たちに必死の覚悟がないのか、これに威圧され、小早川勢の多くは再び松尾山に退いている。

小早川勢を追撃する大谷勢に向かい、藤堂、京極勢が横合いから突き入った。こ

大谷吉継像（大阪府　石田多加幸）

れにより、攻勢が弱まった。寡勢は止まれば踏み潰されるので、大谷勢の中から一人の若武者が進み出た。嶋左近清興《きよおき》の嫡男・政勝（清正とも）である。

「某は当手の軍《いくさ》奉行なり。目の前にて戦いを決せよ」

政勝が大音声で叫ぶと、藤堂家臣の藤堂嘉清が名乗り出た。そして、一騎討ちを行なうと、政勝が嘉清を打ち倒した。すると、嘉清の従者・高木平三郎が政勝を討ち取るなど、激しい戦いが繰り返された。

そこへ、小早川勢の参戦に応じて、赤座直保、小川祐忠《すけただ》、朽木《くつき》元綱、脇坂安治らも腰をあげ、大谷吉継、平塚為広、戸田勝成の陣に突撃した。

それまで碌な戦いもしなかった赤座ら四将なので、吉継としては胡散臭いとは感じていたであろう。本心は「やはり」と思ったのではないか。纏めて蹴散らしてやろうと意気込むが、吉継の配下は六百しかいない。これを三方面から三十倍以上の敵に攻められてはたまらない。しかも四将のうち、脇坂安治は天正十一年（一五八三）、秀吉が柴田勝家を破った賤ヶ岳《しずたけ》合戦で、七本鑓の一人に数えられた武将だ。その後は活躍の場に恵まれず、加藤清正、福島正則ほどの高禄を得ることができなかった。しかし、目の前には三成と親友の吉継がいる。西軍きっての知将と知られている。この首をとれば、加増を望める。遮二無二突撃を繰り返した。

脇坂勢に負けじと、他の三将も餓狼が久々に見つけた得物に叢《むらが》るように襲いかかった。状況はどの将も同じ。一瞬の遅れで恩賞を奪われてはたまらない。また、最初から戦っているわけではないので、活躍してこそ本領が安堵されるのかもしれない。皆、生き残り、家の存続ならびに発展のために無我夢中だ。

熾烈な一斉攻撃を受けた大谷勢はあっという間に崩れていった。奮戦して大谷勢を支えていた戸田勝成、平塚為広も追い詰められた。勝成は津田信成と戦って撃退したが、織田有楽斎《うらくさい》の息子・長孝に討たれて生涯を終えた。また、為広は十文字鑓を振って小川勢と激闘を行なった。戦の最中、取った首の一つに「名のために、捨つる命は惜しからじ、つひに止まらぬ浮き世と思へば」という歌を添えて吉継に届けさせ、再び小川勢に突撃した。そして、樫井太兵衛の鑓に突き倒された。

その頃、吉継の本陣も崩れ、僅かに嫡子の吉勝と木下頼継が防戦しているのみである。目も体も不自由な吉継は、既に切腹の覚悟をしていた。『関ヶ原御合戦当日記』によれば、為広から送られてきた首を撫で、「祝着至極、この世では見れぬゆえ、冥土にてお目にかかろう」と言い、さらに「筑前中納言が陣は、その方か」と松尾山の方を白眼で睨み、「秀秋の無事は三年は過ぎまじきぞ」と告げると、腹を切り、家臣の三浦喜兵衛、磐田治助は吉継の首を隠して討死したとある。

また、『名将言行録』には、報告を受けた平塚為広の家臣に向かい、「武勇といい、和歌といい、感ずるに余りあり。早や自害して追い付き、再会すべし」と労《ねぎら》ったのち、己の家臣である湯浅五助に向かった。

「汝、介錯して、我が首、決して敵方へ渡すべからず」

と告げたのちに腹を十文字に掻き切ったという。享年四十二歳。伝えられる中で、斬り死に、あるいは斬首された武将はいるが、自刃したのは吉継だけである。

五助が介錯を終えると、三浦喜兵衛が陣羽織に包んで近所の田に埋め、そ

大谷吉継陣

こで殉死した。これを見届けた五助は藤堂勢に突入して斬り死にしたという。

異説では、吉継は最初から切腹の覚悟をしていたので、甥の祐玄という僧侶を陣幕の中に入れており、切腹後、祐玄は首を錦の袋に入れ、玉村の内にある玉田（岐阜県不破郡関ヶ原町）という深田の中に隠したという。祐玄は『関ヶ原合戦図屏風』にも描かれているので、同陣していたことは史実であろう。

このように、秀秋が腰をあげた途端、東軍に意を通じていた諸将は呼応し、あっという間に西軍は崩れ去った。東西両軍がこの若将を恐れていたのも頷ける。

とすれば、どうして西軍は、もっと秀秋を味方にするように努めなかったのか。参陣はせずとも、傍観していればよいとでも思っていたのか。一旦は秀吉の養子となり、毛利両川の一家を継いだ者なので、黙っていても西軍に味方するとでも考えていたのか。家康の釣り出しが見事だったので、三成には策を練る余裕がなかったのか。詰めが甘いと言えばそれまでであるが、天下分け目の戦いでありながら、東軍から見て、これほど内応の連鎖がうまくいった合戦も珍しい例ではなかろうか。

真相三　瓦解した西軍の諸将はどのように潰走したか

西軍の崩壊は、間違いなく小早川秀秋の内応に他ならない。これを、戦う前から既に勝負はついていたなどと言うのは、徳川史観の意見。徳川方に意を通じていた秀秋でさえも、迷うほど西軍は奮戦した。それも小早川勢の下山で一変した。

鶴翼の陣形の右翼が折れ、大谷勢が破られたあと、戦っていたのは大きい勢力として北から石田、島津、小西、宇喜多の四家であった。

石田三成は合戦の西軍首謀者であり、始終激戦を繰り広げていた。南隣の島津惟新は、前線に甥の豊久を置き、自らは積極的に打って出ず、攻撃してくる東軍に応戦するという冷めた戦いをしていた。その南隣の小西行長も東軍諸将の怒りの的にされ、よく戦った。そして、宇喜多秀家。秀吉の養子にもなり、官位も石高も役職も陣した西軍の中では随一で、先鋒として主力として奮迅の働きをした。

この中で一番早く崩れたのは小西勢であった。

小西行長は堺の商人・小西隆佐《りゅうさ》の次男として生まれ、備前・岡山の商家に養子として入り、若い頃から宇喜多家に出入りし、その才を当主の直家に認められ、半商半士として仕えていた。その後、織田軍の中国方面司令官として秀吉が派遣されて親しくなり、直家死後は秀吉に仕え、天正九年（一五八一）には播磨で所領を与えられた。同十三年の雑賀《さいか》攻めには水軍を率いて功名をあげ、出世していった。

朝鮮の役では先鋒を勤めるが、加藤清正らと意見が合わずに対立し、戦を停滞させた。これにより政権の亀裂をより深めた。これが関ヶ原合戦の原因の一つでもある。

大谷勢が瓦解し、東軍の士気が高まると、劣勢に立つ側は浮き足立つ。加えて、味方だと思っていた者が敵に廻ったとなると、士卒は疑心暗鬼にかられ、とても踏み止まって反撃をすることなど望めなくなる。それは、行長が商人であり、家臣たちに性根が入っていないからではなく、何れの家中でも同じだ。

「退くな！　退いた者は斬り捨てる！」

いくら大将が檄を飛ばしても一人が逃れ始めると、逃亡兵は連鎖を呼び、止まらない。あとは我先にと走りだす。刻限は午の下刻（午後一時）であった。

左右が崩れても、なお踏み止まっていたのは西軍の主力・宇喜多勢であった。

若き五大老の一人である秀家は、父直家亡きあとお家存続のために母の備前殿（於ふく）が半ば秀吉の側室のような立場になったこと。それに秀吉も中国地方における足固めの意味もあり、秀家を可愛がった。本格的な戦は天正十三年（一五八五）の四国攻めに始まり、その後の天下平定戦は殆ど参陣して活躍した。お陰で大職も得ることができ、石高も五十七万四千石と全国六番目に位置付けられ、官位も権中納言に上りつめた。しかし、度重なる戦と城普請で領内は乱れ、経済、農業、宗教で家中は割れ、所領の多い重臣の大半は出奔した状態で関ヶ原合戦に参戦せねばならなかった。

石田三成陣

それでも秀家は福島勢を相手に優勢に戦い、よく攻めたてた。後半は筒井、京極、藤堂勢が加わりながらも、孤軍奮闘、最後まで西軍を支えた。しかし、三方を囲まれ、後退を余儀無くされる。そして、自軍からも逃亡兵が出始め、もはや踏み止まることはできなくなった。敗北は濃厚である。

「おのれ！　かの小倅めと刺し違えて憤恨を晴らすべし」

激怒した秀家は小早川勢に突き入ろうとした。これを明石掃部《かもん》助全登《てるずみ》が抑えた。

「お怒りはご尤もなれど、殿は諸将の進退を御下知なされる御身にて、粗忽な振る舞いをなさるべきではありませぬ」

「そちの意見は尤もなれど、小倅が逆心を怒るのは粗忽にあらず。輝元は兼ねての約定を違い、出馬なきことさえ不審なるに、秀元、広家も約定を変ずる上は、天下傾覆の時節じゃ。しからば、今日討ち死にして、太閤殿下の御恩を報ずべし」

「たとえ奉行（大老）、年寄（奉行）の輩が、みな関東に降参したとしても、天下の危機を御救いになり、とにもかくにも秀頼様の御《おん》行く末をお量り給えかし」

明石掃部助の忠言を受け入れ、秀家も小西行長のあとを追うように、逃走した。

そして、西軍の首謀者・石田三成。三成は笹尾山に大筒五門を設置し、切岸をして堀を掘り、逆茂木《さかもぎ》を置き、根小屋を造り、竹矢来を組むという陣城を築き、寄せ迫る東軍兵を蹴散らし、押し返し、徹底交戦した。

西軍の布陣は完璧であった。東軍は誘われて窪地に広がる僅かな平野に進軍してきた。あとは包み込んで猛攻を加えるだけで、敵大将・家康の首が取れたはずである。あるいは、壊滅的な打撃を与えられたはず。しかし、笛吹けど踊らず、何度も攻撃の狼煙をあげるが、南宮山の吉川、毛利勢は動かず、隣に陣する島津勢は伝令の態度が悪いと使者に斬りつける始末。三成は自ら足を運ぶも無下《むげ》に断られた。終いには小早川秀秋の内応が連鎖を呼び、脇坂安治ら四将が敵となった。開戦前からは想像できなかった展開であろう。

嶋左近が負傷し、渡辺勘兵衛、杉江勘兵衛など名のある武士が討死し、頼りの小西、宇喜多勢も敗走を始めた。東軍の黒田、長岡、加藤、田中、生駒に、金森、織田、京極、藤堂勢も加わり、もはや孤軍奮闘もできなかった。

三成は再起をかけ、蒲生頼郷《がもううよりさと》に殿軍《しんがり》を任せて、西北の山間に逃走するしかなかった。刻限は未刻（午後二時頃）であった。

関ヶ原合戦が僅か半日で収束したのは、短く説明すれば、前半、布陣した西軍の半数が動かず、さらに小早川秀秋の内応による連鎖によるものであろう。

真相四　島津軍が戦わなかった本当の理由とは

合戦も終焉に近づいた時、『薩摩旧記雑録後編三』に収められている「覚書」（筆者未詳）によれば「薩摩勢をせめて五千も連れてきていれば、こたびの合戦は勝つものを」と島津惟新は両三度呟いたという。朝鮮において、二十万の明・朝鮮連合軍を相手に僅か五千の兵で蹴散らし、三万八千七百余の首を取り、敵から「石曼子《シーマンズ》」と恐れられた島津勢が兵を揃えて本気で戦えば、状況は変わったに違いない。

島津家は、当初から関ヶ原合戦には乗り気ではなかった。それは動員した兵数でも明らかである。惟新の息子・忠恒の領地は鹿児島で六十万九千余石。また、甥の豊久は佐土原で二万九千石。合計すれば一万五千人以上は出陣させられたはず。しかし、戦地に姿を見せた兵数は、その十分の一の一千五百。戦意のなさが窺える。

そもそも、惟新は参戦当初、家康、三成共々、別に恨みを持っていなかった。逆に好感の方が強い。それは、文禄三年（一五九四）九月、薩摩の国で行なわれた「竿始め」いわゆる検地による。これに携わったのは三成の家臣である。これまで島津家は碌な検地を行なっておらず、実際にどれほどの石高があるのか判らなかった。調べたとしても殆どは差し出し検地、俗に言う自己申告なので、各領主は低い数字しか報告しない。それを三成のお陰で明確にできた。

よく、検地を行なわれると困るというが、それは秀吉の直轄領であり、旧勢力がひしめく各大名は寧ろ喜んだ。検地によって石高が明確になり、しかも、尺寸を短くしたため、三割から五割も年貢が増えるからである。惟新とすれば三成に感謝したいであろう。ゆえに、三成にはお礼領として六千二百石が贈られていた。

また、家康への感謝は、忠恒への加増（豊臣家の蔵入地や三成の領地）や伊集院忠棟・忠真《ただざね》親子の謀叛（庄内の乱）の調停（第四章二項）などがある。

伏見城守の鳥居元忠に拒まれ、否応なく西軍に与することになった惟新であるが、それでも薩摩隼人の名にかけて、戦うつもりになっていた。そこで、七月二十四日、国許の当主で息子の忠恒に「こちらは軍勢が少なく、なにをしてもうまくいかず、困っている」と書を認《したた》め、子細を使僧に託し、兵の増援を要求した。

また、惟新は七月二十九日にも国許の本田正親・伊勢貞成に「兵が少なく、何事

島津惟新陣

も心に任せず、面目を失った」と嘆き、「兵を上らせてくれ」と頼んでいる。

だが、鹿児島は遠く、また、朝鮮の役ならびに庄内の乱で家臣たちは疲弊していることもあり、惟新の兄・龍伯は消極的であった。ゆえに猶子となった忠恒も従わざるを得なかった。なので惟新のもとに集まった兵は、その人柄に惹かれた者たちが、個人の意思で参陣するようなものであった。

参集する兵が少なくとも島津勢は、伏見城攻めでは日和見のようなことはしなかった。九月十一日、本田正親が新納《にいろ》旅庵《りょあん》に送った書には「伏見城が陥落した時、薩摩勢は負傷し、あるいは戦死した者が大勢おりました。(中略)一人でも貴重な時期に、多くの死傷者が出るのは困りものです」と記されている。

このように寡勢でも、一度戦場に立てば奮戦する。それが島津家の兵である。

そして関ヶ原。島津勢は二陣あるいは、二の備えであった（第十一章一項）。ゆえに、宇喜多勢、石田勢の戦ぶりを慎重に見定めていた。積極的に打って出ず、攻撃してくる敵に対してのみ反撃したのは、まず、寡勢であったこと。そして、首謀者の三成あるいは、主力の秀家からの要請を待っていたのではないか。『義弘公御譜』によれば、惟新は開戦後、家臣の長寿院盛淳《もりあつ》と毛利覚右衛門を三成のもとに遣わし、戦の「行《てだて》」について相談するために往復させたとある。

前半は西軍が押していた。これに松尾山の小早川勢と南宮山の毛利勢らが加われば、勝利は間違いない。二陣で少数の島津勢は追撃に備えていた。

ところが、突如、西軍から見れば、小早川勢が背信し、大谷勢を猛襲した。これに連鎖して脇坂ら四将が攻撃を仕掛けてきて、西軍は崩れた。この状態で一千五百ほどの島津勢がなにをすればいいのか。まず玉砕などという思想はなかったはず。恩賞目当ての餓狼群から、一兵でも多く逃れさせるだけであろう。

そこへ三成の家臣・八十島《やそじま》助左衛門が島津豊久の陣に訪れ、攻撃に加わることを伝えた。豊久は「委細、心得候」と答えたが動かず、惟新のもとに遣いを出した。

惟新としても苦悩したであろう。というよりも、失望したのではないか。早くから秀吉と与し、島津討伐の先鋒として九州に出陣した毛利一族は動かず、秀吉の養子にまでなった秀秋は東軍に与して背信した。このような軍勢に義理立てする謂れはない。惟新の本音ではなかろうか。

出撃要請をしたにも拘らず、島津勢は動かない。三成は再び八十島助左衛門を遣わした。すると、助左衛門は馬上から使命を伝えた。これに島津兵は激怒した。

「馬上から口上を伝えるとはなんたる無礼。討ち取れ！」

島津兵が斬りかかるので、助左衛門は慌てて帰陣した。助左衛門は火急であり、また朝鮮の陣でも使役を勤めていたので、堅い作法はいらぬと思ったようである。

すると、今度は助左衛門に代わり、三成が直に豊久を訪ねた。

「敵勢に突き入るので、あとに続いて戴きたい」

「今日の戦いは、各々勝手に働かせて戴く。左様心得て戴きたい」

「左様か、好きなようになされよ」

言い残した三成は失意のままに帰陣した。そして、石田勢は島津勢より先に崩れ、西北の山間に逃走した。『大重平六覚書』には「石田殿は一刻も持ちこたえられずに、豊久様の陣場へ崩れかかり、豊久様は暫時と御答えなされ、惟新様は未だ鎧も召されず、どのような心地であろうか」とある。西軍の総崩れが早過ぎたのだ。

真相五　島津軍はいかにして敵中突破をはかったか

島津勢は碌な戦いをする前に西軍は崩壊し、敗走を始めた。惟新とすれば、唖然としたことであろう。しかし、のんびりしていれば全滅である。早く逃れる術を探さなければならない。とはいえ、追撃ほど容易《たやす》く敵を討ち取れる時はない。石田、宇喜多、小西らと同じ方角に逃亡するわけにはいかなかった。

混乱の最中、惟新は素早く決意した。死中に活路を求めるしかない。まさか、この期《ご》に及んで、突撃してくるとは思わぬであろう。究極の判断である。

この時、家臣にどうするのか尋ねられた。『大重平六覚書』によれば、惟新は敵中を突破し、大垣城に籠ると答えたという。

惟新はできうる限り引き付けて叩き、その上で進撃を始めることにした。麾下の鉄砲衆には「敵が膝の上に駆け上がるほど寄せつけてから放て」と下知した。

命じられた鉄砲衆は敵の顔が判るほどに引き付け、引き金を絞った。轟音と共に東軍は血煙をあげた。しかし、如何せん敵が多過ぎたので、玉込めしている間はなく、一発しか放てぬうちに、敵味方が入り交じる有様であった。

すかさず射兵たちは鉄砲を腰に差し、あるいは細引で背負い突撃の準備をした。

当初、前線にいた豊久と惟新の軍勢は分断されていたが、漸く一丸となれた。すると惟新は残りの兵を一纏めにし、敵がひしめく中に突入した。数はどのくらいか判らない。一説には、この段階で三百ほどに減っていたという。熊皮でできた一本杉の馬印を立てた。杉の形の部分は一・六二メートル、竿は二・六七メートルという長さである。この馬印を高々と掲げ、世に名高い島津の退き口が開始された。

東軍の殆どは伊吹山方面に逃亡した三成や秀家を追う中、島津勢だけは流れに逆らって進撃する。先頭は豊久、右備が山田有栄《ありなが》、本陣が惟新という陣立てである。

島津義弘像（尚古集成館蔵）

雄叫びをあげ、鉄砲を放ちながら出撃した。一瞬、敵も戸惑うものの、一度冷静になって引き金を絞れば、ばたばたと地に伏せる。惟新が窮地になる時もあるが、自身、剣戟を響かせて逃れた。また、今弁慶と謳われる木脇祐《きわきすけ》秀《ひで》は大垣で惟新から拝領した長刀を振るい、前進を遮る敵を四、五人も斬り捨て、進路を確保した。すると、右備の山田有栄と合流できた。

前方には福島勢のみが残っていた。惟新は、麾下を大音声で叱咤激励する。

「敵ならば斬り通れ！　それができなければ腹を切れ」

惟新の檄に島津兵は興起し、砂塵をあげる力も強まった。

福島勢の三間ほど前まで近づくと、士卒は揃って抜刀して大声で怒鳴りあげた。

「エイトウ、エイトウ」

この時、福島正則の猶子で十六歳になる正之は、島津勢なにするものぞと撃退しようとした。すると、家臣の梶田五郎左衛門が駆け付けて馬の口を押さえた。

「若殿、死狂い致す敵に戦はせぬものでござる」

福島勢は手出しするのを止めたので、島津勢は脇をすり抜けた。そして、徳川家康の本陣に迫った。すると、酒井家次が即座に兵を移動して家康の前面を固めた。

島津勢は家康本陣の鼻先を南に折れ、伊勢街道を突き進んだ。逃れたのが島津勢と知り、井伊直政、松平忠吉、本多忠勝らは馬首を返して追撃した。

伊勢街道を進む島津勢であるが、東に目をやると大垣城の方が赤く見えたので炎上していると思い、入城を諦めて進軍を続けた。

そのうちに、直政、忠吉らが追い付いてきた。「兵庫（惟新）を討て」と怒号する直政に対し、惟新馬廻《うままわり》・川上忠兄《ただよし》の被官である柏木源藤《げんとう》の鉄砲が射止めた。この傷がもとで直政は二年後に死去する。同じく忠吉も負傷し、七年後に他界する。

直政が負傷しても追撃は凄まじく、烏頭坂《うず》で豊久は十三人の家臣と踏み止まり、惟新を逃すべく時間を稼いだ。しかし、豊久は福島正之の配下に討ち取られる。

こうして、追撃兵が迫ると、島津兵は次々に楯となって身で矢玉を受け止めた。三成の陣に出向いた長寿院盛淳もその一人。惟新の陣羽織を着用し、身替わりとなって屍を街道に晒した。

東軍は伊勢街道を四キロほど進んだ牧田の辺りで漸く諦めたという。

島津軍はひたすら南下するが、先に逃亡した長宗我部、長束勢に前方を塞がれ、円滑には進めなかった。九月十五日の夜は駒野（岐阜県海津《かいづ》市）で宿泊、翌十六日、伊勢に入り、関（三重県亀山市）から鈴鹿峠を越えて水口《みなくち》（滋賀県甲賀市水口町）そして、信楽《しがらき》（前同信楽町）で宿泊、翌日は山城に入り、大和国境の笠置山の手前で西に進み、奈良を経由して河内を通過して和泉の堺（大阪府堺市）に入り、二十二日漸く大坂に到着した。以上は『惟新公関原御合戦記』、『大重平六覚書』による。また佐和山や伊賀を経由する説も存在する。

無事、大坂に到着できたのは僅か数十人ほどだと言われている。

大坂城では惟新夫人（園田清左衛門尉の娘）と忠恒夫人の亀（義久三女）が人質となっており、惟新は使僧を遣わし、関ヶ原で秀頼のために奉公の戦死を遂げたと伝えさせ、二人の女性を引き取った。そして、帰国の途についた。富隈《とみくま》城（鹿児島県始《あい》良《ら》郡隼人町）に入城し、龍伯に挨拶したのは十月三日のこと。

惟新が生きて帰ったことにより、島津勢の敵中突破は神格化された。

第十三章

余波は続く！本戦後の局地戦をめぐる謎

真相一　上杉軍VS最上、伊達連合軍の抗争はどうなったのか

八月下旬、秋田実季《さねすえ》と最上義光《よしあき》の軍勢が上杉領である出羽・庄内の酒田城（山形県酒田市）を攻撃した。目的は家康の内命とも、兼ねてから欲していた地だとも言われている。関東討ち入りを計画していた上杉家であるが、捨て置くことはできない。そこで景勝は宿老であり米沢城主でもある直江兼続《かねつぐ》に最上攻めを命じた。

九月三日、兼続は会津から米沢に戻り、諸将を集めて評議を開いた。同城には前田慶次郎や上泉《かみいずみ》泰綱、山上道及《やまがみどうきゅう》、齋道二《いつきどうじ》、水野重俊……など一癖も二癖もある新参者が多数いることもあり、まずは一番近い上山《かみのやま》城（同県上山市）、そして、一気に義光の居城である山形城（同県山形市）を陥落させよという意見も出た。しかし、手堅く周辺の諸城を攻略し、その上で山形城に迫るということで決着した。

同じ日、兼続は三十二項に亘る軍令を発した。『上杉家記』に記されているものだが、実戦経験に基づくもので、小道具を持つ工兵から、物見斥候の配置、兵糧、鉄砲、牛馬、陣内のことなど、軍律は厳格で、一士卒の独断行動を戒め、それでいて、臨機応変な行動を求めている。但し、「直江状」に見られるような理路整然とした文章ではないので、戦の最中に命じたことを、のちに纏めたのかもしれない。

九月八日、上杉勢は米沢城を出立し、六方面から最上領に向かった。荻野山中口は水原《すいばら》親憲、春日元忠、色部《いろべ》光長、上泉泰綱、色部衆。小滝口は倉賀野綱元、色部衆。大瀬口は吉益家能、土橋維貞、荒礪《あらと》衆。栃窪《とちくぼ》口は北條《きたじよう》高能、赤目外記《げき》、中条三盛。掛入石《かけいりいし》中山口は本村親盛、横田旨俊《むねとし》。庄内口は志駄《しだ》義秀、下《しも》吉忠。

こうして見ると、万石以上の石高を得ているのは横田旨俊の一万二千石と中条三盛の一万で、水原親憲は五千五百、春日元忠は五千石で、他の者たちはさらに低い。やはり主力は関東攻めのために温存しているのかもしれない。

兼続は翌九月九日、荻野山中口に出陣している。兵力は『会津陣物語』には四万、『關原軍記大成』には二万八千とある。会津や福島にも配置しなければならないので、実際は二万ほどではなかろうか。同書によれば鉄砲は一千二百挺とある。

庄内口と掛入石中山口から進んだ以外の軍勢は、九月十二日、山形城の西を守る畑谷《はたや》城（同県東村山郡山辺《やまのべ》町）を包囲した。同城主は豪勇で知られる江口光清（道連とも）。光清は義光から山形城に撤退するよう命じられたが、「危うきを見て退くは男子にあらず」と断り、嫡子の小吉と共に寡勢で城に籠っていた。

降伏勧告にも応じないので、翌九月十三日、上杉軍は総攻撃を行なった。城兵は奮戦するも、多勢に無勢は否めず、交戦二時間ほどで城は陥落。光清親子は自刃した。この日は十三夜の餅の日であったが、畑谷では今も餅を搗かないという。

義光は山形から飯田播磨、矢桐相模を後詰《ごづめ》として差し向けたが、畑谷城を前に上杉軍と遭遇し、飯田は討死、矢桐は残兵を纏めて帰城した。

さらに上杉軍は山形城から六キロほど南西の長谷堂城《はせどう》（同県山形市）に進み、九月十六日、同城を囲んだ。しかし、城方も志村高治をはじめとする城兵が夜襲などで攪乱し、簡単に陥落はしなかった。

この間、大瀬口から侵攻した吉益家能、土橋維貞らは鳥谷ヶ森砦（同県西村山郡朝日町）を攻め落とし、左沢城《あてらざわ》（同県同郡大江町）へ向かった。また、栃窪口から進んだ北條高能、赤目外記らは八ッ沼城（同県同郡朝日町）を攻略した。

庄内口から進撃した志駄義秀、下吉忠らは谷地城《やち》（同県同郡河北町《かほく》）、白岩城（同県寒河江市《さがえ》）を陥落させた。すると、寒河江、山野辺、長崎、若木などの砦や城に籠る兵は、それらを捨てて山形城に逃亡した。

上山城に向かった本村親盛、横田旨俊らは城守の里見越後守・同民部の反撃にあい、九月十七日、親盛は討死した。

この時点で、義光の主な城は山形、長谷堂、上山城ほどしか残っていなかった。

上杉軍の圧力に押される義光は、単独では勝てぬと判断し、九月十五日、嫡男の義康を北目城《きため》に派遣し、政宗に援軍を乞うた。政宗は母の実家を見捨てるのは偲びないと後詰を送り、二十二日、城下の小白川（同県山形市）に布陣した。

伊達の援軍が到着したこともあり、長谷堂の攻防戦は膠着状態になった。動いたのは九月二十九日の申刻（午後四時頃）、城兵が出撃して激戦になった。この戦いで上泉泰綱が討死した。泰綱は剣聖・上泉伊勢守信綱の孫である。

九月三十日、兼続のもとに関ヶ原で西軍敗北の報せが届けられた。

その夜、兼続は、すぐに士卒二千八百余人を動員して退路の整備にあたらせた。次に谷間を縫って走る狐越《きつねごえ》街道を見下ろす峰々に六百の鉄砲衆を各々に配置した。

翌十月一日の早朝、兼続は陣屋に火を放って撤退しはじめた。戦において退却ほど難しいことはない。軍は十三組に分け、春日元忠を先頭にし、殿《しんがり》軍は水原親憲、溝口勝路《かつみち》、前田慶次郎に命じて兵を退かせた。

義光も自ら出撃。最上、伊達連合軍の追撃は凄まじく、上杉方の被害は一千五百八十にも及ぶものの、慶次郎らの活躍で二千百余を逆に討ったという。但し、最上方は六百二十三としている。銃弾が義光の兜にあたるほど接近した激戦であったことが窺える。そのせいか、最上勢の追撃は弱まった。これを知り、十月三日、政宗は書の中で「最上衆は弱くて大利を得られなかった。昨朝、様々にして撤退した。最上衆は弱くて皆々討ち果たさず、無念千万である」と愚痴をこぼしている。

一方、合戦後、この撤退戦を聞き、家康は兼続の作戦を賞讃したという。

上杉家と最上、伊達家との抗争は翌年まで続くことになる。

真相二　伊予の海賊・村上親子がだまされた恐るべき策略とは

東西の戦いは四国でも行なわれた。伊予の国で東軍に属したのは板島城（愛媛県宇和島市）主の藤堂高虎と、松前《まさき》城（同県伊予郡松前町）主の加藤嘉明である。しかし、両人とも家康に従って出陣し、城は手薄であった。そこで、西軍の総大将として担ぎ上げられた毛利輝元は、板島、松前両城を奪う計画に出た。

八月十八日、輝元は広島で留守居をする堅田元慶《もとよし》と叔父の毛利元康に命じ、伊予の久枝又左衛門、山田兵庫助らに「伊予で戦をするために、旧曽根城（同県喜多郡内子町）主の子・曽根景房を差し向けた。先年、南伊予の西園寺公広《きんひろ》が毛利家と入魂《じっこん》となり、誼《よしみ》を通じている。この時こそ万事、尽力すべきことが肝要である。委細は景房が口上をもって申すこととする」という連判状を出させ、協力を求めた。

八月二十日、輝元は元慶と元康に命じて、長宗我部《ちょうそかべ》盛親の家臣・滝本寺非遊《ひゆう》に対し、「未だ申し伝わっていないかもしれないが、伊予辺りのことについて、委細を景房に申し付けておいたので、相談してこの方面に働いて戴きたい。盛親様へ申し入れ、御状を取り付けるべきであるが、その段は口上にて申すこととする。こちらから頭分として、旧能島《のしま》城（同県今治市）主の海賊村上武吉・元吉親子を差し出したので、そう心得て油断のないように働くように」と呼び掛けさせた。

八月二十七日、輝元は自ら景房と武吉・元吉親子、旧湯月《ゆづき》城（同県松山市）主の一族河野氏を継いだ通軌《みちのり》（旧名は宍戸景好）に指示を出した。意訳は次のとおり。

「厳重に申し遣わす。藤堂高虎の領地のこと、留守居が堅く守っているようだが、今少しの動きを報せるように。やがて下知《げち》をする。加藤嘉明のことは、用意が整い次第、力の限り発向するように。伊勢の津城は一昨日切り崩したとのこと。美濃表では、敵が罷り出て大河を越え、深入りしたとのこと。幸い、このたび討ち果たし、調儀を申し付けるつもりだ。勝利は思いの中なので安心するように。追々、吉報が届けられるであろう。そちらは堅く申し付け、気が緩まぬようにすること」

九月五日、輝元は志道元章、桂元武に伊予への渡海を命じた。

九月十一日、広島の留守居・佐世元嘉は兵頭正信に船を用意するよう命じた。

伊予攻めは、伊予出身者によって編制され、毛利軍が後押しする形を取った。

瀬戸内海を我が庭として支配していた村上一族であるが、秀吉の海賊禁止令によって、私的関税や水先利権を剝奪されていたので、この戦はまさに乾坤一擲の意気込みがあった。なんとしても海の領土を回復したい。まさに好機であった。

村上武吉・元吉親子を先鋒とした軍勢は安芸を出向して九月十四日の朝、興居《ごご》島（前同）に到着した。そして、翌日、地元の武井宗意《そうい》、宮内休意《きゅうい》に参陣を求めた。

九月十六日、数百艘の船に分乗した三千余の兵が三津浜《みつ》に上陸し、松前城で留守居をする加藤嘉明の弟・忠明に即時開城を求めた。

松前城では忠明をはじめ、家臣の佃十成《かずなり》、中島庄屋右衛門、足立半右衛門らの留守居は相談し、村上武吉や河野通軌に遣いを送り、次のように告げさせた。

「多勢に無勢なので、我らに到底勝ち目はない。されば、まず、城中の妻子を城より落とすので、今暫くの猶予を給わりたい」

懇願を聞き、武吉らは開城が近いと判断して、応じた。すると、周囲の領民が酒や肴を持って挨拶に罷り出た。武吉らは旧主が懐かしんできたものと受け取り、陣中で酒宴を開いた。当然、佃十成らの策略である。さらに流言もさせた。

「男子で役に立つ者は皆、主に従い、東国に行っている。城には女子供や老人ばかりで、しかも佃は病にかかり、籠城した者は逃亡が耐えない」

この嘘を信じた武吉らは、すっかり油断していた。

すると、夜陰の豪雨があった。武吉らは水を差された形で雨宿りをしようとしていた。そこへ城兵の精鋭二十余騎と雑兵百六十余人によって夜襲が行なわれた。佃十成は長刀を振って暴れ廻り、村上元吉を討ち取った。また、曽根景房も加藤勢によって討ち取られた。旧伊予・毛利勢は壊乱となって逃げまどうばかりであった。

なお、夜襲ならびに村上元吉討死の日付は十六日、十七日、十八日と諸説ある。

松前城攻略を諦めた武吉や通軌は、荏原城跡（前同）で反加藤として蜂起した平岡善兵衛や河野旧臣と共に周辺で交戦し、刈田狼藉を行なったが、ほどなく関ヶ原合戦の報せが届き、兵を安芸に退きあげた。計画は失敗に終わった。

真相三　三成の居城・佐和山城はどのようにして落城したのか

関ヶ原合戦で勝利した家康は、天満山西南の藤古川《ふじこ》の台地に陣を敷き、東軍諸将を引見した。すると、真っ先に黒田長政が赴いた。

家康は長政の手を取って労《ねぎら》い、佩刀（吉光）を与えた。その後も諸将は次々に訪れたが、勝利を決定的にした小早川秀秋は姿を見せなかった。そこで家康は村越直吉を呼びにやると、漸く緊張した面持ちで現れた。家康は床几を立って出迎えた。

秀秋は家康の前に罷り出るや跪《ひざまず》き、伏見城攻めをしたことや、内応の遅れを謝罪した。すると、家康は過去のことは不問にし、今日の戦功を褒めた。

これを聞き、秀秋は「是非とも治部《じぶ》の居城・佐和山城攻めの先鋒を賜りたく」と懇願すると、家康は鷹揚に許した。これを聞くと、同じく内応した脇坂安治、朽木《くつき》元綱、小川祐忠《すけただ》、赤座直保らも争うように進み出て、佐和山城攻めを申し出た。皆、生き残りのために必死である。家康は、これも寛大に聞き入れた。

その晩、『三河後風土記』によれば、家康は大谷吉継の陣跡を宿営地とした。秀秋ら佐和山城攻めを志願した者たちは、その夜から同じ地に向かって出立した。家康は井伊直政を目付として付け、秀秋らは二キロほど南西の今須《います》に宿泊した。

九月十七日、小早川勢らは佐和山城を包囲した。

佐和山城は関ヶ原方面から続く中山道と北国道が分岐する位置に在し、近江の北東における交通、軍事の要であった。標高二三二・九メートルの頂きに本丸を置き、二ノ丸、三ノ丸、西ノ丸等の櫓を築いて固めていた。

城の東南、大手にあたる篝尾《かがりお》口には小早川秀秋、朽木元綱、脇坂安治、小川祐忠や、その他の美濃衆。北の搦手にあたる水之手口には田中吉政、宮部長煕《ながひろ》が配置した。そして家康は城南の正法寺《しょうほうじ》山（平田山とも）に陣を敷き、様子を眺めていた。

佐和山城に籠城した者はおよそ二千八百、おそらく大部分が領民であろう。また、間違いなく関ヶ原の敗報は伝わっているはずである。とすれば望んで入城したのであろう。三成が領内で善政を敷いていたことが窺える。本丸には三成の父・正継、三ノ丸には兄の正澄《まさずみ》が入り、徹底交戦の構えを見せた。

正午頃、小早川勢の先鋒を勤める平岡頼勝は、切り通しから進んで城壁に達し、同箇所を守る津田清幽《せいふう》・重氏親子と激しい銃撃戦を展開した。

佐和山城跡

当初は城兵が寄手《よせて》を釣瓶撃ちにし、三百人を谷底に撃ち落としたという。しかし、寄手の殆どは内応した者たちばかりで尻に火がついているので、死を恐れず猛攻を加えた。あまりにも多い攻め手に、城兵たちも手が廻らなくなってきた。

城方の山田上野介は、とても防戦しきれぬので、本丸に援軍を要請した。すると、大坂城から派遣された赤松則房、長谷川守知《もりとも》が到着した。そして、一刻ばかりの戦闘が行なわれ、上野介は敗れて逃れ、則房は本丸に兵を退いた。

長谷川守知は兼ねてから大津城に籠った京極高次と密約を交わしており、その旨を小早川勢に伝えていた。小早川勢も、それは承知していた。そこで、城門を開いて寄手を誘い入れ、本人は小早川勢の中に逃げ込んだ。

当然、報せは家康のもとにも伝えられている。家康は城内に乱入する小早川勢の中に船越景直を送り込み、石田正澄に降伏の勧告を行なわせた。

正継は自分の首と引き換えに城に籠る全員の命を救うという条件を受け入れ、切腹しようとしていた。そこへ、事情を知らぬ田中吉政らは搦手から討ち入った。

城内は大混乱、交渉は無となり、正継をはじめ、正澄、宇多頼忠、同頼重、赤松則房らは自刃した。また、土田桃雲《とううん》は三成の妻を刺し、天守に火を放って自身も自害した。城中にいた女子たちは慌てふためき、本丸南の断崖から身を投げて最期を遂げた。現在もその地を女郎ヶ谷と呼んでいる。佐和山城は落城した。

落城に際し、『慶長年中卜齋記』によれば、城中には金銀は少しもなく、三成はまったく貯えていなかったという。関ヶ原合戦にかける三成の意気込みが窺える。しかし、山田上野介の曾孫・喜庵が記した『佐和山落城記』によれば、城兵たちは本丸に集まり、金蔵を開いて金銀を出し、櫓からばら撒くと、寄手は弓矢を捨てて拾い、これをみた小早川秀秋は激怒して叱咤したという。

合戦の様子は諸軍記物語によって微妙に異なり、降伏勧告をしたのは船越景直ではなく池田照政だという説もある。さらに、搦手から討ち入ったのは井伊直政であるなど多々あるが、長谷川守知が内応をしたというのはほぼ一致している。また、落城の日付も十六、十七、十八日と様々である。

ただ、真実と異なっているのではと思われるのは佐和山城が炎上したということ。先の『慶長午中卜齋記』や『石田軍記』、『關原始末記』、『三河後風土記』などは皆、この説を採用している。しかし、中井均氏の調査によれば、本丸や西ノ丸跡から出土した瓦に焼失した跡が認められないと著書の中で指摘されている。

関ヶ原合戦後の恩賞で井伊直政は佐和山十八万石を与えられ、直政は一キロほど西の琵琶湖寄りに彦根城を築いている。この時、かなりの部分を移築したというので、火が出ても全焼する前に鎮火され、焼けたのは一部だったのではなかろうか。

また、落城した佐和山城から助かった女性がいる。三成の家臣で山田去暦《きよれき》の娘で、のちに雨森儀右衛門の妻になった女性おあん（御庵）である。

おあんは『おあむ物語』を残しており、その中には「石火矢を撃ては、櫓もゆらゆら動き、地も裂けるように凄じいさかいに、気の弱き婦人などは、即時に目を廻して難儀した」と城方は寄手に対して大筒を放っていたことが判る。また、家中の内儀や娘たちも皆、天守に入って鉄砲弾を鋳たり、味方があげた首を集めて名札をつけ、首化粧をしたりしたことなどが記されている。

右のおあんなど家臣の娘だけではなく、三成の娘で石川貞清の妻、箕浦平左衛門の妻、佐藤三益の妻、三成の妹で福原直高の妻が生んだ利兵衛などは城から逃れているので、世に言われるほど落城に際して、籠城者の殆どが死去したというのも誤りではないかと思われる。ただ、三成は、愛情を注いで築いた佐和山城が落城する時にはおらず、まだ伊吹山を彷徨っている最中であった。

真相四 因縁の対決・加藤軍VS小西軍の戦いの顚末とは

家康が会津攻めを発表した時、加藤清正は家康の勧めを受けて隈本《くまもと》（熊本県熊本市）に帰国していた。そして、三成の伏見城攻めがあり、家康から八月十二日付の書状が届けられた。意訳は次のとおり。

「このたび、上方で戦となったが、御方（清正）はこれに加担されないのは喜ばしいことである。しかれば、肥後、筑後の両国は切り取り次第にすることを申し付ける。このような時なので、充分に油断なきよう。なお、津田秀政、佐々成行《さっさ》に申しているので委細は省略する」

なんと嬉しい許可状か。清正は肥後の北半国で二十五万石（実質知行は十九万五千石）を与えられている。慶長三年（一五九八）の検地で計算すれば肥後・筑後両国石高は六十万石を優に超える。しかも隣領十五キロほど南に在する宇土《うと》城（同県宇土市）は小西行長の居城である。

清正と行長は不仲であった。清正は商人出身の行長を武略を知らぬと蔑み、行長は戦略を知らぬ鎧駆けの侍と馬鹿にしていた。両人の溝を広げたのは朝鮮の役で、大陸上陸の先陣問題を第一として、たびたび衝突した。しかし、根本の原因は主戦思考の清正に対し、厭戦思考の行長ということ。また、行長と昵懇《じっこん》であった三成に讒言をされて謹慎処分にもされた。怒りの鉾先は二人に向くが、秀吉存命時はさすがに干戈《かんか》を交えるようなことはできなかった。ところが、このたびは願ったり適ったりということであろう。清正は意気込んだ。

九州の戦は毛利家の後押しを受けた旧豊後国主の大友義統《よしむね》が杵築《きつき》城を攻めたことに始まる。救援依頼を請けた清正は、即座に肥後の隈本城を出立した。

杵築城への援軍に向かった清正であるが、九月十六日、豊後国境にほど近い小国《おぐに》（同県阿蘇郡小国町）に到着し、先鋒は引治《ひきじ》（大分県玖珠《くす》郡九重町）にまで達していた。そこへ、杵築の有吉立行から、如水の加勢で大友軍を破り、義統は如水に降伏したことが伝えられた。また、如水からも報せが届けられた。そこで、八ヶ条からなる返書を如水に送り、帰城した。そして、攻撃目標を行長の宇土城に定めた。

行長は西岡から延びる城山を、およそ百メートルに亘って切り離し、独立の小丘とした地に宇土城の本丸を築いた。そして内堀で囲み、その周囲に二ノ丸、三ノ丸を配し、近くの緑川、宇土川の流れを変えて防衛線となし、商人出身らしく、運河としても利用した。さらに塩田の大沼から城内に引き込む工夫もしてあった。

城には小西の弟・行景、南条元宅《げんたく》、内藤如安《じょあん》などが籠り、塩田口には竹ノ内吉兵衛、日比《ひび》左近、植木菖蒲之助などが守り、徹底交戦の構えを見せた。

宇土城攻めの出陣は九月十八日もしくは十九日。兵力は七千四百と言われているが、助勢した肥前の有馬晴信・直純《なおずみ》親子や大村喜前《よしあき》の兵数も入れてであろう。有馬、大村は小西領の城を攻めた。

十九日、清正は宇土城に達し、先手一番備の加藤百助、三番備の吉村橘左衛門らは石頼に陣を敷き、呉服町を焼き払い、塩田黒門口に押し寄せて、竹束を敷いた。馬場口は飯田覚兵衛が構えた。また、船手奉行の梶原助兵衛は馬瀬より運河を伝い、本丸の北西百メートルほどの瓢箪淵に船を乗り入れて攻めかかったが、城中からの砲火で船を破られ、助兵衛は討死した。

加藤軍は昼夜を問わず攻めたて、三ノ丸の堀を埋め、竹垣で固めて城兵を逃げられぬようにした。加藤家臣の森本義太夫らは即座に攻撃を進言したが、清正は兵の損失を懸念して許さなかった。城は堅固で簡単に落ちるものではなかった。

宇土城の危機を聞きつけた隣国薩摩の島津龍伯は猶子の忠恒と謀り、島津忠長、新納《にいろ》忠元、伊集院久治らを派遣し、加藤重次が城代を勤める佐敷《さしき》城（同県葦北《あしきた》郡芦《あし》北《きた》町）を攻め、有馬勢らが攻める小西方の水俣城（同県水俣市）を救援させた。

島津勢の応援などもあり、宇土城はなかなか落ちなかった。そこで清正は宇土城中にあった教会の伴天連に書を送り、開城させようとしたが拒絶された。

苛立っているところへ吉報が齎《もたら》された。近江の伊吹山に逃れていた小西行長は逃れられぬと知り、近くの村人に名乗り出て、自分の身を家康に引き渡させた。キリシタンなので、自害できなかったようである。そして十月一日、三成らと共に、六条河原で斬首された。清正が関ヶ原の結果を知ったのも同じ頃だという。

清正は、帰らぬ城主を待って籠城を続けるのは無意味であると開城を促したが、城兵は信じようとしない。しかし、十月二十日、小西家臣の芳賀新五と加藤内匠《たくみ》が関ヶ原の敗走から戻り、城中に上方の情報を伝えた。

凶報を聞いた城兵は落胆し、小西行景は切腹する代わりに籠城者の助命を申し入れた。清正に受け入れられると、城下にある下川元宣の屋敷に入り切腹した。また、八代《やつしろ》城（同県八代市）代の小西行重、矢部城（同県上益城《かみましき》郡山都《やまと》町）代の結城弥平治は城を捨てて薩摩に逃亡し、島津忠長らも帰国した。

落城の日付は二十日、二十三日説などある。清正が十月十三日、加藤与左衛門尉に送った書に「当城事、急度落城に相極候間、可得其意候」とある。これをもって落城を十月十三日と位置付ける方もおられるが、「急度」は「急に」ではなく「必ず」と意訳する方が正しく、清正は落城させる意気込みを伝えたのであろう。

因《ちなみ》に、清正が三宅喜蔵、飯田直景に宇土城攻めの感状を与えたのは十月二十日。

開城が決まり、喜んで与えたと解釈する方が自然ではなかろうか。

清正は宇土城、八代城、矢部城など小西方の城を受け取り、城番を置いて立花親《ちか》成《しげ》の筑後・柳河《やながわ》城（福岡県柳川市）に向かった。

真相五　忠興が父を追い出した敵に行なった恐るべき復讐劇とは

関ヶ原の本戦で勝利した家康は九月十九日、近江の草津（滋賀県草津市）に到着した。すると、田辺城主の長岡忠興は、留守中に同城を攻め、父の幽斎を城から追い出した者たちが許せず、家康に征伐を申し出た。しかし、この時、まだ三成らは捕えられておらず、家康は兵を割くことを危惧した。それでも、忠興の憤恚《ふんい》に気圧されてか、渋々承知した。許可を得た忠興は己の居城に向かった。

一方、後陽成天皇の勅命によって開城をした幽斎は前田茂勝の亀山城（京都府亀岡市）の本丸を御座所としていた。五奉行の一人・徳善院の嫡子である茂勝は、表面上、西軍に加担するように見せ掛け、その実は田辺城の幽斎に内通していた。ゆえに、使者として幽斎のもとに赴いてもいたのだ。

九月二十日の寅刻（午前四時頃）、忠興は亀山城下の馬堀《うまほり》に到着した。すると、幽斎は輿に乗って出迎え、「何事もなく帰陣したことは目出たい」と労った。

だが、忠興は顔を顰めたまま声を発しない。矢玉や兵糧が尽きたわけでもないのに、幽斎が開城したことを不満に思っていた。あと三日耐えていれば、息子は関ヶ原で活躍し、父は城を守り通したという名誉を得ることができたからだ。

世渡り上手の幽斎は忠興の心中を手に取るように把握している。『細川家記』によれば、「そなたは、儂が開城したことに腹を立てているようじゃが、年老いて命の惜しさにもあらず、三度まで勅使を請けて下城させし者が、儂の他にいようか」と言うと、忠興は落涙して平伏したという。

親子の仲を取り戻した忠興は亀山城に入城した。一時は幽斎を人質にされたと思っていたので、城主の茂勝も討伐の対象にしていたが、幽斎から子細を聞いて納得した。そして、田辺城攻めの主将・小野木重次攻撃の準備を行なった。

九月二十二日、茂勝の一千を先手として、亀山城を出立した。目指すは重次の福知山城（同府福知山市）である。長岡勢は二千八百。残りは自領に向かわせた。

九月二十三日、忠興ら一行は生野《いくの》（前同）に到着した。すると、田辺城攻めに参加した丹波衆山家《やまが》の谷衛友《もりとも》、上林《かんばやし》の藤掛永勝、中山の川勝秀氏らが出迎えた。幽斎から言い含められている忠興は、この者たちの罪を許し、福知山城攻めに加えさせた。また、姫路城（兵庫県姫路市）主で、都で北政所を守っていた兄の木下家定も参陣した。これで、軍勢は五千三百ほどになった。

忠興は福知山城の南東四キロほどにある長田野《おさだの》の丘で全軍の閲兵を行ない、先陣には丹波衆の三将、二陣には木下勢を配置して城下に押し寄せた。

長岡勢と前田勢は南の山側に廻り、長岡家臣の荒木山城守は南の谷に進んだ。朝暉《あさひ》ヶ丘陵に築かれた福知山城は平山城で、東方には由良川と土師《はじ》川が流れて天然の外堀となし、さらに東・西・北の三方は断崖の要害であった。

城主の小野木重次は、幼い時より秀吉に仕えてたびたび戦功をあげ、黄母衣《ほろ》衆の一人にも抜擢された。天正十二年(一五八四)、佐久間信栄《のぶひで》が都の一条で反乱を企てた時、重次が兵三百を率いて鎮圧した。同年の小牧・長久手の戦いでは伊勢の神戸《かんべ》城(三重県鈴鹿市)などの守備をした。その後、九州、小田原、朝鮮の陣にも参陣と、秀吉から信頼され、使い勝手のいい武将であることが窺える。

寄手は猛攻を加えるが、要害堅固なので、簡単には落ちない。そこへ、家康から、九月二十三日付で、田中吉政が近江と越前の境で三成を捕えたという書状が届けられた。そこで、無理攻めをしないよう命じ、家康のもとに挨拶に向かった。

九月二十七日、挨拶をすませた忠興は、再び福知山の陣に戻った。しかし、城攻めは芳しくない。そこで、二十九日、弟の昌興に陣を任せ、川舟で由良川を下り、田辺城に帰城し、家族に再会した。

一両日、田辺城で過ごした忠興は、再び大坂に向かい、家康に謁見したあと、福知山の陣に戻った。そして、攻撃の指揮を取ったが、陥落する様子はなかった。

十月二日、家康から礼状に対する返書が届き、激励されたが膠着状態が続いた。

そこで、家康は焦れたのか、十日ほどのちに山岡道阿弥を使者に差し向け、重次に降伏勧告を行なわせた。道阿弥は還俗している頃は景友と言い、足利義輝、義昭に仕え、上山城《かみやましろ》の守護にも任じられた。その後、信長に仕え、本能寺の変の時は惟任《これとう》光秀の誘いを拒み、勢多の橋を焼いたことは有名である。秀吉には敵対して禄を失ったのちはお伽衆となり、死後、家康に誼を通じていた。

重次は出家するという条件で開城し、忠興も渋々承知した。そして、重次は城を退去、忠興は城の包囲を解いた。ところが『田辺旧記』によれば、忠興の怒りは治まらず、すぐに重次に兵を向けて捕えさせ、亀山城に連れ帰り、十月十八日、茂勝の命乞いも聞き入れず自刃させたという。また、『佐々木旧記』によれば、城に雪崩こむと重次は逃亡し、亀山の寿仙院に入って剃髪したが、許さず自刃させたともある。何れにしても重次は切腹し、城を抑えた忠興は上坂して家康に報告した。

真相六　明暗を分けた因幡・鳥取合戦の結末とは

因幡の国は、垣屋家純が浦住《うらずみ》で一万石、木下重堅が若桜《わかさ》で二万石、宮部長熙が鳥取で五万石、亀井茲矩《これのり》が鹿野《しかの》で一万四千石と、四将で治めていた。

因に慶長三年（一五九八）の検地高によれば、因幡一国は八万八千五百石とされているので、右の四将の石高の中には、別の地域も含まれているのかもしれない。

家康が会津征伐を宣言した時、宮部長熙と亀井茲矩は東軍に従軍し、垣屋家純と木下重堅は三成に呼応して伏見、大津城攻めに参陣した。

三成が挙兵した時、長熙は尾張の鳴海（愛知県名古屋市緑区）まで進んでいたが、上方周辺の主な武将はこぞって西軍に味方し、さらに大坂には妻子を残しているので、長熙は迷った。そして、宮部七人衆と呼ばれる麾下と相談した。すると、七人衆は家康と三成の比較を口にし、西軍に加担すべきではないと主張した。

一旦は納得した長熙であるが、不安は消えず、五百ほどの家臣を残し、夜陰に乗じて僅か十三人の近習と共に陣を抜け出した。そして、小舟を使い、どのような海路を取るのか定かではないが、熱田（同県同市熱田区）から畿内に向かう予定であった。しかし、約束の舟が来ないので、仕方なく夜明け前に陣に戻った。

ところが、家臣たちは長熙が自分たちを見捨てて逃亡したと思い、新たな主を田中吉政に定めた。これを知り、長熙は途方に暮れて周囲を放浪しているところを徳川方の目付に拘束された。そして、吉政の岡崎城（同県岡崎市）に監禁された。

関ヶ原の本戦が終わると、長熙には斬首の命令が下った。しかし、吉政は自分の軍功に替えて長熙の助命を嘆願したので、長熙は吉政預かりの身となった。のちに長熙は陸奥の盛岡に流され、寛永十一年（一六三四）十一月十八日、南部利直のもとで死去することになる。

一方、因幡で唯一、東軍に参じた亀井茲矩は、本戦の軍功を認められ、因幡一国の鎮圧役を命じられた。働き次第では国持ち大名になれる可能性を秘めている。しかも立場は官軍。九月二十三日、茲矩は喜び勇んで都を発ち、討伐に向かった。

茲矩は帰国途中で若桜城（鳥取県八頭《やず》郡若桜町）に立ち寄ると、木下重堅の旧臣が籠城していた。重堅は摂津の一心寺《いっしん》（大阪府大阪市天王寺区）に蟄居しており、「無駄な抵抗をして主の罪を重くするな」と諭したところ、素直に開城した。但し、重堅はのちに切腹の命令が下り、十月十三日、同寺で死去する。

若桜城を開城させた茲矩は、意気揚々と鳥取城（鳥取県鳥取市）に向かった。城には家老の伊吹三左衛門らが籠っていた。茲矩は即座に開城するよう要求したが、三左衛門らは長熙の下知なくば従えぬと拒絶した。

激怒する茲矩であるが、亀井勢は四百ほどで、とても総攻めなどはできなかった。そこで、旧友の但馬・竹田城（兵庫県朝来《あさご》市）主で二万二千石を得る赤松広英に援軍を依頼した。広英は西軍として本戦にも参陣したので、居城で蟄居していた。そこで茲矩の求めを受け、少しでも罪が軽くなるようにと因幡へ出立した。

また、『寛政重修諸家譜』の亀井茲矩の項には、赤松広英の他に、播磨・龍野城（同県龍野市）主六万石の小出吉政、丹波の園部城（京都府南丹市《なんたん》）主一万五千石の別所吉治も参陣したとある。何れも西軍に属した者たちである。

十月五日、茲矩と広英は鳥取城を攻撃した。同城は久松山（標高二百六十二メートル）に築かれた山城で、天正九年（一五八一）、「かつやかし殺し」で有名となった要害である。のちに池田照政の弟・長吉が入城してより堅固となるが、この時も充分に攻めにくい城であった。

寄手は猛攻を加えるが、城兵もよく防いで寄せつけない。そこで、茲矩は一旦和睦することにし、大呂《おおろ》（鳥取県八頭郡智頭町《ちづ》）に先代・宮部継潤の代に政務に加わった田中彦左衛門がいることを知り、彦左衛門に説得を依頼した。

彦左衛門は寡勢でよく戦ったという茲矩の言葉を伝え、長熙が預かりの身となった今、命を無駄にすることはないと諭すと、城兵たちは受け入れ、開城した。明確な日付は不明である。茲矩は城兵に、自分の居城のある鹿野（同県鳥取市）で年内は休息し、新たな道を進まれよと勧めると、兵たちは有り難く従った。

鳥取城を受け取った茲矩は、早々に上坂して家康にその旨を報告した。

ところが、家康は西軍に加担した武将を勝手に参陣させたことが不満であった。『因幡民談記』によれば、攻略に際して、広英が城下に放火して延焼させたという理由で切腹を申し付け、広英は十月二十八日、城下の真教寺で自刃したという。一説には、茲矩が罪を広英になすりつけたともいう。

戦後の論功で茲矩は加増を受けて三万八千石になり、城攻めに参じた小出吉政と別所吉治は本領を安堵された。

また、浦住・桐山城（同県岩美郡岩美町）主の垣屋家純は、本戦における西軍の敗北を聞き、高野山に逃亡した。だが、追手が迫ると聞き、逃れられぬと判断したのか、同山の千手院（和歌山県伊都《いと》郡高野町）で自刃した。日付は不明である。

第十四章 ああ無常！――【年内編】

戦後処理をめぐる謎

真相一 大坂城にいた毛利輝元が動かなかった真の理由とは

関ヶ原本戦の勝利後、家康は九月二十日、大津城に入城した。

この時、西軍の総大将に担ぎあげられた毛利輝元は大坂城西ノ丸にいた。輝元の大坂入城の言い分としては、文禄四年（一五九五）七月（日付不明）、小早川隆景、輝元、家康の三人によって記された起請文による。その五条の意訳は次のとおり。

「断わらずに帰国せず、在京して御ひろい（秀頼）へ御奉公すること。自ずから所用にて下国する時は、家康、輝元は替わって暇《いとま》を申し上げて帰国すること」

これに従えば、家康が会津征伐のために東進したのだから、本来は家康から輝元に替わって上坂するようにとの報せがあって然るべきであるが、それはない。ゆえに輝元は定めに従って上坂したので、誰に咎められる筋合いはないわけだ。

起請文に基づいて大坂城に在したままでは公的なこと。その後は奉行衆と画策して弾劾添状を発し、各地へ兵の差配をするなど、西軍大将の役割を果たしていた。

輝元が出陣しなかったのは、家康に意を寄せる増田《ました》長盛が、輝元の留守を狙い、謀叛を企んでいるという噂が流れたからという。実際、長盛は二股膏薬をしていたので、充分にあり得ること。輝元が危惧しても不思議ではない。

それでも、人質を押さえ、淀殿を説得して秀頼を担いで出馬できないことはない。また、明確に自ら出陣の指示を出した形跡もない。

輝元は大坂城にこそ入りはしたが、最初から戦地に赴くつもりはなかったのではなかろうか。というのも、吉川広家が様々な画策をしているが、まったく輝元の耳に入れていないとは思い難い。特に、本戦の前日である九月十四日、広家は本多忠勝、井伊直政から毛利家の所領安堵（第八章二項）をとりつけている。

すぐさま広家は大坂に早馬を飛ばしたはず。そして、報せを受けた輝元は安堵した。わざわざ出馬する必要はなくなったのだ。家康が勝利しても毛利家は安泰。家康が負ければ、南宮山に秀元を置いているので三成への義理が立つ。何れが勝利しても毛利家は無傷。対して、日本を二分しての戦いに勝利した側は、相当の損害を蒙るであろう。万が一、自分が出陣せねばならなくなった時、毛利家には余力がある。それまで待つべきだ。金持ち喧嘩せず。輝元は古《いにしえ》の諺に従った。さすがに輝元としても、合戦が僅か半日で終わるとまでは読めなかったに違いない。

関ヶ原の敗報を聞いた時、輝元も驚愕したであろう。どのような行動を取ろうか苦悩したに違いない。ほどなく大津城を陥落させ、守備していた立花親成《ちかしげ》が大坂城を訪れ、籠城戦を主張する。しかし、戦意のない輝元は戦に踏み切れない。というのも、まだ南宮山に陣していた秀元が戻ってきていないからである。

優柔不断な輝元に失望した親戚は、妻子を取り戻して帰国の途についた。

九月十七日、広家は長文に渡り、十四日から十六日までの詳細を報告した。

同日、福島正則と黒田長政から輝元宛に書が出された。意訳は次のとおり。

「特別に申し入れる。このたび奉行どもが逆心を搆《かま》え、内府公は美濃表に出馬したことについて、吉川殿・福原殿は輝元御家を御大切に存じられ、両人は内々に申し入れてきた。そこで我らは内府に申し入れたところ、内府は輝元に対し、少しも疎略にはしないので、いよいよこれ以後も御忠節を尽くされるならば、相談すべき旨を両人に申し入れ、その意を伝えた。子細は福原が口上で申し上げるであろう」

書を受け取り、輝元は幾分なりとも安堵したであろう。そのようなこともあり、九月十八日、伊予攻めの撤退を佐波広忠らに命じた。意訳は次のとおり。

「(東軍の)先手と和平が調い、当家の人数は悉《ことごと》く、無事に途中まで引き上げた。なので、そちらは、それ以上介入せず、早々大坂に帰還すること。そのこと阿波に出陣させた者たちにも申し入れた。少しも油断なきようすることが第一だ」

同日、家康は正則、長政に輝元への説得を催促した。意訳は次のとおり。

「書状で子細を拝見した。毛利家への気遣いは尤もである。吉川・宍戸《しど》らを留めたことは尤もである。残り衆の中から福原広俊を明日、大坂に遣わすことは尤もである。安国寺は、なにとぞ生け捕りになされること。ただ今、未刻(午後二時頃)近江の八幡山に陣を移した。大坂へ押し進む道は、宇治、田原口にしようと思っている。小早川中納言殿は宇喜多の浪人どもを添え、備前に遣わそうかと考えている」

九月十九日、輝元は正則、長政に礼状を出した。意訳は次のとおり。

「礼状を拝見した。このたび、先手において吉川・福原以下その意を得たところ、御両人の肝煎にて家康公が別して懇意になされることは忝《かたじけ》ない。分国中は相違ないとの誓紙を預かり、安堵している。増田長盛、徳善院とも相談し、一つずつ具《つぶさ》に御取りなされることが肝要である。なお、御両人には御意を得られるように」

また、同日、輝元は福原広俊に書を送った。意訳は次のとおり。

「周囲の者も無事で喜んでいる。講和の工夫を広家、御方の才覚をもって調えたことは祝着である。毛利家が存続できることは、結局、御方の気遣いによるところで、近頃は（主が家臣に助けられ）逆さまになっている時節である。何分にも調え、間違いがないように頼み入る。書中にて早く申すべきであったが、大坂のことに取り紛れて遅れてしまった。なお、子細はこの者が申すであろう」

輝元としては、毛利家の危機を乗り越えられて安心している様子が窺える。

九月二十日、『島村淡路守覚書』によれば、家康は東軍に従った大野治長を大坂城に遣わし、このたびの合戦に秀頼はまったく関係ないので、指一本触れることはないという旨を伝えさせた。これを聞いて淀殿は安堵したという。

同日、『佐々部一斎留書』によれば、長政、藤堂高虎ともう一人（不明）は福原広俊の案内にて大坂城の西ノ丸を訪れ、和睦の確認が行なわれた。そして、増田長盛は取っていた人質を戻し、輝元は早々に大坂城を出ることが決められた。

また、秀元が大坂城に入り、輝元に籠城して徹底交戦することを主張した。しかし、輝元は既に和睦は調ったと、拒絶した。この日、広家は勢多にいた。

九月二十一日、三成が捕えられた。輝元としては恭順の意を早く態度で示さねばならぬが、まだ一抹の不安も残っていた。そこで、二十二日、井伊直政と本多忠勝に誓紙を送り、最後の確認をした。意訳は次のとおり。

「一、今度の先手（正則・長政）に、我らの心底を示したとおり、吉川広家・福原広俊が御意を得るよう御取り成しを戴き、ついに御分別なされ、忝なく存じます。

一、我らの分国、相違ないという思し召しをなされ、誠に安堵しています。

一、この上においては、西ノ丸を渡します。以来、内府様に対し、いささかも疎略にすることはなく、表裏別心はありません」

同日、輝元はほぼ同じ内容の誓書を正則と長政にも送っている。

右の誓紙を受けた正則と長政は、その旨を家康に伝えた。

九月二十三日、書を受けた家康は正則と長政に返書をした。意訳は次のとおり。

「御《お》折紙にて、その意を得た。昨日申したごとく、行《てだて》を捗《はかど》らせることが尤もだ」

この「行」とは「うまく欺くように」という下知であろう。

九月二十四日、改めて家康からの意を正則と長政から聞かされた輝元は、大坂城の西ノ丸を出て、木津（大阪府大阪市浪速区）の毛利屋敷に移った。

以上のように、家康は徳川家臣の忠勝・直政、関ヶ原の先手を勤めた正則・長政あるいは高虎など、多数の書状や言伝作戦によって輝元に籠城させぬように仕向けた。また、淀殿には愛人と噂される治長を送り、輝元に居づらくさせている。ただ、家康が直接、輝元に所領安堵の書を発行していない。老獪、そして周到であった。

最初から戦をする気のなかった輝元は、最後の確認を取ることができずに追い出された。本人も長居するつもりはなかったのかもしれないが、不用意ではあった。それに気付くのに、さしたる月日はかからないが、全ては後の祭であろう。

真相二　九州平定を狙っていた如水が戦いを辞めた理由とは

九月十三日、豊後の石垣原《いしがきばる》合戦で勝利した黒田如水は十五日、大友義統《よしむね》を降伏させた。すると如水は義統を黒田家居城の中津城に連行し、家康にその旨を報せた。

当然、この時、九州では関ヶ原合戦の結果を知るはずもなく、如水は領土拡大の思惑に胸を膨らませ、九月十六日、国東《くにさき》半島の安岐《あき》城（大分県東国東郡安岐町）を包囲した。同城は、攻めずに素通りした城である。城主の熊谷直盛は三成の娘婿でもあるせいか、美濃の大垣城に籠っており、不在であった。

安岐城には直盛の弟・外記《げき》が寡勢で籠っていた。当初は如水を追撃しようとしていたが、石垣原合戦の結果を知り、戦意は落ちていた。そこで、如水は妹婿の一《ひとつ》柳直末《やなぎなおすえ》と外記が主従だったので、城内に矢文を放たせ降伏勧告を行なった。すると、九月十九日、外記は受け入れて開城した。因《ちなみ》に、大垣城に籠る直盛は、一緒に守っていた相良《さがら》頼房が東軍に内応し、十七日、謀殺された。

時を同じくして日向・飫肥《おび》城（宮崎県日南市）主の伊東祐兵《すけたか》は、如水に使者を送って指示を仰いだ。そこで、如水は家臣の宮川半右衛門を派遣し、何れ後詰を向けること、まずは薩摩口を固めるよう伝え、留守居の稲津掃部《かもん》には高橋元種の支城・宮崎城（同県宮崎市）を襲わせ、占領させた。因に、高橋元種は相良頼房らと共に東軍に内応した武将で、やはり九州にはその報せは届いていなかった。

安岐城を開城させた如水は、先に見送った富来《とみく》城（大分県東国東郡国東町）に向かった。城主の垣見家純は大垣城に籠っており、直盛共々頼房らに謀殺されていた。

当然、そのようなことは城兵が知るよしもない。城は留守居の筧利右衛門らが堅く

黒田如水像（福岡市博物館所蔵）

守り、徹底交戦の構えを見せた。城攻めしてみるが、やはり士気は高く、陥落させようとすれば、かなりの損害を覚悟しなければならなかった。そこで、如水は海上をも封鎖し、兵糧攻めの策を取った。すると、家純からの使者が送られ、如水は捕えさせて書状を奪った。そこには「自分は大垣で討死するが、皆は開城して無駄死にせぬように」ということが記されていた。如水は使者に書を持たせて城内に送り、改めて降伏を促すと、利右衛門らは応じ十月二日、開城した。

さらに如水は府内城（同県大分市）、臼杵《うすき》城（同県臼杵市）を攻め、日隈《ひのくま》城（同県日田市）、角牟礼《つのむれ》城（同県玖珠《くす》郡玖珠町）を開城させた。

早船を用いて上方の報せを三日で得る仕組みを構築していた如水は、この間に関ヶ原合戦の結果を聞いていた。他の武将共々、半日の決着に驚いたであろう。

さらに九月二十八日付で、家康から賞書が届けられた。意訳は次のとおり。

「このたび、大友がその地で働いたところ、一戦に及んで数多討ち取り、ことに大友を生け捕りにしたことは、誠に喜ばしきこと。しかれば、毛利壱岐守（吉成《よしなり》）の小倉（福岡県北九州市）へ出陣し、働かれることを申し付ける」

家康も、九州のことは心配であったはずだ。如水が妙な画策をしていることも、読めたであろう。そこで利用することを考えた。また、関ヶ原で勝利したとはいえ、この先どうなるか判らない。如水は家康の命令に上乗りし、兵を進めた。

十月五日、如水が向かったのは香春岳《かわらだけ》城（同県田川郡香春《かわら》町）であった。同城主は毛利信友であるが伏見で戦死したので、南宮山に布陣した毛利吉成の次男・吉近（のちの山内勝近）が送り込まれていた。吉近は交戦を主張したが、信友の息子の甚九郎は戦うのは不益と判断し、吉近を虜として如水の軍門に下った。同城を受け取った如水は小倉城に向かった。同城主は吉成であるが不在で、逃亡兵も続出し、名将如水と戦うことなど適わず、留守居の者たちは、十月十四日、降伏した。

こうして豊後を平定した如水の軍勢は一万三千余に膨れ上がった。そして筑前に進軍した。同国は小早川秀秋の所領で、留守居の仙石《せんごく》角右衛門が出迎え、案内役となった。同国を素通りして筑後に侵入した。

家康の命令に従い、如水は久留米城（同県久留米市）に迫った。同城主の小早川秀《ひで》包《かね》は上方に出陣していておらず、城は留守居の桂快友《やすとも》が守っていた。秀包は、もし、上方で西軍が負け、久留米に東軍の兵が攻めてきた時、その中に如水がいれば、頼って降伏しろと下知していたので、快友は主命に従い、あっさりと開城した。十月十八日、如水は同地に禁制の書を発行しているので、同日頃の開城であろう。

如水はさらに兵を南下させ、立花親成の居城・柳河城《やながわ》（同県柳川市）に迫った。如水と連携を取る加藤清正も参陣し、さらに、東軍に下った佐賀の鍋島直茂・勝茂も二万の兵を率いて参じ、四万ほどに膨れ上がる。

既に親成は帰国していた。そして、十月二十日、闘将らしく四千の兵を率いて城を出撃し、江上《えがみ》（同県久留米市）、八院《はちいん》（同県大川市）で鍋島勢と激突した。立花勢は奮戦するも、多勢に無勢は否めず、城に引き上げた。

十月二十二日には如水も酒見《さけみ》（前同）に到着し、親成に降伏を勧めた。十月の末近く、説得に応じ親成は開城した。そして、十一月初旬には如水の麾下に入った。

因に降伏した親成は、政高と改名し、十一月末には尚政と改めている。

如水は鍋島、加藤、立花勢と共に島津討伐に向かった。そして、十一月十二日、水俣（熊本県水俣市）において、家康の停戦命令を受けた。家康と島津との間で講和が成立したというもの。如水はあっさりと受け入れ、中津に帰城した。

関ヶ原合戦の仕置が一段落して、長政が如水に報告をした時のこと。「内府殿は我が手を両手でとり、お褒め戴いた」と長政は嬉しげに告げた。

すると如水は、「その時、そちの左手はなにをしていたのだ」と質問したという。『古都物語』などに記されている逸話であるが、戦国の武将として、息子をも犠牲にして天下を摑みたかった心境は窺える。

如水は、当初から九州一円を纏めて東進し、関ヶ原で勝利した方と決戦を挑もうとは思っていなかったであろう。しかし、次々に城を陥落、開城させるに従い、天下という野望を抱いたとしても不思議ではない。

ではなぜ、すぐに停戦を受け入れたのか。一番は健康不安ではなかろうか。如水は四年後に死去している。このまま戦を続ければ、随分と東の方まで進めたであろう。だが、志半ばで逝った時、跡を継ぐ長政が同じように差配できるや否や。本人の欲望はある程度満たせても、武家は家の存続をさせることを第一。武田信玄にはなりたくなかったのかもしれない。如水は引き際をよく知っていた武将であろう。

家康のためという名目で九州の大半を平定した如水は九月十六日、藤堂高虎に対し、「切り取った敵地を自領に組み入れるよう内府様から秀頼様に申して拝領するように頼み入る」と伝えている。しかし、恩賞は与えられなかった。

八月二十五日付の書簡で井伊直政は切り取り勝手に地を与えるとか、九月二十八日には、毛利吉成の地を与えるなど伝えている。負い目を感じたであろう直政は家康に訪ねてみた。すると、家康は笑いながら答えたという。

「如水の働きは、底心の知れぬものゆえ、長政だけに恩賞を与えておけばよい」将は将の心中を知るといったところか。

恩賞を得られぬ如水であるが、不服を申し立てたりはしなかった。ただ、死に際して「太閤様の時、随分と一廉《ひとかど》の大名になると思ったが、左様にはならず。また、このたびも右のごとく。我ながら心観を働かせ、少し見合わせることが必要であった。太閤様の御目聞きと、御所様（家康）の御目聞きは少しも相違ないと感じいった」と長政に心中を語ったと『川角《かわすみ》太閤記』に記されている。

長政に与えられた所領は筑前で五十二万五千石であった。

如水の天下人としての力量は難しいが、類を見ないほどの戦上手。猛将の加藤清正と組み、島津惟新《いしん》共々東上したら、歴史は変わっていたかもしれない。

真相三　吉川広家も落胆した戦後の毛利家の処分内容とは

九月二十四日、約定により毛利輝元は大坂城を出て木津の毛利屋敷に移った。翌九月二十五日には、藤堂高虎・浅野幸長・黒田長政・福島正則・池田照政ら五人の連署による起請文が輝元に届けられた。意訳は次のとおり。

「一、関ヶ原前日に出された井伊直政、本多忠勝による誓紙は些かも偽りはない。

一、内府様に対して、輝元が別儀ないことは、表裏抜きに公事なく申し上げる。
一、輝元に対して、内府様は少しも疎略にしないこと」
五人が輝元の身の上を保証したものである。だが、確かに起請文は得ているが、やはり不安は拭い去れない。そこで輝元は、吉川広家に対し、「正則や長政は毛利家に好意があるように申すのは結構であるが、彼等は自分のために家康に忠義立てしている者なので、真に頼りにはならぬ。それよりも、最も頼りとなるのは家康の腹臣である井伊直政なので、御方が未だ対面し懇意にならぬのは、はなはだ遺憾である」という書を送った。この時、広家は福島正則らと共に大坂城にいた。

広家にすれば、「東軍先陣の諸将が大丈夫だと言っているのだ。なにをそう、怯えなくともよかろう」とでも思っていたに違いない。

九月二十七日、家康は大坂城に入城し、秀頼に戦勝の報告をしたのちに、諸将の軍功を議定しはじめた。

九月二十九日、長政は広家に再び起請文を出している。意訳は次のとおり。

「一、御身の上のこと、今後も内府様は相違あるべからざること。
一、万が一、虚説を輩から聞き召されたならば、実否を糺明するよう。理不尽の沙汰はあるまじきこと。
一、御進退のことにおいては、井伊直政と相談し、我ら受け懸かりした上は、一切、疎心あるべからずこと」

同日、石田三成、小西行長、安国寺恵瓊《えけい》の三人は堺、大坂を引き廻された。広家は蔑んだ視線を放っていたのであろうか。輝元の心中はいかばかりか。

さらに同日、輝元は広島城留守居の佐世元嘉および、吉田満願寺の春盛坊玄秀に対し、日待《ひまち》、月待《つきまち》の祈禱を毎日十二人ですることを命じ、そして、「中国も家も一身も、この時、一大事に極まっている」と前途を深慮している様子が窺える。

九月晦日《みそか》、榊原康政・忠勝・直政は正則と長政に対し、輝元に下知するための覚書を送った。意訳は次のとおり。

「一、薩摩への行《てだて》について、広島まで中納言（秀忠）が出征するので、太閤様が定めた御置目に従い、路次や筋、諸城へ番手を入れ置くこと。

一、御家中の年寄衆、人質として差し出すこと。

一、輝元の内儀（妻）は前々のごとく、当地の上屋敷に御移らせること。

一、薩摩の陣は輝元に先陣させること。

一、このたび上方衆の人質は早急に返上すること。

右の旨が済んだならば、藤七郎（秀就）殿へ対面させよう。以上」

広家とすれば、安堵したことであろう。おそらく家康の要求は想定の内であったに違いない。戦国の世であれば、どれも常識的なものばかりである。

同日、家康は正則と長政を呼び、毛利家を改易することを告げた。そして、広家には功として、毛利の分国のうち、一、二ヵ国を与えることも付け加えた。

正則と長政にしても驚いたであろう。しかし、正則は輝元の領地である安芸一国と備後のうちで四十九万八千石という大禄を与えられたので、反対するわけにはいかなかった。取次をした以上、言い渡すのも辛いであろう。そこで、長政と正則は、吉川広家・福原広俊・渡辺長《まさる》・宍戸元継に対して書を送った。意訳は次のとおり。

「特別に申し入れる。今朝、輝元の身の上を内府様に申し上げたところ、いよいよ済んだと申された。両人（直政と忠勝）は喜ばれ、各々同じことを申された。明朝、様子を申し渡すので、正則のもとに御出で願いたい。一書を申し入れる」

広家にとっても輝元にとっても厳しい招待状となった。

十月一日、三成、行長、恵瓊の三人は京都の六条河原で斬首された。そして、輝元には、厳しい鉄槌が振り下ろされた。

正則らは広家に子細を告げた。広家にとっては、まさに青天の霹靂であろう。広家は直ちに木津の毛利屋敷に駆け込み、輝元に詳細を告げた。皆は驚愕し、秀元などは、「さればこそ……」と地団駄を踏んで悔しがったに違いない。

再び広家は正則、長政らのもとに行くが、状況は変わらない。

十月二日、長政は広家に毛利改易の理由を認《したた》めた。意訳は次のとおり。

「先刻、両度の御《おん》使者を差し越されても、相違なく、御返答に能《あた》わない。

一、輝元の御身の上のこと、福島正則と相談し、精一杯努力したが、輝元殿は奉行どもに一味して西ノ丸に移り、諸方に内通の廻状を数々出され、輝元殿の御判が慥《たし》かにある上、また四国に兵を向けたという報告があるので、是非に及びません。

一、広家様は御律儀であることは、井伊直政から御前（家康）へ残るところなく取り成したので、中国のうちにて一、二国を下さるべき旨を議定なされた。この上は内府様御直の御墨付を取って、進むこと、井伊直政が堅く引き受けている。

一、井伊直政より呼ばれたので、早速、罷《まか》り出るように。御供は馬廻《うままわり》ばかり三、四人を召し連れる程度にするように。鑓持ちなどは御無用。この節に至り、貴所様の御身を陥れるようなことはないので、御分別のために申した次第である」

さらに長政は別書を記した。意訳は次のとおり。

「なおなお、このたびにおいては、兎にも角にも井伊直政、福島正則、我ら三人に任せるように。これ以外にない。以上。

さてもさても、中国の御安否は、今、明日にも極まりそうなので、広家様の御分別次第であろうと、井伊直政が仰せ切られた。福島正則と拙者は必ず御目に懸かり、心底、残るところなく申し入れるので、余計な画策はしない方がいい。中国のうち、せめて貴所様だけでも残すのは、先代・元就への御労りではなく、貴所様の忠節によるもの。中納言殿へ御労りをかけるのは、一度までは御尤もであろう。されど、貴所様の恩賞を捨て、元就を御労り、家訓によって毛利の本家に譲ろうなどと言わぬよう、御分別しなければならない。悪いことになるかもしれない」

何事も毛利本家のためにという広家の行動は読めているようで、長政は予め注意をしていた。長政にとっても、輝元が大友義統を支援したことは、国許を脅かすことになるので、許せぬ事態であったはずだ。

長政から楔を打ち込まれた広家であるが、毛利一族を戦わせず、東軍を勝たせた陰の立て役者の一人として、また講和の責任者として、そのまま加増を受けて涼しい顔をしているわけにはいかなかった。

十月三日、広家は意を決し、正則、長政に誓紙を入れた。意訳は次のとおり。

「一、思いの他の逆乱に、十方出口を失っております。先だって御理由を申し上げたところ、御両所様の御気遣いによって、私の身上のことお聞きいただき、忝ない次第です。恩恵の御内意ともございましょうが、今生申し上げることに及ばず、のちの世までも忘ることはできません。

一、このたびのことは輝元の心底より申し出たことではなく、安国寺恵瓊の調略をもって奉行衆の申し分に任せ、西ノ丸に罷り上ることが秀頼様に対する御忠義のように心得たからです。輝元の心底には練りに練った分別があるわけではないので、御存じのように、是非もなき次第になりました。しかしながら、今後、内府様に対して、野心などは持たずに御忠節仕ります。まったく別異などありませんので、毛利という名字ばかりなりとも、御立置きくださるよう御気遣いに頼るまでにございます。輝元の申し分が聞き入れられず、私だけ御恩を蒙ることにおいては、先だって関東まで理由を申し上げたところも、私一人の身の上だけを気遣って、本家を見捨てるようなことになります。このことは本意ではありませんん。輝元の心底は申すに及ばず、他人の見聞までも面目なき次第にございます。兎にも角にも輝元と同罪に仰せつけられますよう。幾度も御理由を申し上げる覚悟にて、他になにもございません。

一、このたびの恩恵をもって、毛利一家が御立置くだされば、こののち逆意の残党があっても、輝元においては、このたびの恩恵を忘れることはありませんので、千万に一も毛頭、不届き者に与《くみ》する心底はありません。その節は私一人の才覚をもって、本家であっても討ち果たし、首級を差し上げ、一途に御忠義仕ります」

一家存亡の瀬戸際に立たされた広家の哀訴であった。

正則、長政を介して訴えを受けた家康は、本来は完全に毛利家を潰したいのは山々ながら、関ヶ原で大勝利を収めたばかりで、まだ新たな政権もできておらず、内乱は避けたい。そこで、寛大な処分をすることに決めた。

十月十日、家康は輝元・藤七郎親子に対し処分を決定した。意訳は次のとおり。

「一、周防・長門の両国を進じ置くこと。

一、御父子の身命に異儀あるまじきこと。

一、虚説等があったならば、直ちに糺明すること」

こうして七国が削られ、周防・長門の二ヵ国が安堵された。石高にして百二十万五千石から、三十六万九千石への減俸。約三分の一になってしまった。

輝元の本音は「騙された」であろう。西軍の総大将に担ぎ上げられた輝元は、檄文を発行し、伏見攻めに兵を出陣させ、四国を攻め、大友義統を支援した。

さらに、慶長五年七月十八日、輝元は鳥居元忠に伏見城の明け渡しを要求した。そして、豊国社の社僧・梵舜が記した『舜旧記』の同日の項には「毛利の内儀より湯立（大原巫女に申付）艮子二百十六文目、神樂衆へ下行四十六文目これ遣い」と、輝元の正室が同社で必勝祈願の神事を行なわせていることが明らかになった。

また、伏見落城後の八月二日、輝元らによって豊国社で戦勝祝いの里神樂が奉納されている。これで、なにも関わってはいないとは惚けきれないであろう。しかし、乱世を生きてきた武将とすれば、他愛もない行動である。まさか、これらを指摘されるとは思ってなかったのではないか。家康の方が一枚上手であったわけだ。

　だが、百二十万五千余石を存続させる手は残っている。毛利の本隊はほぼ無傷。三万六千人は動員できるであろう。それに、まだ世は定まってはいない。島津、長宗我部と連携し、敗走した兵を領内に引き入れて戦えば、そのうち家康も和睦するしかない。しかし、大坂城を出てしまった輝元とすれば、妻子を見捨てて帰国し、広島の居城に籠城する気にはなれなかったのではなかろうか。

　減俸が決まると、輝元は剃髪して最初は幻庵、そして宗瑞と号し、家督を秀就《ひでなり》に譲った。時期は十月二十五日から十一月初旬にかけての頃であった。

　あとは只管《ひたすら》、恭順の意を示すしかない。

　十一月五日、宗瑞として初めて誓紙を送った。意訳は次のとおり。

「一、今度のこと、御取り成しをもって身の上のことが済み、過分至極なことです。ことに内府様から御誓紙を下されたことは、身に余ることにて忝なく、子々孫々において忘れることはありません。
一、今後は諸事、御方に頼むしかなく、隔たりなく御指南戴きますよう。
一、今後は公事を抜き、表裏別心はないので、虚説あればお尋ねに預かります。
一、拙者に対して今後、内府様はいよいよ気遣いなきよう。何分にも貴所の御指図次第に仕りますので、御引き回しのほど頼み入ります。

一、隠密の子細を仰せ聞かされても、少しも他言いたしません」

文禄四年（一五九五）当時は小早川隆景の補佐があったものの、家康と東西二頭体制をとり、威を示していたものであるが、今や五大老として同役の面影もなく、ただ、臣下のごとき対応をせざるを得ない輝元であった。

また、毛利家を九ヵ国から二ヵ国の大名にした広家は「こんなはずではなかった……」と落胆していることであろう。家康を憎むわけにもいかないので、翌年に記した覚書で三成と恵瓊の非を責め、大坂冬の陣が開始されたあとの慶長十九年（一六一四）十一月十一日に記した覚書の中で三成への怒りを漏らしている。

その怒りが子孫に伝えられ、明治維新に繋がったと言われているが、この時の輝元や広家には思いもよらぬことであろう。

第十五章

ああ無常！——【年越し編】
戦後処理をめぐる謎

真相一　伊達政宗の「百万石のお墨付き」はなぜ消えたのか

独眼龍・伊達政宗は上杉景勝の北東、信夫《しのぶ》口から兵を進める役を担っていた。

政宗は帰国するや上杉方の白石城を陥落させ、八月、家康から四十九万五千八百余石加増の覚書、いわゆる「百万石の御墨付」を得て、九月には最上に援軍を送った。と、これまでは従順な態度を示したが、ここからが政宗の曲者たる所以である。

関ヶ原の本戦で西軍が敗北したことを知り、上杉軍は最上領から撤退した。これを待ち、政宗は十月五日、上杉家領の会津と米沢間の通路を遮断するため、信夫、伊達方面に出陣した。そして、六日、政宗は国見山（福島県伊達郡国見町）に本陣を置き、本庄繁長が守る福島城（同県福島市）を攻撃した。

二万の伊達軍に対し上杉軍は半数にも満たない。上杉軍は奮闘するも、やがて多勢に押され、城に逃げ戻った。伊達側の史料では三百余人を討ち取ったという。

政宗は羽黒山（前同）に本陣を構え、軍勢は山麓に備えて城を取り囲み、会津との通路を閉鎖した。また、同地は伊達の旧領なので、政宗の到来に景勝の陪臣・齋藤兵部が騎馬武者十二騎、鉄砲衆五十を率い、信夫・伊達の領民四千と内応した。

梁川城《やながわ》（同県伊達市）を守る須田長義は出陣し、山麓の伊達軍を急襲した。その地は宮崎内蔵助が守っており、佐竹旧臣であった車斯忠《つなただ》が内蔵助を討ち取った。

十月七日、もはや福島城落城は時間の問題。しかし、政宗は奇襲の噂を聞くと城の包囲を解いて、兵を引き上げた。退路を絶たれるのを嫌ったのであろう。

繁長は追撃をして多少の兵を討ち取るが、打撃を与えるには至らなかった。

北目《きため》城に帰城した政宗は、先に手を打っておいた北に目を向けた。盛岡城（岩手県盛岡市）主の南部利直は家康の下知を受け、兵五千を率いて最上口に着陣して最上義光《よしあき》を支援しており、領国は空。そこで政宗は火事場泥棒を試みた。

南部利直の領内に和賀領がある。同領は二子《ふたご》城（同県北上市）主の和賀義忠が所有していたが、天正十八年（一五九〇）、秀吉が行なった小田原攻めに参陣しなかったがために、義忠は改易された。同年十月に葛西・大崎一揆が勃発すると、義忠も旧領で挙兵した。俗に言う和賀・稗貫《ひえぬき》一揆で領地を取り戻した。しかし、翌年十月、上杉景勝らに鎮圧されて討死した。そして同領は南部氏に与《あた》えられた。

義忠には息子の忠親がおり、二年ほど前から伊達家の禄を食み、西根（同県胆沢《いさわ》郡金ケ崎町）に在していた。そこで、政宗は上杉領に出陣するに先駆けて、九月の下旬、利直の留守を突いて忠親に挙兵させた。

忠親は旧臣を募り、花巻城（同県花巻市）を攻撃した。また、政宗は水沢城（同県水沢市）主の白石宗直に忠親を支援させてもいた。しかし、城主の北（南部）信愛《しんあい》も必死に防戦したので兵を退き、岩崎城（同県北上市和賀町）に立て籠った。

報せを聞いた南部利直は十月八日、最上から兵を退き、十八日から岩崎城攻撃を開始した。忠親らには政宗から鉄砲二百挺と武器・兵糧が送り込まれているので簡単には落ちず、さらに折りからの豪雪によって城攻めは長期化した。

戦いは年越しとなり、利直は三月十八日から再開した。そして、四月二十六日、城は炎上した。しかし、一揆の首謀者である忠親は逃亡に成功し、政宗を頼った。

この時、家康の鷹匠の一人が南部領に下向しており、子細は家康に報告された。そこで家康は政宗に「和賀忠親を詰問するので上洛させよ」と命じた。

忠親に吐露されてはたまらない。五月二十四日、政宗は忠親を北目城に呼び寄せ、国分尼寺（宮城県仙台市）で、白石宗直に始末させた。また、宗直は更迭した。

まさに「死人に口なし」。家康としても真偽を質す相手がいないので一揆の件は不問にした。そのかわり、前年に発した覚書は無効にし、政宗への恩賞は苅田郡で僅かに二万石を加増したに過ぎなかった。政宗としても、冷や汗ものだったので、加増に不服を申し出なかった。こうして、「百万石の御墨付」は夢と消えた。

家康の命令に従っていれば、百万石を得ることはできたはず。だが、再三、秀吉に楯突いた政宗のこと。百万石を得た政宗を家康がそのまま許したかどうか……。

福島正則、加藤清正の息子・忠広、加藤嘉明の息子・明成など何れも東軍に属して戦い高禄を得た者やその息子は改易された。六十万石も充分に高禄であるが、政宗には天下を諦めさせ、家を潰さぬ上限になった大きさだったのかもしれない。

真相二　上杉家が減封で済んだ真の理由とは

最上領の長谷堂《はせどう》城から帰国した上杉勢は、敵に備え、国境の警備を固めた。

十月十六日、直江兼続《かねつぐ》は梁川表（福島県伊達市）に陣する大藤小太郎、築地資豊、金子美濃守、車斯忠の四人に対し、「内応の容疑がかかっている横田大学ならびに、同源兵衛の一族を会津の若松に送ること。町人、地下人《じげ》に拘らず不審者は若松に送ること。旧奥州探題の大崎義隆も若松に呼ぶこと。梁川城代の須田長義の家中から人質を取り、然るべき者を山田右衛門尉が参り次第にて取り、若松に送ること。横田大学手前の米、その他の諸道具、入念に調べること」という書で指示をした。

同じ頃、伏見の留守居役を勤める千坂景親が中島玄蕃と舟岡源左衛門を帰国させ、上方の諸状況の報告ならびに、抗戦の停止と和睦の推進を景勝に勧めさせた。

十月二十日、兼続は若松城に登城して、改めて景勝に最上領での戦の経緯を報告した。そして、上方からの報せを踏まえ評議を開いた。

上杉家中では、徹底抗戦を主張する者は多々いた。和睦は伊達政宗とし、佐竹義宣と江戸に進軍すべきというもの。しかし、景勝の意思は和平に傾いていた。

景勝としては、喧嘩を売られたので買っただけ。しかし、相手が止めるといった以上、自分から継続する気はなかった。これが旧領の越後にでもいれば別であるが、立場が悪くなれば、旧主に寝返る者が多々いる会津領。上杉家としては堅い地盤を築くには、あまりにも歳月が足りなかった。まして首謀者の三成や加担した恵瓊、行長は既に斬首されている。戦を回避したいのが本音であった。

だが、自分から打って出ることはないが、仕掛けられれば別である。十月二十二日、再び信夫・桑折《こおり》方面で伊達勢の侵攻があった。この時、貝原勘解由、岡上勝三郎、外山牛之介、佐藤庄太郎、水野半左衛門……らが活躍し、敵を撃退した。

この頃、徳川家から和議の交渉、あるいは降伏勧告があった。兼続は十月二十三日、安田与親《よしちか》・竹俣利綱・黒川為実に書き送っている。意訳は次のとおり。

「(前略) 我らは去る二十日、こちら (若松) に罷り出た。次いで佐竹口への働きは、江戸より無事の内証 (和睦の話) につき、止めにした。安心するように」

十月二十六日、若松の奉行・安田能元が長沼城 (福島県須賀川市) を守る甘粕景継に九ヵ条からなる長文の書を送った。その六条の意訳は次のとおり。

「和平のことは、手前らが強く押したので、成るであろう。今の分では命ばかりの言い訳が成るか成らぬかにかかっている。全国の侍が固まれば、矢を置いても潰れないかもしれぬが、三年御分別すべきである。上下の身の上に別儀なく、世上は見果てている。毛利殿のように二郡の嘆願を申し出るような体にては、志が低い。たとえ御《おん》滅亡しようとも、御名朽ぬよう仕るべきである。定めて御同意するように」

奉行とはいえ、覇気に満ちている。消沈せぬような気遣いであろう。

十一月三日、景勝は福島城代の本庄繁長を謝罪のために上洛させることにした。繁長は永禄十一年（一五六八）、謙信に背き、武田信玄に味方したこともあった。老獪かつ強か《したた》で勇猛、難事にあたるには向いているのかもしれない。何れにしても上杉家存亡の危機。繁長の役目は重要であった。

上杉景勝像（上杉神社稽照殿蔵）

和睦の相談をしている最中でも伊達勢の侵攻は治まらず、十一月二十二日、兼続は築地資豊に木柄三十丁、鉄砲十挺、玉薬千放を送り警戒にあたらせた。

十二月二十三日、景勝も心配であろ

う。繁長に書を送った。意訳は次のとおり。

「その方の上洛のことにつき、直江より、榊原康政に様子を伝えたところ、路筋等に間違いはないとのこと。寒空の時分、長旅の大儀は痛ましいが、早々と上洛なされたことは尤もである。嶋倉泰忠を一両日中に差し越すので召し連れられるように。次いで小袖二枚を重ねて遣わす。なお詳しいことは直江より申させる」

感情を表に出さぬ景勝が、最大限に気遣いを見せていた。

また、同日、景勝は千坂景親にも書を送っている。意訳は次のとおり。

「このたび、中島玄蕃、舟岡源左衛門を差し下し、本多正信、同忠勝、榊原康政の内証を聞き届けたので、本庄繁長を上洛させた。そこもとは相談致し、様子を申し渡すように。子細は繁長の口上に聞くように」

上洛した繁長は、景親と共に正信・康政に和睦の斡旋を依頼した。

慶長六年（一六〇一）一月晦日、まだ伊達勢の侵攻は治まらない。それでも、上杉家臣の石栗将監《しょうかん》は草（忍び）を調え、塩松（同県安達郡岩代町）境で敵五人を討ち取り、兼続から感状を得ている。

二月十七日には川俣（同県伊達郡川俣町）で伊達勢を多数生け捕り、三月二十九日には福島城で戦闘があり、防戦している。政宗も執拗であった。

和議は順調で、五月三日、景勝は甘粕長重に報せている。意訳は次のとおり。

「このたびの上洛について申したとおり、喜んでいる。話し合いは良好で、本庄は帰国するので安心するように。その方は、何れも一城を申し付ける者共を差し置き、人足衆、少しも残し置くことは無用である。子細は泉沢久秀に申すように」

家名の存続ならびに減封が伝えられているのか、人減らしを指示していた。

六月五日、兼続は上洛が近いので境目を堅固にするよう築地資豊に命じた。

七月一日、景勝は兼続を伴い、若松を出立した。

七月六日、佐竹義宣から景勝に書が出された。意訳は次のとおり。

「特別に申し上げます。上方との話し合いが調い、上洛することは肝要です。我らも近く上洛致します。万事、上方の貴意を得られますよう（後略）」

この時、まだ佐竹家の進退は決まっていなかった。

七月二十四日、景勝主従は伏見邸に入った。そして、八月十六日、結城秀康に伴われて伏見城に登城し、家康の前に罷り出て謝罪した。

八月十七日、景勝は会津百二十万石を召し上げられ、改めて米沢三十万石を与えられた。石高は四分の一に減封された。この時、景勝は卑屈にならず、堂々と拝領したという。景勝は武門の倣いによっての行動のため、背信や欺瞞はなかった。また、この態度のせいか、兼続と三成の密謀も詮索されなかったという。

なぜ、関ヶ原合戦の契機を作った上杉家は減封で済んだのか。逆の見方をすれば家康に天下取りの贈物をしてくれた家であり、小山で引き返した時に背後を突かなかったから。また、家名を保てば、恩義に感じるとも思ったのではなかろうか。

八月二十日、兼続は安田能元らに新天地への移封を命じた。

真相三 佐竹家はなぜ戦後二年たってから移封となったのか

慶長五年(一六〇〇)七月二十八日、小山評議後、家康は佐竹義宣に人質を要求した。しかし、義宣は既に大坂に差し出していると、求めを拒んだ(第四章四項)。

家康には、西軍に与していないと主張した義宣であるが、七月二十九日、水戸家老の小貫《おぬき》頼久が伏見の大縄義辰《よしとき》に送った書は興味深い。意訳は次のとおり。

「一、そなたの御気遣い察し入る。そちらの様子は彼の口上にあるように、万事、増田《ました》長盛様の御次第に従うこと。
一、両御台様(義重室と義宣室)へ御申し頼み入るよう。御筋目《おん》が違うと申さぬようにとあるので、安心するように伝えること。
一、やがて御使者が上洛するので、内府様へも、とかく秀頼様次第である。自分のために疎略にせぬよう御申すこと」
義宣の態度は明らかに西軍であった。ほどなく義宣は直江兼続に援軍を求めた。

八月五日、兼続が岩井信能に送った書の中で、「（前略）佐竹よりの使者が昨日罷り越し、義宣は、このたび上方のことについて、内府より証人（人質）を乞われたが、通らずと申して断った。ゆえに定めて手切れとなったので、御加勢を申し請けたいと申してきたので、深々と受け乞い、使者を返した（後略）」とある。

義宣は人質を拒んだ段階で敵対したと認識していた。しかし、あからさまにはせず、八月十日、川井忠遠を江戸に遣わし、再度、西軍には味方せず、赤館城《あかだて》（福島県東白川郡棚倉町《たなぐら》）にあって上杉の関東侵攻を防ぐと約束した。

この時、宇都宮には秀忠と結城秀康他関東諸将の軍勢が四万ほども在していたので、義宣としては水戸に向けられるのは脅威であった。

八月十二日、兼続が信能に送った書の中で、「一両日中に佐竹よりの使者が来る。自然、若松にまいれば、様々なことを申し入れるであろう」とある。また、同十四日、福島の上泉泰親らに出した書には「佐竹の御用があって使者が遣わされたので、十四日、若松に戻り馳走した」とある。

さらに八月十九日、兼続は結城朝勝に書を出した。意訳は次のとおり。

「追って小貫頼久が景勝のところへ誓紙を仕るように、貴所様より、よくよく仰せ遣わされるように。先日は御意を得られ、本望の至りです。佐竹は御肝煎りで当方に無二の入魂《じっこん》となり、我らは満足しています。しかれば、兼ねてからの約束どおり、使者をもって申し伝えたこと、貴殿は御考えになられ、いよいよ仰せ遣わされるように。子細は福島掃部助《かもん》の口上にて申しますので、御意を得られますように」

結城朝勝は宇都宮国綱の弟で、義宣の従弟にあたる。結城家に秀康が入ったことで追い出され、母の実家である佐竹家を頼っていた。この時、朝勝は上杉・佐竹間の橋渡し役のようなことをやり、少し前までは白川城に在したりもしていた。

一方、息を殺して動向を見守っていた宇都宮の軍勢のうち、秀忠が三万余の兵を率いて八月二十四日、西上のために出立した。この報せを赤館城で聞いた義宣は、二十五日、水戸に戻り、敵状視察を兼ねて家老の小貫頼久を江戸に向かわせた。

頼久が江戸に到着した日にちは早くとも翌二十六日であろう。対面したのは、翌二十七日と思われる。というのも、頼久が、義宣の帰城を説明すると、気をよくした家康は相州広光の脇差を与えて労ったという。隣国常陸の佐竹を脅威に感じている家康にとって誼《よしみ》を通じることは喜ばしいことであった。また、福島正則らによって二十三日に岐阜城が陥落させられた報せが齎《もたら》されていたからである。

同報せは八月二十八、九日、水戸に届けられたと『佐竹家譜』にある。義宣は急遽、一族筆頭の東《ひがし》義久に三百の兵をつけて中山道を進む秀忠のもとに向かわせた。

すると秀忠は義久を労い、早々に帰国して上杉に備えるようにと戻した。さらに秀忠は九月三日、赤館に残る義宣の弟・蘆名《あしな》義広に使者の到来を喜び、近々真田昌幸を攻撃することを伝えた。

さらに義宣は岐阜落城の祝言を述べさせるために、川井忠遠を江戸に派遣した。しかし、家康は西上の途についたあとで、忠遠も跡を追い、九月四日、伊豆の三島で追い付き、口上を伝えた。熱心な対応に家康は喜んだという。

義宣が徳川家との交流を盛んにしていたことについて、上杉家の反応はいかに。八月二十九日、兼続が結城朝勝に送った書には、「江戸に使者を遣わして様子を探ってほしい」とあるので、公認の行為であり、義宣は従ったに過ぎない。また、九月八日、兼続は清野長範に送った書の追記で「佐竹へ遣いを出したところ返書があり、関東の様子は相変わらず」とある。両家の連絡は続いていた。

ただ、この頃から義宣の態度は微妙に変わったのではないか。一つ目は難攻不落の岐阜城が僅か一日足らずで陥落したこと。二つ目は頼みにしていた上杉軍が南下せず、しかも最上攻撃に切り替えたこと。このまま自分はなにもしなくていいものかと不安な心境であったに違いない。そして、関ヶ原合戦の結果を知る。

その時期であるが、上杉景勝が西軍の敗報を聞いたのは九月二十九日なので、水戸の義宣が知るのは二十四、五日というところか。驚きは他の武将たちと同じであろう。詳細が伝わるのは、後日であろうが、南宮山の毛利軍を動かさず、小早川秀秋を内応させた家康の手腕など知るほどに、敵対したことを後悔したに違いない。

九月二十一日付で、伊達政宗が記した書状には義宣が使者を送り、親交を求めてきたとある。不安な義宣が川井忠遠を遣わした時、何名かを西上に同行させたか、もしくは斥候のような者を放っておき、報せを早く摑んだことは充分に考えられる。しかし、敗北を知ってから誼を通じる日にちとしては些か早い気がする。

では、なぜ、積年の敵である政宗と親交を求めたのか。九月三日、兼続が本庄繁長に出した書に政宗が上杉家と協調することが記されている（第七章四項）ように、油断させる策ともとれるが、本心は二股膏薬ではなかろうか。隠居した父の義重や一族筆頭の東義久は一貫して東軍につくことを主張していた。そして、岐阜城の落城を知り、大垣に押し込まれた三成の状況、伏見の大縄義辰からは、毛利輝元の出陣する気配がないことが伝えられ、心が動いたというのは自然であろう。

十月一日、三成、恵瓊、行長の三人は斬首され、その前に輝元は大坂城を明け渡した。続々と報せは義宣のもとに届けられたことであろう。

当然のごとく、義宣は戦勝祝いの使者を送った。

十月五日には秀忠からの礼状が届けられた。意訳は次のとおり。

「懇ろな御書を戴き本望です。承知されたように天下を平定され、内府は大坂に移りましたので、御安心ください。なお、のちに口述するので子細は省略します」

さらに秀忠は十月二十日には、東義久に同じ内容の書を送っている。この頃、秀忠は義宣に対して、敵視したようには見受けられない。あるいは油断させるためか。というのも、家康からの礼状は、現在のところ見つかっていない。

徳川家は義宣をどのような目で見ていたのか。『東照宮御實紀』には「二十四日、小山に陣をすえられる。これは鎌倉右大将、佐竹追討の佳例によられしと聞こえける。佐竹、今度も会津寄りの事なれば、御先手に指されながら打立つ様も見えざれば、重ねて御使を立てられ、御催促ありけれど、容易くいらえ（答え）も聞こえず。然れば上杉に一味せしに疑いなし」とある。

また、大久保忠教は『三河物語』の関ヶ原陣と大坂陣の項で「東にては景勝・佐竹義宣・真田が敵なり」さらに、子孫への教訓の項では「佐竹・景勝・島津・安芸の毛利、彼等が御《おん》敵を申したるに、御成敗はなくして、かえって国郡を下げられるは、御慈悲にあらずや」と記している。徳川家にとって佐竹は敵である。

戦後の処理が行なわれる中、義宣は戦々兢々としていたであろう。中でも大将に担がれただけで、七国を削減された毛利輝元のことは衝撃だったに違いない。水戸城を固めながら家康の一挙一動を見守りながら年は暮れた。

佐竹家に激震が走ったのは慶長六年（一六〇一）の初夏。四月十日、秀忠は伏見を発ち、江戸に下向した。目的は新たな会津攻めだという。この時、まだ上杉家と伊達家は小競り合いを繰り返していた。

この噂を聞いた隠居の義重は驚き、即座に舞鶴城（茨城県常陸太田市）を発った。そして神奈川の宿（神奈川県横浜市神奈川区）で秀忠を出迎え、陳謝した。そののち西上し、『當代記』によれば四月十四日、伏見に到着した。『藩翰譜』によれば、家康に拝謁し、謝罪をして家の存続を懇望すると、「老いたる父が歎き申すところ、哀れにや思い召され、させる御咎めもなし」と言ったという。しかし、安堵状などは出されていないので、義宣の懸念は募るばかり。『細川家記』によれば、義宣は六月二十三日、東義久を上洛させたという。

『梅津主馬利忠覚書』によれば、家康は国替を言い渡したところ、義久は「佐竹が背後を突かなかったので内府様は天下を取れたのだから、国替など言語道断。恩賞があって然るべき」と返答した。すると、家康は「そちは人質を出して忠節を示したので宇都宮に十二万石を与える」と告げた。これを聞き、義久は「主家の国替に至り、宇都宮を拝領することはできません」と答えた。家康は義久の忠義に感じ入り、「そちの存命中は義宣に国替はさせぬ」と約束したという。

八月十七日、上杉家は三十万石に減封された。これには、義宣も些か安堵したのではなかろうか。関ヶ原合戦の契機を作った家が大名として存続を許された。自分はなにもしていないし、使者を送って誼も通じてもいた。

十月、義宣は江戸に向かい、十一月、漸く家康に謁見できた。安堵したのも束の間、同月二十八日、東義久が死去した。佐竹家にとっては大いなる打撃であった。

慶長七年（一六〇二）が明けたが、まだ処分の音沙汰はない。義宣は正月二日、一族の北義憲に水戸城普請を申し付け、二十日から工事は始められた。

硬軟両方で考えていた義宣は二月末頃、水戸を出立し、三月七日、伏見に到着した。国許の真壁童幹には「秀頼様、家康様に御礼申し、幸せ残るところがない」と記している。謁見の様子は上々であったことが窺える。

上洛の規模は、御供五十騎、鉄砲百挺、弓百張、鑓百本、御道具このごとくと、およそ五百名。行列は常識的なもので、景勝が謝罪のために数十名で上洛したものとは違っていた。義宣に詫びるという概念はなかったようである。

それを示すかのように、義宣は母に仕える石井修理亮に命じ、義重の家老・田中隆定に伏見邸の修理費を取り寄せさせた。隆定は四月二十八日、書と一緒に砂金やその他の品々を送っている。ところが、嵐は急に訪れた。

五月八日、榊原康政と嘗て佐竹家に預けられていた宇喜多旧臣の花房道兼が佐竹邸に訪れ、領地没収の上、出羽に移封と告げた。義宣には青天の霹靂であろう。

一番驚いたのは、移封先が曖昧で、しかも石高が判らなかった。『當代記』には「秋田、砥沢にて二十万石」とあり、『佐竹家譜』には「羽州において替地を賜えし」とある。佐竹家の石高が正式に決まったのは寛文四年（一六六四）四月五日。秋田六郡に下野の河内、都賀《つが》郡の内が加わり、二十万五千八百石余とされた。実に入国から六十二年目のことである。この時は混乱をきたした。

義宣は慌ただしく国許に指示を出し移封の準備を行なわせた。

五月十七日、再び榊原康政と花房道兼が伏見の佐竹屋敷を訪れ、国替えの地は秋田・仙北の地（現在の鹿角《かづの》市と鹿角郡小坂《こさか》町、県南西の由利郡を除く秋田県のほぼ全域）であることを告げた。しかし、石高は明確になっていない。

義宣は、秋田に連れて行く家臣を九十三家に定めた。これは譜代の家臣で、佐竹十二代の義盛が元中六年（一三八九）重臣たちに作らせた家柄である。一つの家に二十から五十人の郎党配下がいるが、その全てを移動させることは無理であった。

水戸城明け渡しは六月十四日。家康から御判物《ごはんもつ》が与えられたのは七月二十七日。義宣が出羽の土崎《つちざき》湊城（秋田県秋田市）に入ったのは九月十七日であった。

なぜ、佐竹家の移封が決まるのに二年を要したのか。まずは近隣で、しかも戦後、敵対の意思を示していなかったので、先送りにできた。加えて、上杉家が早くから和睦に応じる旨を伝えてきていたこと。そして、この慶長七年四月十一日、島津家に誓紙を書いて、本領を安堵したので、漸く取りかかろうと思ったこと。

あとは家康の感情であろう。家康は、嘗て藤原氏を名乗っていたが、前関白の近衛前久《さきひさ》に頼んで系図を新田源氏にしてもらった。対して佐竹家は清和源氏の血を引く新羅《しんら》三郎義光の正統な源氏の家系、これを妬んでいた。

加えて、小山評議以降における日和見的行動を憎んでいた。上杉家のように、公然と挑戦状を叩きつけて勝負を挑むならばまだしも、始終、曖昧な態度をとり続けた。これにより、家康は長く江戸に在し、日々苦悩をさせられた。これが思い出すほどに不快であると近習に漏らしたという。それでいて、『常山紀談』には「篤実なる人は世に希なり。我、年老いぬけれども多くは見ず。佐竹義宣その人なり」と側近の永井直勝に言ったという。その才は評価していたようである。

もう一つ、上杉・佐竹の密約が露見したともあるが、確かなる史料は残されていない。何れにしても、輝元同様、動かずに身代を減らした武将の一人であった。

真相四　敵中突破した島津家はなぜ本領を安堵されたのか

関ヶ原で敵中突破をした島津惟新が、居城の富隈《とみくま》城に帰城したのは慶長五年（一六〇〇）十月三日。兄の龍伯や息子で当主の忠恒らに賞讃されたが、のんびりとしてはいられなかった。

まずは参陣した者たちへの恩賞を与え、そして、隣国肥後の加藤清正に備えねばならなかった。清正は九月二十三日に小西行長の宇土《うと》城を手に入れると、立花親成の柳河城に進軍した。攻略して薩摩に兵を向けるのも時間の問題である。

少し経った十一月十四日、惟新が忠恒に送った書状によれば、国境に近い出水外城（鹿児島県出水《いずみ》市）、牛山城（同県大口市）を固め、地下人から人質をとり、家臣たちには一人三石の加増をして防衛に勤めた。

惟新が防備を固める中、家康らは和睦交渉の相手を当然のことながら当主の忠恒に定めた。筋目でもあるが、若く経験が少ないので扱い易いと考えたのであろう。

ほどなく、肥前・唐津城（佐賀県唐津市）主の寺澤廣高と徳川家臣の山口直友から九月二十八日付の書が龍伯・忠恒宛に届けられた。意訳は次のとおり。

「特別に申し入れる。このたび惟新の御逆意のこと、是非もなき次第である。龍伯御父子は御同意したのか。また、格別の存分があるのか。その様子を具《つぶさ》に御報せに預かり示すように。その趣きをもって内府に申し上げる」

十月十六日、龍伯と忠恒は廣高に対し、「惟新が関ヶ原に参陣した子細は知らず、また、内府様の御厚恩は忘れておらず、そのことは内府様も御存じのはず。もし、奉行衆側についたとすれば秀頼様のためと思ったことに違いなく、決して内府様に逆らうものではありません」と惚けた返書を出し、時間稼ぎを行なった。

一方、立花親成は、ついに包囲軍に屈した。加藤清正とは朝鮮の役で戦った朋友であり、家康の傍で奔走する黒田長政も同じである。

そこで親成は島津家の意思の確認を命じられたので、十月二十七日、龍伯・惟新・忠恒の三人に長書を送り、降伏を勧めた。その五条の意訳は次のとおり。

「江戸中納言（秀忠）様が薩摩を改められるために、近日出馬するとのこと。諸勢は下られており、拙者も御赦免の上はその地に罷り立つことになる。こたびは特別にその意を得られ、納得できないかもしれぬが、まこと九州一城はこのように平定され、降伏することになろう。既に天下は悉く静謐になり、早や御国割に成っているので、この節に思案なされ、必ず中納言様の御出馬以前に、御使者を差し出され、御詫び言を申すことが尤もである。拙者は一命にかけて存分に御使者を致す。子細は口上にて使者に含めておく」

義に篤く気概ある親成なので、書に偽りはないであろう。しかし、惟新らは親成が家康に騙されているのではないかという疑念を持っていた。というのも、吉川広家が騙されて、毛利家は七ヵ国の削減をされたという報せが届いていたのだ。

関ヶ原の戦地に立ち、島津家への迷惑を考えた惟新は、十月、桜島に蟄居した。親成から改名した尚政は、十一月二十二日、龍伯と忠恒、それに家老の島津忠長に書を送り、使者から聞いたことを黒田如水、加藤清正に伝え、二人は井伊直政に取次いだことを報せ、さらに忠長などが上洛して申し上げた方がいいと勧めた。

しかし島津家はなかなか腰をあげようとはしなかった。

この頃、関ヶ原の戦地から逃げ遅れた新納旅庵《にいろりよあん》、本田助丞《すけのじよう》親子などが山口直友らによって捕獲され、大坂に移送された。そして尋問を受けた。

旅庵は、惟新とは戦場で逸《はぐ》れたので生死も判らない。人質を大坂にとられ、三成らの要請を断れなかった。伏見城へ入城しようとしたが拒絶されたので、やむを得ず西軍に従った。龍伯と忠恒は惟新の参陣は知らず、ゆえに後詰も送らなかった。朝鮮の役で負傷者、病者が多く出て、財政も逼迫し、さらに重臣の伊集院忠真が国内で謀叛を起こし、とても兵を出陣させることなどできなかったことを答えた。

家康は奉行から子細を聞き、信じてもいいが、そのかわり龍伯か忠恒を上洛させることを要求した。十二月十六日、本田助丞を案内とし、直政の使者・勝五兵衛と直友の使者・和久《わく》甚兵衛を乗せた船は大坂を出立し、年も押し迫った二十九日、日向の綾《あや》(宮崎県東諸県《もろかた》郡綾町)に到着した。

慶長六年(一六〇一)一月五日、本田助丞らの書状と贈物が忠恒のもとに届き、対面したのは十三日のこと。龍伯の上洛を求める助丞に対し、忠恒は「世上の風聞では確かなる証文を得て罷り出た者も違変あるとのことなので、そうなれば家の恥辱となり、どうにもならぬ」と答えている。毛利家のことは衝撃であった。

一月十六日、忠恒は家臣の鎌田政近に対し、「百に一つも勝ち目のない戦であるが、只々、譜代相伝の家をむざと果てることは無念である。されど、家中が一味して防戦致せば、相果てても本望である。その旨、本田助丞に伝えることが肝要である」と徹底交戦の決意を伝えよと命じた。

やりとりが続く中の八月十七日、上杉家は米沢三十万石に減封された。

一方、交渉を命じられた鎌田政近は、八月十日、徳川家の宿老・本多正信と対面した。そして、その時の様子を忠恒には「こちらの対応はよく、家康の言葉も非常によいものでした」と伝えた。

八月二十四日、正信と直友は龍伯と忠恒に起請文を出した。意訳は次のとおり。

「一、龍伯、同少将（忠恒）殿の御身命は、恙《つつがな》く保証いたします。

一、御国のことは、兼日のごとく、御約束に相違ございません。

一、兵庫頭（惟新）殿のこと、右の御両所と御入魂となった上は、相違なきよう取り成すことを申します」

あくまでも家康の起請文ではない。徳川家は少しでも多くの大名を改易にするか、減封したい。島津家も読んでいるので、簡単に応じるわけにはいかなかった。

この頃、薩摩の国許では鎌田政近が徳川家に騙されているのではないかと疑念が浮上し、和睦を急いだ方がいいと主張する者たちと家中が割れ始めた。

そんな中の十月一十六日、本多正信は惟新に対し、龍伯が上洛すれば身の安全は保証し、惟新の罪も不問に伏すと家康が告げていると、催促した。

十一月一日、直友は忠恒・龍伯に対し、「講和のことは年越して伏見で行ないたい。上洛すれば身の上は保証する。なにかあれば鎌田政近と新納旅庵に申すように」と、二人は徳川方に傾いていることを匂わせる書を送った。

また、十一月二十六日にも直友は忠恒に、同じような内容の書を、さらに、十二月十日には、忠恒と龍伯に対し、まずは家老の島津忠長を出立させ、続いて龍伯に上洛すると共に、龍伯からの書状をよこすことを促す書を送っている。

慶長七年（一六〇二）に入ってからも、徳川家からの督促は続き、一月十五日には直友から忠恒に、同十九日には正信から忠恒に、二月四日には直友から忠恒と龍伯に。四月十二日には福島正則から惟新に、五月一日は直友から惟新と忠恒に、また本多正純《まさずみ》から惟新に、そして注目すべきは同日、寺澤廣高から忠恒に出された書状には、今までと少し違ったことが記されていた。意訳は次のとおり。

「このたび島津忠長が上洛し、まずは一つが片づいた。内府様の御神文を内見いたしたので龍伯は必ず上洛すること。油断ないよう奉ることが尤もである。八月には御鷹狩のために内府様は関東に下向されるので、龍伯は六月までに上洛することが尤もである。我らも八月まで伏見に詰めているので、龍伯の上洛する意思を得れば嬉しいかぎりだ。なお、忠恒のことは旅庵に申しているので詳しくは記さない」

この書状は和久甚兵衛が下向して忠恒に渡したもの。家康が誓紙を書いたとまであるので、忠恒としても、もはや事を先延ばしにするわけにはいかなかった。逆に、島津家としては、それを待っていたともいえる。しかし、龍伯は腰をあげない。

実際に家康が龍伯に記したのは四月十一日のこと。意訳は次のとおり。

「二度の使者をもらい祝着である。しかれば、薩摩・大隅諸縣のこと、この間に拘えた分は相違ない。忠恒に跡を譲るということに別儀はない。惟新を疎かにせぬという龍伯の意見に異議はない。日本国大小神祇、八幡大菩薩に誓って表裏はない」

その後も書は続く。五月二十二日、福島正則から忠恒に、七月四日は直友が忠恒に、同九日には正則から惟新に同十五日には正純から惟新に催促をしている。

これほど圧力の強まる中、なぜ島津家はというよりも、龍伯は和睦に応じようとしないのか。おそらくは、家康が大挙して薩摩まで攻めて来れないであろうと思っていたのではないか。秀吉の場合は、家康を屈服させて後顧の憂えを断った上で九州攻めが行なえた。しかも、秀吉は信長の家臣として、人量物資と兵の移動、兵站《へいたん》の確保に慣れていた。対して家康は、そのような経験はない。和睦を長引かせれば、何れ不満を抱く者が各地で蜂起して鎮圧に追われる、そう読んでいた。

ところが、毛利輝元は屈し、長宗我部盛親は改易されたにも拘らず旗一本挙げない。関ヶ原の契機を作った上杉景勝は減封を受諾し、秀吉に何度も噛みついた伊達政宗は二万石の加増で文句も言わない。気がつけば己だけになってしまった。朝鮮の陣と関ヶ原合戦で、日本の武士は疲れたのかもしれない。六月十三日、不安になった龍伯は猶子とした忠恒に起請文を書いた。要訳すれば次のとおり。

「惟新・忠恒と、龍伯とで家中が割れているという噂が立ち、不覚である。老耄したので意見しても御納得しないというのは笑止千万。周囲がいろいろ言っても、胆の座っておらぬ者が多く、その者の申すことを聞いても一概に信じないように。今後も自分は別儀はない。京のことが調い、貴所へ与え達したこの上は、我れには別儀はない。息女（忠恒室）のこと、いよいよ相変わらずの様子にて頼み入る」

起請文にする必要があるのか疑問だが、家中の分裂は切迫していたのであろう。

龍伯は富隈城（鹿児島県始良《あいら》郡隼人町）に在し、惟新は帖佐《ちようさ》館（同県同郡始良町）から桜島（同県鹿児島市）に移り、忠恒は内城（前同）と三人は鹿児島湾を囲むように在していた。よって家臣たちも権力争いで牽制し合っていた。

まず、一番の問題は龍伯で、慶長四年（一五九九）二月二十日、家督を忠恒に譲っている。しかし、伊集院忠真の反乱などもあり、届けは曖昧。生前の秀吉は島津家を分断するために、忠恒を当主として扱っていたので周囲は暗黙の了解をしていた。

ゆえに島津家中のことを細かく知らない家康は、四月十一日、誓紙で家督相続を認めた。しかし、龍伯とすれば、まだ政権には未練を持っていた。あくまでも惟新と忠恒は親子なので、自分の言うとおりにはならない。そこで龍伯は、忠恒に変えて従弟で垂井島津家の以久《もちひさ》に家督を継がせ、背後から操ろうとした。

島津家中で評議をしたが、惟新・忠恒派に反対されて家督相続はうまくいかない。どうするのが一番手っ取り早いかといえば、上洛して家康に認めさせればいい。そこで龍伯は六月二十二日、以久に書を送っている。意訳は次のとおり。

「この間は申し通らず、本意にはあらず。よって拙者は上洛すること、京都に急ぎ報せた。来月には必ず罷り立つ覚悟にて、手の透いている者は近々越し着すること待っている。なお、年寄に従って事前に申すこと」

ただ、身の危険もあり、島津家の本領安堵が前提なので、下準備も必要である。覚悟とは裏腹に、すぐに行動できないのも悩みの種であった。

島津家中の状況を知ってか知らずにか、七月四日には直友が忠恒に、同九日には福島正則が惟新に、同十五日には正純が惟新に龍伯の上洛を求めている。

龍伯と徳川家が、龍伯の上洛を望んでいる。今まで引き延ばした龍伯が家康に会えば、ただで済むとは思えない。仮に許されれば、惟新・忠恒派は左遷されてしまう。忠恒は自身が上洛する決意をした。八月十日、忠恒は龍伯に会い、起請文の草案を見せたところ、却下され、また、龍伯家臣の富隈衆に上洛を止められた。

憂えた忠恒は、翌十一日、龍伯に草案を送った。意訳は次のとおり。

「このたび我が上洛は、重ねて富隈衆から止められましたが、当家の忠節、龍伯様への奉公と深く考えてのことゆえ、思いとどまりません。重ねて誓紙で申し上げたように、龍伯様に背き、己の身を考えてのことでは毛頭ございません。このたびは重ねて及ばざることといえども申し上げます。昨日の誓紙草案を御目にかけられた時、何事も任せられずとの御意。上洛することは忠孝に欠けるとの仰せを蒙り驚き嘆いております。（中略）たとえ、仰せ聞かれずとも、国家のために申し上げねばなりません。心中に疾《やま》しいことがないならば、天命に任せることは、右の趣きをもって御意に背くとは申しません。これがなくば、家の忠義、龍伯様への御奉公のために上洛することも徒《あだ》に成ります。これは我が心中にありません（後略）」

忠恒の決意が窺える。忠恒は反対させせぬために、争いの火種を消すことにした。

八月十七日、忠恒は日向の野尻（宮崎県西諸県郡野尻町）で鷹狩をする最中、庄内の乱の首謀者・伊集院忠真を惨殺させた。同日、一族も各地で殺害させた。

忠真は惟新に擦り寄り、富隈衆の恨みの的であった。忠恒は、惟新には申しわけないと思いつつも、厳しい粛正をして家中の結束を固めようと思ったのであろう。

忠恒は、九月二十三日、日向の細島（同県日向市）を出立した。

十二月二十八日、忠恒は正則に付き添われて伏見城に登城し、本領安堵の御礼を言上し、銀子三百枚、紅糸百斤、緞子百巻、白糸二百丸、伽羅沈一斤を進上した。

これにより、島津家の本領は正式に安堵された。

島津家が攻められず、また減封されなかったのは、龍伯の思惑と同じであろう。もし、兵を進めて戦が長引き、その最中、上方で挙兵されれば目もあてられぬ。家康としては将軍職を得るために、つまらぬ汚点を残したくはなかった。

もう一つは海外との貿易だと言われている。秀吉が大陸に出兵したことで、明との交易は閉鎖されている。戦後使者を送ったところ、明は日本国を信用せず、どうしてもというならば琉球を通せと返答した。琉球に影響力のある島津家、戦をして莫大な利益を無にするのは惜しかった。何れにしても、両家とも戦はしたくなかった。家康の欲したのは、島津家が屈したという名目。島津家が欲したのは本領安堵。島津家の引き延ばし作戦は成功したといえよう。

おわりに

関ヶ原合戦で勝利した徳川家康は、慶長八年（一六〇三）二月十二日、伏見城にて勅使を受けた。そして、征夷大将軍に任じられた。これにより、日本史の歴史教科書上、江戸幕府の成立ということになり、徳川二百六十年が始まった。

但し、秀吉が築いた統一政権にはまだ遠く、大坂夏の陣までは豊臣・徳川の二重体制の政権が続いた。それは上洛する殆どの大名が秀頼に拝謁を願い、また朝廷からは歳賀の挨拶に勅使が派遣されていることからも明らかである。

それでも、天下に近づいたことは確かであり、家康とすれば、まさに乾坤一擲《けんこんいってき》、全てを擲《なげう》ってこの一戦にかけたことは正しかった。また、最後の好機でもあった。

その手腕はクーデターにも拘らず、秀頼を敵とせず、反家康方の武将を滅ばし、あるいは勢力の減退をさせたことは、見事である。また、福島正則、黒田長政、吉川広家、北政所などなど……多数の者が、のちに騙されたと悔いたという。天下を摑む者は時に大役者になると言われるが、まさに家康が当てはまっている。

もう一人、実質的、関ヶ原合戦の首謀者・石田三成であるが、合戦で負けたゆえに、四百年以上悪く言われ続けている。歴史は勝者が造るものなので、致し方ないことではある。しかし、中大名が、大大名を相手にほぼ同数の兵を集め、小早川秀秋の内応がなければ勝利できぬほどに家康を追い詰めた手腕は見事ではないか。

ただ、厳しい言い方をすれば、少し性急過ぎたのではなかろうか。前田利長は家康に屈したかもしれないが、大人しくしていれば何れ家康は高齢なので先に死去する。焦ることはないと長い尺度でものを見ていたのかもしれない。しかし、三成や上杉家は家康の術中に落ちて戦の道を選んでしまった。

三成が秀吉に見出された有名な逸話が残されている。長浜の新たな城主となった秀吉が鷹狩の途中で喉が渇き、近くの寺に立ち寄った。すると、三成が茶を出した。最初は温《ぬる》い茶を茶碗いっぱいに。二杯目は、ほどよい温度の茶を茶碗の半《なか》ばほどに。三杯目は熱い茶を少々。これが喉の渇きをとる対し方で、秀吉は三成の気遣いに感心して家臣にしたという。

ただ、穿《うが》った見方をすれば、秀吉が来たので、三成は慌てて竈《かまど》に火をかけたが簡単に熱くはならず、催促を恐れて、温い茶を出した。そして、時間が経つほどに湯が熱くなっただけ。これを秀吉が三成の気遣いと勝手に解釈して家臣にした。

確かに三成は奉行として優秀で、右に出るものはそういない。秀吉の天下統一になくてはならぬ人物であった。しかし、結果論で言えば、三成が関ヶ原合戦を引き起こしたがために、豊臣家の力は弱まり、十五年後の大坂夏の陣で滅亡する。ある意味、豊臣家滅亡の契機を作った人物でもある。

秀吉の人材登用は果たして正しかったのかどうか、秀吉の勘違いは三成の勘違いでもあったのか、賛否はいろいろな形で多々あろう。

歴史にｉｆは禁物であるが、松尾山の小早川秀秋、南宮山の毛利一族が西軍として山を駆け降りていれば、家康の首こそ取れぬものの、敗走させることは充分に可能であった。「東軍の敗北！」という報せが全国に広まれば、上杉を牽制する伊達、最上とて、どう動くか判らず、佐竹と手を取り、東北大連合が関東に向かったかもしれない。当然、前田や大坂城の輝元も出陣したかもしれない。そうすれば、まさに袋叩き。江戸城は、のちの江戸時代ほど堅固ではない。徳川幕府も鎖国と呼ばれる時代も存在しなかったかもしれない。しかし、全てはｉｆの世界である。

関ヶ原合戦について、これだけの頁を要してもまだ謎が解けたかどうか……。足りないところは、また別の機会に発表させて戴きたい。

平成十七年十月吉日

近衛龍春

関係年表

慶長三年（一五九八）	
八月十八日	太閤豊臣秀吉、伏見城に没す。享年六十二歳。
八月十九日	徳川秀忠、江戸帰国のために伏見を出立する。
八月二十五日	徳川家康と前田利家は和睦のために徳永法印らを朝鮮に派遣する。
八月末	毛利秀元・石田三成らは博多に赴き、朝鮮在陣の兵を撤収させる。
九月三日	家康と利家らは豊臣秀頼に忠誠を誓う。五大老と五奉行は誓約する。
十一月八日	毛利輝元は三成らを招き、博多にて茶会を催す。
慶長四年（一五九九）	
一月十日	秀吉の遺命により秀頼が伏見城から大坂城に移城する。
二月五日	家康は伊達政宗らと婚を約して詰問され、利家らと誓紙を交換する。
二月二十九日	利家は伏見に赴き、家康と和す。利家は向島に移ることを勧める。
三月八日	家康は大坂に赴き、利家を見舞う。嶋左近らは家康襲撃を断念する。
三月二十六日	家康は伏見から向島の屋敷に移る。

閏三月三日	利家、大坂の屋敷で没す。享年六十二歳。
閏三月四日	加藤清正・福島正則・黒田長政ら七将は三成を除こうと謀るが失敗。
	家康は三成を佐和山に退かし、隠居させる。
閏三月十三日	家康は伏見城西ノ丸に入る。
六月	伏見に在していた諸大名は帰国する。
八月三日	上杉景勝、帰国のために伏見を出立する。
八月二十八日	前田利長、帰国のために大坂を出立する。
九月七日	大坂で家康の暗殺説浮上する。
九月二十六日	北政所、大坂城西ノ丸を出る。
九月二十八日	家康、大坂城西ノ丸に入る。
十月二日	家康は暗殺計画の容疑者・大野治長、土方雄久、浅野長吉を処分した。
十一月二十日	これより先、戸沢政盛は景勝の動向を報せ、家康はこれに解答した。
十二月	この冬、利長の謀叛を聞き、家康は加賀征伐を宣言。利長は母芳春院を江戸に人質として差し出すことで疑いを晴らす。
慶長五年（一六〇〇）	
一月二十五日	長岡忠興、三男の忠利を人質として江戸に送る。

二月十日	上杉家は若松城の西に神指城の普請を開始した。
三月十三日	上杉家臣の藤田信吉・栗田刑部は上杉家を出奔。
三月二十三日	藤田信吉は江戸城に逃れ、上杉謀叛の子細を秀忠に告げた。
三月	この月、堀秀治より上杉謀叛の動向を家康に伝える。
四月一日	西笑承兌が認めた書を持ち、伊奈昭綱と河村長門は会津に下向。
四月二十五日	家康は内々に忠興・正則・嘉明らに先鋒を命じた。
五月三日	家康は直江兼続の返書に激怒し、会津征伐を宣言した。
五月二十日	芳春院、江戸に下向する（十七日とも）。
六月二日	家康は本多康重らに会津征伐を告げ、出陣の準備を命じた。
六月六日	家康は諸将を大坂城に集め、会津征伐の部署と進路を発表した。
六月十日	景勝は家康の会津討伐を知り、家臣に訓示し、奮起を促した。
六月十六日	家康は大坂城を発ち伏見城に入城した。
六月十八日	家康は伏見城を発ち、途中、大津城に休息。同夜、近江の石部に宿泊を決めるが、正家の襲撃計画の噂を知り、夜半伊勢の関に向かう。
六月二十日	三成は兼続に家康の伏見出立を告げ、上杉家の軍略を問う。
七月二日	家康は江戸城に帰城した。
同日	大谷吉継は佐和山城を訪ね、三成の蜂起停止を説得する。

七月七日	家康は江戸城にて会津出陣の期日を定め、軍令を発す。
七月十一日	吉継は佐和山城に戻り三成に協力を約す。安国寺恵瓊も談合した。
七月十二日	長束正家・増田長盛・徳善院の奉行三人は毛利輝元に上坂を要請。
同日	また長盛は、徳川家臣の永井直勝に三成・吉継の挙兵を報せた。
七月十七日	輝元は大坂城に入り、西軍の総大将となる。正家・長盛・徳善院は弾劾状を発して諸将に檄を飛ばす。輝元と宇喜多秀家も添状を発す。三成ら西軍は人質作戦を決行。長岡ガラシャ夫人は拒んで死去する。
七月十九日	秀家・吉川広家・小早川秀秋ら西軍により伏見城攻撃が開始される。
七月二十一日	家康は会津征伐のために江戸を出立する。
七月二十四日	家康は下野の小山に着陣し、翌日、評議を開いて西上を決定する。
七月二十九日	三成は伏見に到着する。
八月一日	西軍により伏見城陥落。鳥居元忠らの籠城兵は悉く戦死する。
八月三日	利長・利政兄弟は加賀の大聖寺城を陥落。城主の山口宗永は自刃。
八月五日	家康は江戸城に戻る。
八月十一日	三成は美濃の大垣城に入る。
八月二十二日	正則・池田照政らは美濃の竹ヶ鼻城を落として岐阜城に向かう。
同日	三成は島津惟新の兵に美濃の墨俣を守らせる。

八月二十三日	正則・照政・忠興・加藤嘉明・浅野幸長・本多忠勝・井伊直政ら東軍は、岐阜城を陥落。城主の織田秀信は剃髪して高野山に登る。
八月二十四日	東軍の東海道先発隊は赤坂の高台を占拠して大垣城と対峙する。
同日	秀忠の軍勢は宇都宮城を出立し、信濃へ向かう。
八月二十六日	三成は一旦、佐和山に帰城し、大坂の輝元に出馬を要請する。
八月二十七日	秀元・広家ら西軍は伊勢の安濃津城を開城させる。
九月一日	家康は江戸を出立する。秀忠は信濃の軽井沢に達した。
九月三日	吉継は越前から美濃に入り、山中村に布陣する。
同日	家康は相模の小田原に着す。秀家は大垣城に入る。
九月六日	家康は駿河の島田に着す。秀忠は信濃の真田昌幸と開戦する。
九月七日	家康は遠江の中泉に着す。秀元・広家は美濃の南宮山に布陣する。
九月八日	家康は遠江の白須賀に着す。三成、大垣城に入る。
同日	秀秋の使者が家康のもとを訪れる。
九月十日	家康は尾張の熱田に着す。秀忠は上田城攻めを中止して美濃に向かう。
九月十一日	家康は尾張の一宮を経て清洲城に向かう。
九月十二日	長岡幽斎は勅命を受けて田辺城を開城する。
九月十三日	家康は岐阜に着す。

九月十四日	家康は赤坂に入り、岡山に陣を構える。京極高次の大津城陥落する。
同日、夜	この夜、西軍は関ヶ原に移動。夜中、赤坂の東軍も関ヶ原に向かう。
九月十五日	東西両軍およそ十七万が関ヶ原で激突。午後、東軍が勝利する。
九月十六日	東軍は佐和山城攻めに向かう。
九月十七日	佐和山城陥落。大垣城が開城する。
九月十八日	家康は近江八幡に着す。
九月十九日	家康は近江の草津に着す。小西行長が伊吹山で捕獲される。
九月二十日	家康は大津城に入り、後陽成天皇の勅使を受ける。
九月二十一日	三成が伊吹山で捕獲される。
九月二十三日	恵瓊が京都で捕獲される。
九月二十四日	輝元は大坂城の西ノ丸を出て、木津の毛利屋敷に入る。
九月二十七日	家康は大坂城に入る。
九月三十日	照政は近江の水口城を攻略。正家は自刃。
十月一日	三成・恵瓊・行長は京都の六条河原で斬首される。

参考文献

『史料綜覧』第十二・十三巻（東京大学史料編纂所編　東京大学出版会）
『浅野家文書』家わけ文書第二（東京大学史料編纂所編　東京大学出版会）
『伊達家文書』家わけ文書第三（東京大学史料編纂所編　東京大学出版会）
『毛利家文書』家わけ文書第八（東京大学史料編纂所編　東京大学出版会）
『吉川家文書』家わけ文書第九（東京大学史料編纂所編　東京大学出版会）
『小早川家文書』家わけ文書第十一（東京大学史料編纂所編　東京大学出版会）
『上杉家文書』家わけ文書第十二（東京大学史料編纂所編　東京大学出版会）
『細川家史料』（東京大学史料編纂所編　東京大学出版会）
『細川家記』（東京大学史料編纂所蔵）
『岩淵夜話』（大道寺友山著　東京大学史料編纂所蔵）
『言経卿記』（東京大学史料編纂所編　岩波書店）
『佐竹古文書』千秋文庫所蔵（千秋文庫編・発行）
『真田家文書』（米山一政編　長野市）
『群書類従』正（塙保己一編　続群書類従完成会）・続（塙保己一補　太田藤四郎編　続群

書類従完成会）・続々（図書刊行会編纂　続群書類従完成会）
『新訂　寛政重修諸家譜』（高柳光寿・岡山泰四・斎木一馬編　続群書類従完成会）
『歴代古案』一～五（羽下徳彦・阿部洋輔・金子達校訂　続群書類従完成会）
『當代記　駿府記』（続群書類従完成会）
『舜旧記』（鎌田純一・藤本元啓校訂　続群書類従完成会）
『三藐院記』（近衛通隆・名和修・橋本政宣校訂　続群書類従完成会）
『義演准后記』（弥永貞三・鈴木茂男・酒井信彦ほか校訂　続群書類従完成会）
『慶長日件録』（山本武夫校訂　続群書類従完成会）
『萩藩閥閲録』（山口県文書館編・監修・発行）
『武徳編年集成』（木村高敦編　名著出版）
『國史叢書』（黒川眞道編　國史研究會）
『改定　史籍集覧』（近藤瓶城編　臨川書店発行）
『古文書集3』早稲田大学蔵資料影印叢書（滝沢武雄編　早稲田大学出版部）
『通俗日本全史』（早稲田大学編輯部編・同大学出版部発行）
『關原役』近世日本國民史（徳富猪一郎著　明治書院）
『關ヶ原戰記』（岡崎市役所・柴田顯正編纂　国書刊行会）
『黒田家譜』（貝原益軒編　歴史図書社）

『佐竹家譜』上（原武男校訂　東洋書院）
『武家事紀』上・中・下（山鹿素行著　原書房）
『上杉家御年譜』二・三・二十三・二十四（米沢温故会編　原書房）
『豊公遺文』（日下寛編　博文館）
『日本戦史』朝鮮役・關原役（参謀本部編　村田書店）
『朝野旧聞裒藁』（史籍研究会編　汲古書院）
『綿考輯録』出水叢書一〜三（細川護貞監　汲古書院）
『伊達治家記録』（平重道責任編集　宝文堂）
『新編藩翰譜』（新井白石著　人物往来社）
『太閤史料集』（桑田忠親校注　人物往来社）
『家康史料集』（小野信二校注　人物往来社）
『真田史料集』（小林計一郎校注　人物往来社）
『奥羽永慶軍記』（今村義孝校注　人物往来社）
『島津史料集』（北川鐵三校注　人物往来社）
『上杉史料集』（井上鋭夫校注　人物往来社）
『毛利史料集』（三坂圭治校注　人物往来社）
『大名列伝』（児玉幸多・木村礎編　人物往来社）

『佐竹義重』日本の武将五十九（福島正義著　人物往来社）
『山内一豊』日本の武将七十（山本大著　人物往来社）
『関ヶ原合戦史料集』（藤井治左衛門編著　新人物往来社）
『関ヶ原合戦のすべて』（小和田哲男編　新人物往来社）
『関ヶ原合戦四百年の謎』（笠谷和比古著　新人物往来社）
『上杉景勝のすべて』（花ヶ前盛明編　新人物往来社）
『直江兼続のすべて』（花ヶ前盛明編　新人物往来社）
『前田利家のすべて』（花ヶ前盛明編　新人物往来社）
『大谷刑部のすべて』（花ヶ前盛明編　新人物往来社）
『島左近のすべて』（花ヶ前盛明編　新人物往来社）
『豊臣秀吉のすべて』（桑田忠親編　新人物往来社）
『島津義弘のすべて』（三木靖編　新人物往来社）
『加藤清正のすべて』（安藤英男編　新人物往来社）
『細川幽斎・忠興のすべて』（米原正義編　新人物往来社）
『石田三成とその一族』（白川亨著　新人物往来社）
『戦国宇喜多一族』（立石定夫著　新人物往来社）
『新編物語藩史』（児玉幸多・北島正元監　新人物往来社）

『日本城郭大系』一～十八（児玉幸多ほか監修・平井聖ほか編　新人物往来社）
『戦国合戦大事典』一～六（戦国合戦史研究会編著　新人物往来社）
『戦国大名家臣団事典』東・西国編（山本大・小和田哲男編　新人物往来社）
『増訂織田信長文書の研究』（奥野高廣著　吉川弘文館）
『織田信長家臣人名辞典』（高木昭作監修・谷口克広著　吉川弘文館）
『徳川實紀』一（黒板勝美編　吉川弘文館）
『安国寺恵瓊』（河合正治著　吉川弘文館）
『石田三成』（今井林太郎著　吉川弘文館）
『真田昌幸』（柴辻俊六著　吉川弘文館）
『伊達政宗』（小林清治著　吉川弘文館）
『立花宗茂』（中野等著　吉川弘文館）
『前田利家』（岩沢愿彦著　吉川弘文館）
『天下人の条件』（鈴木眞哉著　洋泉社）
『戦国十五大合戦の真相』（鈴木眞哉著　平凡社）
『看羊録』（姜沆著　朴鐘鳴訳注　平凡社）
『関ヶ原合戦』講談社選書メチエ（笠谷和比古著　講談社）
『関ヶ原合戦と近世の国制』（笠谷和比古著　思文閣出版）

『岡山県古文書集』（藤井駿・水野恭一郎編　思文閣出版）
『石田三成』ＰＨＰ新書〇一一（小和田哲男著　ＰＨＰ研究所）
『家康傳』（中村孝也著　国書刊行会）
『徳川家康文書の研究』（中村孝也著　日本学術振興会）
『新修　徳川家康文書の研究』（徳川義宣著　徳川黎明會）
『改正三河後風土記』（桑田忠親監修　秋田書店）
『新編日本武将列伝』（桑田忠親著　秋田書店）
『毛利輝元卿伝』（三卿伝編纂所編　マツノ書店）
『毛利秀元記』復刻（黒川眞道編　防長史料出版社）
『毛利家乗』（長府毛利家編　防長史料出版社）
『加賀藩史料』（前田育徳会編　清文堂出版）
『高山公実録』（上野市古文献刊行会編　清文堂出版）
『直江兼續傳』（木村徳衛著　木村益子発行）
『正伝直江兼続』（渡邊三省著　恒文社）
『佐竹氏物語』（渡部景一著　無明舎出版）
『真説関ヶ原合戦』（桐野作人著　学習研究社）
『関ヶ原の戦い』歴史群像シリーズ四（学習研究社編・発行）

『文禄・慶長の役』歴史群像シリーズ三十五（学習研究社編・発行）
『石田三成』歴史群像シリーズ五十五（学習研究社編・発行）
『決戦関ヶ原』戦国セレクション（学習研究社編・発行）
『風雲伊達政宗』戦国セレクション（学習研究社編・発行）
『裂帛島津戦記』戦国セレクション（学習研究社編・発行）
『関ヶ原の役』（旧参謀本部編　桑田忠親・山岡荘八監修　徳間書店）
『十六・七世紀イエズス会日本報告集』第一期第三巻（松田毅一監訳　同朋舎）
『フロイスの日本覚書』（松田毅一・川崎桃太訳　中央公論社）
『関ヶ原合戦』中公新書六四二（二木謙一著　中央公論社）
『豊臣秀吉』中公新書七八四（小和田哲男著　中央公論社）
『征夷大将軍』中公新書八三三（高橋富雄著　中央公論社）
『信長軍の司令官』中公新書一七八二（谷口克広著　中央公論新社）
『伊達政宗卿伝記史料』（藩祖伊達政宗公顕彰会編　文献出版）
『細川幽斎伝』（平湯晃著　河出書房新社）
『史伝黒田如水』（安藤英男著　すずき出版）
『壬辰戦乱史』（李烱錫著　東洋図書出版）
『關ヶ原合戰梗概』（藤井治左衛門編・発行）

『島津義弘の賭け』（山本博文著　読売新聞社）
『ねねと木下家文書』（山陽新聞社編・発行）
『鹿児島県史料　旧記雑録後編』三（鹿児島県維新史料編さん所編　鹿児島県）
『上杉覇龍伝』（近衛龍春著　ＫＫベストセラーズ）
○地方史
『秋田県史』『山形県史』『宮城県史』『福島県史』『茨城県史』『栃木県史』『新潟県史』『長野県史』『愛知県史』『岐阜県史』『滋賀県史』『三重県史』『石川県史』『福井県史』『岡山県史』『鳥取県史』『山口県史』『愛媛県史』『福岡県史』『大分県史』『熊本県史』『鹿児島県史』『米澤市史』『米沢市史』『会津若松市史』『上田市史』『上田小県誌』『関ヶ原町史』『鳥羽市史』『京都市史』『福知山市史』『鳥取市史』『松山市史』
各府県市町村史編さん委員会・史刊行会・教育会・役所・役場編集・発行
○雑誌
『戦況図録関ヶ原大決戦』別冊歴史読本（新人物往来社）
『歴史読本』六三七「関ヶ原合戦の謎」（新人物往来社）
『歴史読本』七二〇「豊臣五大老と関ヶ原合戦」（新人物往来社）
『歴史読本』七五九「関ヶ原合戦の謎と新事実」（新人物往来社）
『歴史読本』七八〇「関ヶ原合戦全史」（新人物往来社）

本書は、書き下ろし作品です。

著者紹介
近衛龍春（このえ　たつはる）
1964年、埼玉県生まれ。大学卒業後、暫しオートバイレースに没頭。その後、通信会社勤務を経て、フリーライターに転職。『時空の覇王』（ベストセラーズ）で作家デビュー。
著書に、『織田信忠』『佐竹義重』（以上、ＰＨＰ文庫）、『上杉三郎景虎』（光文社）、『北条戦国記』（角川春樹事務所）、『柳生魔斬刀』（小学館）、『上杉神将伝１～３』『昆将星伝１～３』『上杉覇龍伝１、２』（以上、ベストセラーズ）、『流血鬼 信長１～３』（コスミックインターナショナル）などがある。

ＰＨＰ文庫　大いなる謎 関ヶ原合戦
家康暗殺計画から小早川裏切りの真相まで

2005年11月18日　第１版第１刷

著者　近衛龍春
発行者　江口克彦
発行所　ＰＨＰ研究所
東京本部　〒102-8331 千代田区三番町３番地10
文庫出版部　☎03-3239-6259（編集）
普及一部　☎03-3239-6233（販売）
京都本部　〒601-8411 京都市南区西九条北ノ内町11
PHP INTERFACE　http://www.php.co.jp/
制作協力
組版　ＰＨＰエディターズ・グループ
印刷所　共同印刷株式会社
製本所　株式会社大進堂

ISBN4-569-66485-7

PHP文庫

逢坂剛／北原亞以子　鬼平が「うまい」と言った江戸の味
逢沢明　大人のクイズ
赤羽建美　女性が好かれる9つの理由
阿川弘之　日本海軍に捧ぐ
浅野裕子　大人のエレガンス80のマナー
阿奈靖雄　「プラス思考の習慣」で道は開ける
綾小路きみまろ　有効期限の過ぎた亭主・賞味期限の切れた女房
飯田史彦　生きがいの本質
飯田史彦　人生の価値
池波正太郎　霧に消えた影
池波正太郎　信長と秀吉と家康
池波正太郎　さむらいの巣
石島洋一　決算書がおもしろいほどわかる本
石田勝正　抱かれる子どもはよい子に育つ
石原結實　血液サラサラで、病気が治る、キレイになれる
板坂元　男の作法
稲盛和夫　成功への情熱―PASSION―
稲盛和夫　稲盛和夫の哲学
梅津祐良 監修／池上重輔 著　[図解]わかる！ MBA
瓜生中　仏像がよくわかる本

江口克彦　上司の哲学
江口克彦　鈴木敏文 経営を語る
江坂彰　「21世紀型上司」はこうなる
エンサイクロネット　好感度をアップさせる「モノの言い方」
呉善花　日本が嫌いな日本人へ
呉善花　私はいかにして「日本信徒」となったか
大原敬子　なぜか幸せになれる女の習慣
大原敬子　愛される人の1分30秒レッスン
岡倉徹志　イスラム世界がよくわかる本
岡崎久彦　小村寿太郎とその時代
岡崎久彦　吉田茂とその時代
小川由秋　真田幸隆
荻野洋一　世界遺産を歩こう
オグ・マンディーノ／菅靖彦 訳　この世で一番の奇跡
オグ・マンディーノ／菅靖彦 訳　この世で一番の贈り物
小栗かよ子／堀田明美　エレガント・マナー講座
尾崎哲夫　10時間で英語が話せる
尾崎哲夫　10時間で英語が読める
快適生活研究会　「料理」ワザあり事典
快適生活研究会　「冠婚葬祭」ワザあり事典

岳真也　日本史「悪役」たちの言い分
笠巻勝利　仕事が嫌になったとき読む本
梶原一明　本田宗一郎が教えてくれた
風野真知雄　陳平
加藤諦三　「やさしさ」と「冷たさ」の心理
加藤諦三　自分に気づく心理学
加藤諦三　「ねばり」と「もろさ」の心理学
加藤諦三　人生の重荷をプラスにする人、マイナスにする人
金盛浦子　「つらい時」をしのぐちょっとした方法
金森誠也 監修　30ポイントで読み解くクラウゼヴィッツ「戦争論」
加野厚志　島津義弘
加野厚志　本多平八郎忠勝
金平敬之助　ひと言のちがい
神川武利　秋山真之
狩野直禎　諸葛孔明
河合敦　目からウロコの日本史
川北義則　人生、だから面白い
川口素生　「幕末維新」がわかるキーワード事典
川島令三 編著　鉄道なるほど雑学事典
樺旦純　運がつかめる人 つかめない人

PHP文庫

樺　旦純　女ごころ・男ごころがわかる心理テスト
菊池道人　斎藤一《はじめ》
北岡俊明　ディベートがうまくなる法
紀野一義 文 入江泰吉 写真　仏像を観る
桐生　操　世界史怖くて不思議なお話
桐生　操　王妃カトリーヌ・ド・メディチ
桐生　操　王妃マルグリット・ド・ヴァロア
楠木誠一郎　石原莞爾
国司義彦　「30代の生き方」を本気で考える本
国司義彦　「40代の生き方」を本気で考える本
黒岩重吾　古代史の真相
黒岩重吾　古代史を読み直す
黒鉄ヒロシ　新選組
黒鉄ヒロシ　坂本龍馬
黒鉄ヒロシ　幕末暗殺
黒部　亨　宇喜多直家
ケリー・グリーソン 楡井浩一 訳　なぜか、「仕事がうまくいく人」の習慣
ケリー・グリーソン 楡井浩一 訳　だから、「仕事がうまくいく人」の習慣
小池直己　TOEIC®テストの「決まり文句」
小池直己　TOEIC®テストの英文法

小池直己　TOEIC®テストの英単語
小池直己 佐藤誠司　中学英語を5日間でやり直す本
甲野善紀　武術の新・人間学
甲野善紀　古武術からの発想
甲野善紀　表の体育 裏の体育
郡　順史　佐々成政
國分康孝　自分をラクにする心理学
心本舗　みんなの箱人《ハコジン》占い
兒嶋かよ子 監修　「民法」がよくわかる本
児玉佳子 須藤亜希子　赤ちゃんの気持ちがわかる本
木幡健一　「マーケティング」の基本がわかる本
小林正博　小さな会社の社長学
小巻泰之 監修 造事務所 著　図解 日本経済のしくみ
コリン・ターナー 早野依子 訳　あなたに奇跡を起こす小さな100の智恵
近藤唯之　プロ野球 遅咲きの人間学
今野紀雄 監修　「微分・積分」を楽しむ本
財団法人 計量生活会館　知って安心！「脳」の健康常識
斎藤茂太　逆境がプラスに変わる考え方
斎藤茂太　「なぜか人に好かれる人」の共通点
齋藤　孝　会議革命

酒井美意子　花のある女の子の育て方
堺屋太一　組織の盛衰
坂崎重盛　なぜ、この人の周《まわ》りに人が集まるのか
坂田信弘　ゴルフ進化論
阪本亮一　できる営業マンはお客と何を話しているのか
櫻井よしこ　大人たちの失敗
佐治晴夫　宇宙の不思議
佐竹申伍　真田幸村
佐々淳行　危機管理のノウハウ・PART(1)(2)(3)
佐藤勝彦 監修　「相対性理論」を楽しむ本
佐藤勝彦 監修　「量子論」を楽しむ本
佐藤よし子　英国スタイルの家事整理術
重松一義　江戸の犯罪白書
七田　眞　子どもの知力を伸ばす300の知恵
芝　豪　太《たい》公《こう》望《ぼう》
渋谷昌三　外見だけで人を判断する技術
司馬遼太郎　人間というもの
嶋津義忠　上杉鷹山
シルビア・ブラウン リンジー・ハリソン 堤江実 訳　あなたに奇跡を起こすスピリチュアル・ノート
菅原明子　マイナスイオンの秘密

PHP文庫

中谷彰宏　「大人の女」のマナー
中谷彰宏　なぜ、あの人は「存在感」があるのか
中谷彰宏　人を動かせる人の50の小さな習慣
中谷彰宏　一日に24時間もあるじゃないか
中西　安　数字が苦手な人の経営分析
中西輝政　大英帝国衰亡史
中村昭雄 監修 造事務所 著　図解 政府・国会・官公庁のしくみ
中村　晃　児玉源太郎
中村祐輔 監修　遺伝子の謎を楽しむ本
中村幸昭　マグロは時速160キロで泳ぐ
中村義作 編 阿邊恵一 著　知って得する！ 速算術
中山庸子　「夢ノート」のつくりかた
奈良井安　「問題解決力」がみるみる身につく本
西野武彦　「株のしくみ」がよくわかる本
西本万映子　「就職」に成功する文章術
日本博学倶楽部　「歴史」の意外な結末
日本博学倶楽部　「関東」と「関西」こんなに違う事典
日本博学倶楽部　雑学大学
日本博学倶楽部　歴史の意外な「ウラ事情」
日本博学倶楽部　戦国武将・あの人の「その後」

日本博学倶楽部　幕末維新・あの人の「その後」
日本博学倶楽部　日露戦争・あの人の「その後」
野村敏雄　小早川隆景
野村敏雄　秋山好古
葉治英哉　松平容保
秦郁彦 編　ゼロ戦20番勝負
服部英彦　「質問力」のある人が成功する
服部省吾　戦闘機の戦い方
服部隆幸　[入門]ワン・トゥ・ワン・マーケティング
花村　奨　前田利家
バーバラ・コロローソ 田栗美奈子 訳　子どもに変化を起こす簡単な習慣
羽生道英　伊藤博文
浜尾　実　子供を伸ばす一言、ダメにする一言
浜野卓也　黒田官兵衛
晴山陽一　TOEIC®テスト英単語 ビッグバン速習法
半藤一利　レイテ沖海戦
半藤一利／秦郁彦／横山恵一　日本海軍 戦場の教訓
半藤末利子　夏目家の糠《ぬか》みそ
PHPエディターズ・グループ　図解「パソコン入門」の入門
日野原重明　いのちの器〈新装版〉

平井信義　親がすべきこと・してはいけないこと
平井信義　子どもを叱る前に読む本
平川陽一　世界遺産・封印されたミステリー
平川陽一　古代都市・封印されたミステリー
福井栄一　上《かみ》方《がた》学
福島哲史　「書く力」が身につく本
福田　健　「交渉力」の基本が身につく本
藤井龍二　「ロングセラー商品」誕生物語
藤原美智子　「きれい」への77のレッスン
藤本義一 丹波元　大阪人と日本人
北條恒一　〈改訂版〉「株式会社」のすべてがわかる本
保坂隆 監修　「プチ・ストレス」にさよならする本
保阪正康　昭和史がわかる55のポイント
保阪正康　父が子に語る昭和史
星　亮一　浅井長政
本間正人　「コーチング」に強くなる本
毎日新聞社　話のネタ
マザー・テレサ 著 ホセ・ルイス・バラド 編 渡辺和子 訳　マザー・テレサ 愛と祈りのことば
ますいさくら　「できる男」「できない男」の見分け方
ますいさくら　「できる男」の口説き方

PHP文庫

町沢静夫　なぜ「いい人」は心を病むのか
松井今朝子　幕末あどれさん
松澤佑次 監修　駒沢伸泰 著　やさしい「がん」の教科書
松田十刻　東条英機
松原惇子　「いい女」講座
松下幸之助　物の見方 考え方
松下幸之助　指導者の条件
松下幸之助　決断の経営
松下幸之助　社員稼業
松下幸之助　商売は真剣勝負
松下幸之助　強運なくして成功なし
松下幸之助　正道を一歩一歩
松下幸之助　道は無限にある
松下幸之助　商売心得帖
松下幸之助　経営心得帖
松下幸之助　人生心得帖
松下幸之助　素直な心になるために
的川泰宣　宇宙は謎がいっぱい
三浦行義　なぜか「面接に受かる人」の話し方
水上　勉　「般若心経」を読む

宮部　修　文章をダメにする三つの条件
宮部みゆき　初ものがたり
宮部みゆき/安部龍太郎/中村隆資 他　運命の剣のきばしら
宮脇　檀　男の生活の愉しみ
向山洋一 編　大鐘雅勝 著　中学校の「英語」を完全攻略
向山洋一 編　石川裕美/遠藤真理子 著　小学校の「算数」を5時間で攻略する本
向山洋一　向山式「勉強のコツ」がよくわかる本
向山洋一 編　山田　彰 著　「中学の数学」全公式が12時間でわかる本
森本邦子　わが子が幼稚園に通うとき読む本
森本哲郎　ことばへの旅(上)(下)
森本哲郎　戦争と人間
守屋　洋　中国古典一日一言
八坂裕子　好きな彼に言ってはいけない50のことば
安岡正篤　活眼活学
安岡正篤　論語に学ぶ
八尋舜右　竹中半兵衛
山折哲雄　蓮如と信長
ブライアン・L・ワイス　山川紘矢・亜希子 訳　前世療法
ブライアン・L・ワイス　山川紘矢・亜希子 訳　魂の伴侶—ソウルメイト
山崎武也　一流の仕事術

山崎房一　心がやすらぐ魔法のことば
山崎房一　子どもを伸ばす魔法のことば
山田正二 監修　間違いだらけの健康常識
山田陽子　1週間で脚が細くなる本
八幡和郎　47都道府県うんちく事典
唯川　恵　明日に一歩踏み出すために
唯川　恵　きっとあなたにできること
唯川　恵　わたしのためにできること
ゆうきゆう　「ひと言」で相手の心を動かす技術
養老孟司　甲野善紀　自分の頭と身体《からだ》で考える
読売新聞大阪編集局　雑学新聞
リック西尾　英語で1日すごしてみる
竜崎　攻　真田昌幸
鷲田小彌太　「やりたいこと」がわからない人たちへ
和田秀樹　受験は要領
和田秀樹　わが子を東大に導く勉強法
和田秀樹　受験本番に強くなる本
和田秀樹　他人の10倍仕事をこなす私の習慣
渡辺和子　愛をこめて生きる
渡辺和子　目に見えないけれど大切なもの